U0519984

基本权利
与
公共利益
的平衡

于柏华 王蕾 著

商务印书馆
The Commercial Press

本书出版得到浙江工商大学法学院资助,特此感谢。

目 录

导 论 / 1

第一章 平衡语境中的基本权利 / 5
    第一节 基本权利可平衡性的后果式论证 / 5
    第二节 基本权利可平衡性的否定论 / 23
    第三节 权利的概念与价值中的平衡要素 / 45

第二章 平衡语境中的公共利益 / 80
    第一节 利益的概念与类型 / 80
    第二节 公共利益的概念及其价值基础 / 102
    第三节 公共利益的"平衡"检验 / 125

第三章 平衡的概念及相关的实质性判断 / 137
    第一节 平衡的概念 / 137
    第二节 原则的重要性的判断标准 / 159

第四章 平衡的理性根据 / 172
    第一节 平衡的方法论问题 / 173

第二节　价值比较的理性根据　/ 190

第五章　平衡的宪法制度化模式　/ 206
第一节　适用性平衡与定义性平衡　/ 207
第二节　个案式平衡与类型化平衡　/ 216
第三节　平衡的德美模式的成因及其启示　/ 236

结　论　/ 260

参考文献　/ 263

导 论

自第二次世界大战以来,基本权利保护成为世界各国宪法实践的共识,除了少数例外,各国(包括我国在内)在宪法层面开展的基本权利保护大都兴起于这个时期。毫不夸张地说,"二战"以后基本权利保护成为一项全球性运动。在"基本权利保护"理念全球化的同时,各国也普遍意识到,基本权利的价值不是绝对的,它并不是值得我们珍视的唯一价值,也不必然优先于其他价值,不能为了保护基本权利而无条件地牺牲公共利益。因此,各国普遍在宪法文本和宪法裁判中承认,基本权利需要受到公共利益的限制。例如,我国《宪法》第51条规定,"中华人民共和国公民在行使自由和权利的时候,不得损害国家的、社会的、集体的利益",德国《基本法》第2条规定,"人人有自由发展其人格之权利,但以……不违反宪法秩序或道德规范者为限"。尽管基本权利受到的限制不只来自公共利益的要求,他人的基本权利也构成了限制基本权利的理由,但从各国基本权利保护的宪法实践来看,国家基于公共利益对公民个人的干预构成了基本权利面临的最常见、最主要的威胁。因此,基本权利的保护问题在相当程度上就变成了划分基本权利与公共利益的界限问题。以我国为例,在基本权利保护方面最受注目的案例,往往都是那些国家基于公共利益对公民个人进行干预的案件。

在基本权利与公共利益的界限划分问题上，通过平衡来确定二者的合理界限是目前各国宪法实践的主流做法，呈现出"全球化"趋势。① 美国学者斯威特（Alec Stone Sweet）认为，平衡已经成为欧洲司法裁判的主导性技术。② 美国学者肯尼迪（Duncan Kennedy）认为，"对相互冲突的考虑予以平衡"观念是"二战"以来法律与法律思想全球化的定义性特征。③ 加拿大宪法学者温瑞博（Lorraine Weinrib）认为"平衡"是一种触及领域广泛、适应能力强大的合宪性审查模式，将其誉为宪法的"战后范式"。④ 加拿大学者贝蒂（David Beatty）甚至将平衡视为"法律的终极规则"，各国的宪法裁判方法汇集到这一规则之下，这将终结宪法解释的相关争议，为宪法法律史画上句号。⑤

"基本权利与公共利益的平衡"尽管得到较为广泛的接受，但想要准确、透彻地把握它的内涵并不是一件容易的事情，该命题牵涉到一些重要、复杂的理论问题和实践问题。"基本权利与公共利益的平衡"牵涉的问题主要有三类：

（1）概念-价值问题。"基本权利"与"公共利益"各自都是内涵丰富的观念，人们对于它们的性质和价值有不同理解，并不

---

① Jacco Bomhoff, "Balancing, the Global and the Local: Judicial Balancing as a Problematic Topic in Comparative (Constitutional) Law", *Hastings International and Comparative Law Review*, Vol. 31, No. 2 (2008).
② Alec Stone Sweet, *The Judicial Construction of Europe*, Oxford University Press, 2004, p. 243.
③ Duncan Kennedy, "Two Globalization of Law & Legal Thought", *Suffolk University Law Review*, Vol. 36, p. 631 (2003).
④ Lorraine E. Weinrib, "The Postwar Paradigm and American Exceptionalism", in Sujit Choudhry (ed.), *The Migration of Constitutional Ideas*, Cambridge University Press, 2006, p. 84.
⑤ David Beatty, *The Ultimate Rule of Law*, Oxford University Press, 2004, Ch. 5.

是所有理论学说都承认它们之间存在着"平衡"关系。在持有某些理论立场的论者看来,"基本权利"和"公共利益"不可能平衡。有的认为基本权利"神圣不可侵犯",(至少在一定意义上)绝对优先于公共利益;有的认为公共利益"至高无上",它总是凌驾于基本权利。有鉴于此,为了把握"基本权利与公共利益的平衡"命题,首先需要明确,当我们主张基本权利与公共利益的平衡的时候,其中的"基本权利"和"公共利益"是何种意义上的,以及为什么应该在这种意义上来理解"基本权利"和"公共利益"。

(2) 方法问题。"基本权利与公共利益的平衡"尽管经常被人们主张,但对于如何平衡二者,人们往往语焉不详。甚至有论者认为,"平衡"缺少客观的理性基础,不过是相关决策者的主观喜好的一个较为体面的装饰语。为了回应"平衡"引发的这些困惑和挑战,一方面需要解释清楚"平衡"的性质、基本要求以及构成要素,阐明进行平衡所必须掌握的一些实质性的判断标准;另一方面需要探究"平衡"的理性基础,证明"平衡"并非主观臆断,而是人类理性的体现。

(3) 制度模式问题。"基本权利与公共利益的平衡"不仅是一个理论命题,还是一个制度事实。作为制度事实的"平衡",其内容并不完全由平衡的理念所决定。为了把握平衡从理念到制度的转变机理,需要考察"平衡"在真实世界的宪法实践中是如何展现的,总结提炼代表性的"平衡模式",分析它们的制度文化成因,并以此为参照来构想我国宪法审查可能采取的平衡模式。

基于以上问题意识,本书分五章来讨论"基本权利与公共利益的平衡":

第一章"平衡语境中的基本权利"研究基本权利的可平衡性

问题。

第二章"平衡语境中的公共利益"研究公共利益的可平衡性问题。

第三章"平衡的概念及相关的实质性判断"讨论"平衡"的内涵以及与平衡相关联的实质性判断的操作要点。

第四章"平衡的理性根据"探究"平衡"与实践理性的内在关联。

第五章"平衡的宪法制度化模式"研究"平衡"的代表性制度化模式,并以此为参照探讨我国相关制度的构建方向。

第一章 平衡语境中的基本权利

从当下世界各国的宪法实践来看，基本权利成为平衡的对象是一个较为普遍存在的事实。但在学理上对于基本权利可否被平衡这个问题，则存在着正反观点的激烈交锋。本章第一节将对基本权利可平衡性的一种常见的论证方式进行评析，该种论证是一种后果式论证，在力度上存在缺陷，不足以辩护基本权利的可平衡性。第二节概括了基本权利的非平衡论的代表性论点，其核心在于，基本权利的"刚性"是其不可或缺的特征，允许平衡基本权利必然意味着此种"刚性"的丧失，基本权利因此不再是基本权利，甚至算不上权利，它只不过是一种法律上被保护的利益。为了论证"刚性"是基本权利的必备特征，基本权利的非平衡论采取了两种理论进路，一种进路是基于权利的"概念"论证基本权利的非平衡性，另一种进路是基于权利的"内在价值"论证基本权利的非平衡性。第三节将对非平衡论的这两种理论进路进行回应，以此来论证基本权利的可平衡性。

第一节 基本权利可平衡性的后果式论证

一、问题的缘起

近代以来，人类文明最耀眼的成果之一就是人权理念的勃兴，不过，作为人类进步、文明标志的人权理念在"二战"时期却受到纳粹德国等专制极权国家的肆意践踏。在相当程度上，作为对这段历史的反思和回应，20世纪中叶以来，全球宪法实践进入了一个迅速发展时期。通过在宪法中规定基本权利的形式来承认人权，通过对国家行为进行宪法审查这一制度设计来保护人权，成为世界各国的共识。与基本权利保护的普遍化相伴随的一个现象是，依据"比例原则"（principle of proportionality）对国家行为进行合宪性审查成为基本权利的主流保护方式。

比例原则作为一项法律原则，肇端于19世纪德国的行政法律实践。① 它对宪法产生影响最早见于德国的魏玛宪法时期，不过在那个时期，由于特殊的历史背景，比例原则对宪法的影响基本上停留在宪法理论层面，比例原则在制度上对德国宪法产生实际影响起始于"二战"后德国的宪法实践。"二战"后德国设立了宪法法院，宪法法院以比例原则作为基本权利的主要保护方式，1965年德国宪法法院宣布："在联邦德国，比例原则拥有宪法地位。"② 1968年，德国宪法法院确认了比例原则对于所有公共权威的约束作用，认为它是适用于审查所有国家行为的最高标准。在之后几十年的发展中，德国宪法法院就比例原则形成了内容丰富、体系完备的宪法教义。③ 经由德国宪法法院的司法实践而得到充分孕育

---

① Moshe Cohen-Eliya and Iddo Porat, "American Balancing and German Proportionality: The Historical Origins", *International Journal of Constitutional Law*, Vol. 8, p. 271 (2010).
② Alec Stone Sweet and Jud Matthews, "Proportionality Balancing and Global Constitutionalism", *Columbia Journal of Transnational Law*, Vol. 47, p. 109 (2008).
③ Alec Stone Sweet and Jud Mathews, "Proportionality, Judicial Review, and Global Constitutionalism", in Giorgio Bongiovanni, Giovanni Sartor, and Chiara Valentini (eds.), *Reasonableness and Law*, Springer, 2009, pp. 187–192.

发展的比例原则还对德国以外的法域产生了广泛影响，是德国宪法学理论对外输出的"拳头产品"，被誉为"德国宪法理论中的宝马车（BMW）"①。从现今世界各国的宪法实践来看，除了个别国家（例如美国）以外，世界上大多数宪法国家都在不同程度上接受了德国宪法学的比例原则教义。依照以色列宪法法院前首席大法官、宪法学家巴拉克（Aharon Barak）的统计，目前明确在基本权利保护中接纳比例原则的国家和地区有：欧洲大陆各个国家；传统英语区的英国、爱尔兰、加拿大、澳大利亚、新西兰等国家；亚洲的日本、韩国、印度、新加坡等国家和我国的香港和台湾地区；拉美的巴西、阿根廷、秘鲁、智利、墨西哥、哥伦比亚等国家；以及南非、以色列等国家。不仅如此，由于基本权利与人权的亲缘关系，在宪法基本权利保护中流行的比例原则还对更为普遍的人权保护实践产生了影响。比例原则的应用并不局限于各国国内事务的合宪性控制，还拓展至超国家层面。从目前的国际人权保护实践来看，比例原则成为欧洲人权法院、欧盟法院、世界贸易组织法院等国际人权保护机构所主要使用的人权保障方式。②对于比例原则在全球流行这一现象，加拿大宪法学家贝蒂高调地宣布："比例原则是合宪性的普适标准，是每一部宪法文本的实质的、不可避免的组成部分。"③ 美国宪法学者杰克森（Vicki C.

---

① George Letsas, "Rescuing Proportionality", in Rowan Cruft, S. Matthew Liao, and Massimo Renzo (eds.), *Philosophical Foundations of Human Rights*, Oxford University Press, 2015, p. 323.
② Aharon Barak, *Proportionality: Constitutional Rights and Their Limitations*, translated by Doron Kalir, Cambridge University Press, 2012, Ch. 7.
③ David M. Beatty, *The Ultimate Rule of Law*, Oxford University Press, 2005, p. 162.

Jackson)亦认为,全球的宪法实践进入了"比例原则时代"①。近十几年来,比例原则也深刻影响了我国的宪法学理论,宪法学界的众多学人着力吸收、推广基于比例原则的论证方法,基于比例原则广泛开展对国家行为的合宪性评析活动。②

一般认为,比例原则包含三个子原则或者说三个适用步骤,它们分别是适当性原则、必要性原则以及平衡性原则。"比例原则"以及它的三个"子原则"都被称为"原则"(principle),这只是一种约定俗成的语言用法,不可误以为它们属于与"规则"(rule)相对比意义上的"原则",即那种具有"分量"维度,允许在不同程度上被实现的"原则"。它们的真实性质与它们的名称诱导人们认为它们所具有的那种性质恰恰相反,它们实际上都是"规则",即必须被满足,其实现不允许打折扣的刚性规范。③ 比例原则是评判相关行为是否"合理"的标准,它的三个子原则分别指明了一个行为若想成为合理的行为所必须满足的条件。适当性原则要求,相关行为必须是能够实现行为主体的相关目的的行为。必要性原则要求,相关行为必须是能够实现相关目的的诸行为中造成的损害后果最小的一个。平衡性原则要求,通过相关行为得以实现的价值必须在分量上不小于被该行为损害的价值。在比例原则的这三个子原则中,平衡性原则是其核心内容,代表着比例

---

① Vicki C. Jackson, "Constitutional Law in an Age of Proportionality", *The Yale Law Journal*, Vol. 124, p. 3094 (2015).
② 参见蒋红珍:《比例原则的全球化与本土化》,《交大法学》2017年第4期,第5—8页。
③ Robert Alexy, *A Theory of Constitutional Rights*, translated by Julian Rivers, Oxford University Press, 2002, p. 66, n. 84.

原则的本质特征。① 或者说，行为的合理性的终极标准就在于不同价值之间的"平衡"，适当性和必要性不过是用来判断相关行为是否真实地引发了价值冲突的前置分析步骤。如果一个行为无法满足适当性或者必要性的要求，那就意味着这个行为就其整体或者就其部分而言仅仅对某种价值造成了损害，并未同时促进或维护其他价值。如果从平衡的角度看，这个行为（整体或部分）所欲实现的价值便是"0"，那么不论它给其他价值造成的损害到底有多大，都必然意味着被其损害的那个价值在平衡中胜出。在这个意义上，未能通过适当性原则和必要性原则检验的行为，也必然无法通过平衡性原则的检验。或者可以说，"未满足适当性原则"和"未满足必要性原则"属于"未满足平衡性原则"的特殊情形。② 鉴于宪法中的基本价值有两种类型，一种是基本权利，另一种是公共利益，在宪法层面适用比例原则的本质就在于，基于平衡来解决基本权利与基本权利之间、基本权利与公共利益之间的冲突。或者说，为了判断某一个基本权利是否受到了宪法所禁止的行为的侵害，关键就在于，侵害该基本权利的行为所欲实现的其他价值（其他基本权利或公共利益）的分量能否证立该行为对该基本权利造成的损害。

伴随着比例原则在全球宪法实践中的大行其道，伴随着基本权利在各国宪法实践中普遍成为平衡对象，相关各国的基本权利保护

---

① 参见于柏华：《比例原则的法理属性及其私法适用》，《中国法学》2022 年第 6 期，第 140—142 页。
② Jan Sieckmann, "Proportionality as a Universal Human Rights Principle", in David Duarte, Jorge Silva Sampaio（eds.）, *Proportionality in Law: An Analytical Perspective*, Springer, 2018, p. 19.

实践中普遍出现了基本权利的"通货膨胀"现象,① 即基本权利在成为平衡对象的过程中出现了"范围扩张"与"强度降低"现象。

一方面,各国基本权利在其保护范围上出现了扩张趋势。依照传统观念,基本权利的保护范围仅限于个人生活中那些非常重要的方面。英国启蒙思想家洛克(John Locke)认为:"理性,也就是自然法,教导着有意遵从理性的全人类:人们既然都是平等和独立的,任何人就不得侵害他人的生命、健康、自由或财产。"② 洛克倡扬的"生命、健康、自由或财产"一般被认为是对基本权利保护对象最为经典的界定。各国宪法文本关于基本权利的表述和安排,基本上也是以个人这些重要的生活要素为核心。不过自从比例原则成为基本权利的保护方式,自从基本权利成为平衡的对象,各国宪法实践在解释这些基本权利条款的保护范围时,普遍采取扩张解释,以使得这些条款尽可能涵盖个人生活中更多有价值的要素。这种基本权利条款的扩张解释有两种表现。其一,具体基本权利条款的扩张解释。例如,德国《基本法》第5条第3款规定"艺术与科学、研究、讲学均属自由,讲学自由不得免除对宪法之忠诚",对于其中的"艺术自由",德国宪法实践将其扩张为几乎所有艺术表现行为,在十字路口的斑马线上绘画这样的行为也被认为是在行使"艺术自由"。有论者认为,基本权利的保护范围以基本权利条款的可能文义为边界,因此甚至通常被视为

---

① Mattias Kumm, "Is the Structure of Human Rights Practice Defensible: Three Puzzles and Their Resolution", in Vicki C. Jackson and Mark Tushnet (eds.), *Proportionality: New Frontiers, New Challenges*, Cambridge University Press, 2017, p. 51.
② [英]洛克:《政府论》(下篇),叶启芳、瞿菊农译,商务印书馆1964年版,第6页。

犯罪的行为也可能构成基本权利的内容。"艺术家可以主张自己的故意杀人行为是艺术自由的行使。"① 其二，当具体的基本权利条款不敷使用，不足以涵盖宪法解释者所欲置入其中的内容的时候，解释者转而求助于宪法中基本权利的一般条款。例如，德国《基本法》第2条第1款规定："人人有自由发展其人格之权利，但以不侵害他人之权利或不违反宪法秩序或道德规范者为限。"该条文被认为确立了一项一般性的基本权利，即"自由发展人格的权利"。从德国的宪法实践来看，大量无法被其他具体基本权利条款涵盖的利益都被解释者归入该条的文义范围，被当作"自由发展人格的权利"的某种具体事例而得到保护。例如，在广场上喂鸽子、在公共林地里骑马之类的行为并不属于通常意义上的重要利益，但在德国的宪法实践中，它们都被当作"自由发展人格"的具体表现形式，成为需要被保护的基本权利。

另一方面，基本权利的刚性大大降低了，基本权利因此而"贬值"。传统上基本权利被认为是"神圣的""不可侵犯的""不可放弃的""不可剥夺的"权利，所有行为只要构成对基本权利的侵犯，便当然地丧失其合理性，成为需要被法律否定的行为。但是当平衡成为基本权利的保护方式之后，作为平衡对象的基本权利便失去了这些性质，基本权利自身并不代表法律对相关问题的最终判断，所谓侵犯基本权利的行为也并不当然地失去其合理性。某行为是否合理，不再仅仅通过考虑基本权利自身的保护范围来确定，而是需要在综合比较被侵犯的基本权利与侵犯行为所欲实

---

① 张翔：《基本权利冲突的规范结构与解决模式》，《法商研究》2006年第4期，第97页。

现的目标（其他基本权利或公共利益）的价值的基础上来确定。某行为尽管侵犯了基本权利，但如果它所欲实现的价值在分量上"抵消"了被侵犯的基本权利，那么这个行为仍然是合理的。只有当某行为侵犯了基本权利，同时其所欲实现的价值在分量上低于该基本权利的时候，这个行为才丧失其合理性，成为一种违宪行为。在被平衡的过程中，基本权利失去了"神圣不可侵犯"之属性，在这个意义上"贬值"了。并且，由于对基本权利进行平衡这种做法普遍存在，基本权利的贬值也不是罕见的、个别的现象，而是代表了基本权利的常规的、普遍存在的特征。

基本权利在成为平衡对象的过程中所出现的"范围扩张"与"强度降低"这两个现象，并非一种经验性的偶然出现的现象，而是与"平衡基本权利"必然相关的现象。或者说，不可能在平衡基本权利的同时采取某种措施来消除这两个现象，如果承认基本权利可以被平衡，那么这必然意味着被平衡的这种"基本权利"在保护范围上的扩张以及保护力度上的弱化。通过平衡基本权利来判断某行为是否合理、应否被做出，属于实践推理的一种具体类型。通过简要分析"实践推理"的特点，可以更清楚地展现"被平衡"与"范围扩张""强度降低"之间的必然关联。所谓"实践推理"是关于我们"应当做什么"的推理，其遵循的基本法则是实践推理的三段论。[①] 首先，我们有一个所欲实现（维护）的目标 O_1；其次，行为 A_1 能够实现（维护）目标 O_1；最后，我们应当做出行为 A_1。这是关于实践推理过程的非常简化的表述，实际

[①] Aristotle, *Nicomachean Ethics*, translated and edited by Roger Crisp, Cambridge University Press, 2004, p. 42.

上实践推理总是要比这个模型更复杂。一方面,能够实现(维护)目标 O_1 的行为往往不止一个,经常是多个,例如,"减肥"这个目标可以通过"节食""运动""激素控制"等多种方法实现。或者说,同一个目标 O_1 会关联于行为 A_1、A_2、A_3……另一方面,每一个行为在实现目标 O_1 的同时还可能损害其他有价值的目标,例如,"节食"会导致饥饿,"运动"会导致身体损伤。这就意味着在一个实践推理情境中,需要考虑的有价值的目标也是多样的(O_1、O_2、O_3……)。通过实践推理所得出的最终结论,例如"应当做行为 A_1",是在平衡这些因素的基础上得出的。这个结论中的"A_1"只是推理过程中考虑过的诸多行为之一,在这个意义上这个结论缩小了行为选择范围。并且这个结论自身又是不可平衡的,否则便与其"结论"性质相矛盾。这就意味着,如果我们把基本权利理解为可以平衡的对象,那么被平衡的"基本权利"指的必定是存在于相关实践推理过程中的与目标 O_1 相关联的所有行为(A_1、A_2、A_3……)。这些行为一方面在范围上要远远大于出现在结论中的行为,另一方面在力度上并非结论性的,它们只是得出结论时需要考虑的理由。这也被称为平衡基本权利的一个基本方法论原则,即"定义上慷慨"之原则[1],平衡基本权利的主体必须为被平衡的基本权利设定一个更为宽广的、非结论性的内容。相比之下,传统上的基本权利观念则把"基本权利"仅仅理解为实践推理的结论。这样看来,平衡语境中的基本权利自然会表现出"范围扩张"和"强度降低"之特点。

---

[1] Stavros Tsakyrakis, "Proportionality: An Assault on Human Rights?", *International Journal of Constitutional Law*, Vol. 7, No. 3, p. 480 (2009).

二、平衡基本权利的有益后果

基本权利在成为平衡对象的同时必然伴随着通货膨胀现象，此种在平衡过程中通胀的"基本权利"难免给普通人带来强烈的观念冲击。① 依照人们的通常观念，基本权利之所以是基本的，一方面体现在它的"神圣性"上，这种神圣性具体表现为它的不可侵犯性；另一方面体现在它的"稀缺性"上，基本权利的保护范围是有限的，只有那些非常重要的利益才可能成为基本权利的保护对象。面对平衡中通胀的基本权利，人们很容易产生这样的疑问，即平衡基本权利的合理根据是什么？支持基本权利可平衡性的论者经常采取一种后果式论证，即通过列举平衡基本权利的诸多有益后果来论证平衡基本权利的合理性。在这些有益后果中，经常被强调的有以下四种。

（一）扩大基本权利的保护范围

21世纪初，我国宪法学界开始关注在世界范围流行的基本权利的平衡教义，并将其引入我国的宪法学理论之中，出现了相关著述来讨论基本权利的平衡问题。② 目前学界在论证基本权利的可平衡性时，较为普遍地诉诸平衡基本权利的这样一种后

---

① Kai Möller, *The Global Model of Constitutional Rights*, Oxford University Press, 2012, p. 5.
② 2006年前后国内宪法学界关于基本权利的可平衡性有过一次较为集中的讨论，参见张翔：《基本权利冲突的规范结构与解决模式》，《法商研究》2006年第4期，第94—102页；马岭：《基本权利冲突与法律权利冲突之别——兼与张翔博士商榷》，《法商研究》2006年第6期，第3—7页；徐振东：《基本权利冲突认识的几个误区——兼与张翔博士、马岭教授商榷》，《法商研究》2007年第6期，第36—44页；张翔：《基本权利限制问题的思考框架》，《法学家》2008年第1期，第134—139页。

果,即扩大基本权利的保护范围。基本权利保护范围的扩大,相关基本价值各种可能的实现(不侵害)方式和途径都被包括在内,这是与平衡基本权利必然伴随的一个现象。这意味着将更多的国家对公民利益的干涉行为纳入合宪性审查的范围之内。如果事先将基本权利的保护范围界定得过于狭窄,就会"先在地将某些行为排除在了基本权利的保障范围之外,从而使得对这些行为的国家干预根本就不构成基本权利的限制,从而逃避合宪性的审查"①。扩大基本权利的保护范围意味着对国家行为的正当性论证提出了更高的要求,意味着国家做出的任何对公民各项利益的干涉都需要有正当理由。"对基本权利保护领域尽量给予从宽认定,并将行为或事项广泛地纳入基本权利的保护范围,国家如果要对其进行干预或限制,必须提出正当理由(任何限制或干预措施所获得的法益要超过对该行为或事项进行保护所获得的法益始具正当性)才具有合宪性,因此……(这种做法)更能反映基本权利的本质内涵。"② 换句话说,"基本权利的保护范围"与"国家行为的正当化要求"是成正比的,基本权利的保护范围越大,对国家行为的正当化要求的程度也就越高。如果我们承认,在宪法中承认基本权利的基本意旨是为国家的公权力行为设定界限,为国家的立法、司法、行政活动设定必要的合法性条件,那么扩大基本权利的保护范围必然意味着提高对国家行为的正当性的论证强度,这种做法便契合了宪法保护基本权利的基本意旨。

---

① 张翔:《基本权利限制问题的思考框架》,《法学家》2008年第1期,第135页。
② 徐振东:《基本权利冲突认识的几个误区——兼与张翔博士、马岭教授商榷》,《法商研究》2007年第6期,第44页。

（二）增强基本权利保护的灵活性

通过平衡的方式来保护基本权利，可以使得基本权利的保护更为灵活，更能够回应个案的特殊情况。① 传统的基本权利保护主要是通过解释宪法的条文字义来实现的，通过解释相关宪法条文中概念的含义，来确定本案中的相关事由是否属于宪法条文所提及的那种需要被保护的、免于国家干涉（或需要国家予以保障）的情况。如果解释结论是肯定的，那么国家对公民的相关行为的干涉就侵犯了基本权利，因此不具有正当性，属于违宪行为；如果解释结论是否定的，那么国家的行为便没有侵犯基本权利，是合宪行为。以美国宪法第一修正案为例，该修正案规定："国会不得制定关于下列事项的法律：确立国教或禁止信教自由；剥夺言论自由或出版自由；或剥夺人民和平集会和向政府请愿申冤的权利。"如果某公民通过在马路上撒传单的方式来表达某种政治言论，这种行为属于该条文中所欲保护的"言论自由"吗？这需要通过解释该条文中的"言论自由"的含义来判断，如果答案是肯定的，国家对撒传单进行限制就是违宪的，反之则是合宪的。传统的基本权利保护的法律解释进路具有很强的"规则"意味，遵循的是一种法律推理的"涵摄"模式。它首先确立法律条文的一般含义，然后再判断个案中的待决行为是否符合（或违反）法律条文的要求。它在解释相关条文的含义的时候，总是试图得出超出待决案件语境的、一般性的概念定义。例如，对于撒传单这种行为是否属于第一修正案保护的"言论自由"，依照法律解释进

---

① Giovanni Sartor, "A Sufficientist Approach to Reasonableness in Legal Decision-Making and Judicial Review", in Giorgio Bongiovanni, Giovanni Sartor, and Chiara Valentini (eds.), *Reasonableness and Law*, Springer, 2009, p. 66.

路，应该这样来判断：第一修正案中的"言论自由"的核心内容是"表达某种内容、意见的自由"，并不包括表达意见的方式，撒传单只是一种表达意见的方式，自身并不属于"言论"，因此国家对撒传单行为进行限制并不属于限制言论自由，相关规制措施是合宪的。这种解释明显没有考虑待决案件自身的特殊情境，没有考虑在该案中"撒传单"这种行为与言论自由价值的实现之间的关联程度，也没有考虑该案中政府试图通过规制该种行为所欲维护的公共利益的分量。

"平衡"在法律推理模式上明显有别于"涵摄"，① 它是敏感于个案的，通过平衡确立的并不是一般性的规则，而是仅适用于个案的法律判断。仍以"撒传单"为例，通过"平衡"来保护基本权利的前提预设就是，对于"政府禁止撒传单"是否合宪这个问题，并不预先存在一般性的规则，"禁止撒传单"是否合宪，取决于对本案中相关的各种价值的平衡。具体需要考虑"撒传单"所关联的价值，包括它体现的或实现的价值（言论自由）以及它所侵害的价值（例如公共卫生），需要考虑它所关联的这些价值自身的重要性以及它对这些价值的实现或侵害程度，综合这些考虑之后来确定禁止撒传单所实现（体现）的价值的分量能否证立它对言论自由价值的侵害。如果答案是肯定的，那么政府对撒传单的规制就是违宪的，反之则是合宪的。

通过把"平衡"与"涵摄"相对比可知，基本权利保护的平衡进路是一种因个案而异的保护方式，它并不预先确定基本权利

---

① 关于"平衡"与"涵摄"的细致区分，参见 Robert Alexy, "On Balancing and Subsumption: A Structural Comparison", *Ratio Juris*, Vol. 16, No. 4, pp. 433 – 449 (2003).

的一般含义，而是具有相当程度的开放性，它追求的是"具体问题具体分析"，以此来充分体现每一个个案的特殊性质。

（三）提高基本权利保护的透明度

基本权利保护的平衡进路在说理上更为"透明"，当法官通过平衡相关宪法价值来确定政府行为的合理界限的时候，他同时也在将其推理的各个环节和要素展现给公众，或者说，基本权利的平衡过程同时也是平衡的实践者（法官等）告诉公众"为什么这样做是合宪或违宪的"过程。① 打个比方来说，通过平衡基本权利来确定政府行为合宪与否的法官，就好比这样一个厨师，该厨师把他所有的食材都展现给顾客，让顾客清楚地知道他用什么样的食材来加工菜品，并且他还向顾客一步步地展现这些食材的全部料理过程，以使得顾客了解自己吃到的菜品是如何被制作出来的。通过展现其推理的全部"材料"，从事平衡推理的法官使得公众清楚地知道，法官的最终结论并不是某种机械计算的结果，并不是那种"结论必然来自前提"的三段论推理的结果，而是一种复杂的实践推理的结果。这种实践推理的特点是，需要在相关的特殊社会语境中考虑那些重要的且经常彼此竞争的宪法价值。这种实践推理要求法官在具体语境中对那些有着竞争关系的价值进行选择，此种选择必然是困难的、有争议的。尽管会有部分甚至大部分公众不赞同法官的具体决定，但他们必然会清楚地知道他们为什么不赞同法官的决定。也就是说，基于平衡来保护基本权利导

---

① Wojciech Sadurski, "Reasonableness and Value Pluralism in Law and Politics", in Giorgio Bongiovanni, Giovanni Sartor, and Chiara Valentini (eds.), *Reasonableness and Law*, Springer, 2009, p. 139.

致的一个结果是,公众会理解法官为什么作出相关判决,会理解法官得出此种判决的理由和推论步骤,但这不意味着公众必然会接受此种判决。尽管如此,使得公众能够理解宪法推理过程,理解法官的判决理由,这对于宪法裁判来讲也是非常重要的。这是传统的规则取向、"涵摄"式的宪法推理模式最为薄弱的环节,平衡模式则着力彰显这个环节。需要强调的是,所谓"平衡"有助于公众理解相关推理的理由,这是在一般意义上说的。并不排除在个别的情况下,"平衡"牵涉的因素过于复杂,对各类宪法价值的分量的判断和比较异常困难,因此使得通过平衡得出的结论并不容易被人理解。不过即便在这种情况下,公众也可以了解此种案件的"疑难"之处,也就可以知道为什么他们会对相关判决产生困惑和异议。

(四)凝聚公民的宪法价值共识

平衡基本权利的最后一个经常被提到的有益后果是,它有利于凝聚公民的宪法价值共识。[1] "平衡"推理的一个特征是,法官必须承认系争案件中双方当事人的主张都初显地(prima facie)得到宪法的支持,没有任何一方被排除在宪法保护的范围之外。当我们对基本权利开展"平衡"作业,开始对个案中处于竞争关系的宪法价值进行权衡比较的时候,我们必然要承认它们都是宪法价值,都是值得珍视的,即使我们知道最终有一方会在权重中落败。即使一方当事人在诉讼中落败,即使支持其主张的那个价值

---

[1] Wojciech Sadurski, "Reasonableness and Value Pluralism in Law and Politics", in Giorgio Bongiovanni, Giovanni Sartor, and Chiara Valentini (eds.), *Reasonableness and Law*, Springer, 2009, p. 140.

在本案中不够重要，但这不意味着该价值从此就不再是价值，不意味着该价值的品质因此而减损。

当法官通过平衡保护基本权利时，他实际上是在向公众传递这样一种信息："系争案件中的双方当事人的主张在宪法上都能够得到支持，但是法官必须要有所取舍，必须基于宪法在这两个竞争性的主张中选择其中力度相对更强的一个。"这种信息是一种调和性的、寻求共识的、安抚性的说理，尽管裁判的结果必然是一方当事人落败，但这种裁判方式相当于对落败的一方"礼节性地鞠了一躬"。并且此种基于平衡的裁判还相当于对当事人做出了这样的允诺："尽管这次你失败了，但下一次，如果条件合适，你所依赖的那个价值会使得你胜出。"

三、后果式论证的缺陷

以上列举的平衡基本权利的这些有益后果在一定程度上支持了平衡基本权利的相关做法，但这种支持的牢靠性并非没有可商榷之处。这种论证通过诉诸相关有益后果来支持平衡，但这些后果的重要性究竟有多大，并非没有争议。更重要的是，"硬币总是有两面"，平衡在产生好的结果的同时也会产生不好的后果，或者说，获得这些好的结果的代价就是丢失了另一些好的结果。

首先，基本权利的平衡保护模式扩大了基本权利的保护范围，使得更多的利益成为"基本权利"的保护对象。但基本权利在保护范围扩大的同时，其保护方式也改变了。"对……有一项基本权利"并不意味着该利益得到宪法的绝对保护，并不意味着所有对其进行干涉的政府行为都是违宪的。"对……有一项基本权利"只是意味着该利益得到宪法的相对保护,即"如果没有足够的反对理由,那么应当保护该利益",它只是意味着所有对该利益进行干涉的政府行为都要经受合宪性审查,但并不保证一定会得出何种结论。更准确地说,随着基本权利成为"平衡"的对象,宪法并不是降低了对基本权利的保护力度,而是改变了对基本权利的保护方式。基本权利的"平衡"与"涵摄"并非保护程度上的差异,而是性质、类别上的差异。与基本权利的平衡保护模式相对应的效果是"范围宽广-相对保护",与基本权利的涵摄保护模式相对应的效果是"范围狭窄-绝对保护",这两类效果到底何者更优,并非全无争议。

其次,基本权利的平衡保护模式使得基本权利的保护更为"灵活",更贴合个案的具体情况,能够为相关当事人"量身定制"最终判决结论。但"灵活"并不是没有代价的,"灵活"的代价就是"可预见性的降低"。由于基本权利的平衡模式并不预设先于个案的结论,在具体的真实案件发生之前,人们凭借宪法中的基本权利条款并不能够预先知道政府行为的精确界限。而"可预见性"是法律得以在人类社会中存在的重要理由之一。人们需要法律,正是因为通过法律可以预见彼此行为的后果,并可依此来进行生活规划。被基本权利的平衡保护模式所损害的"可预见性"绝不是宪法的一个次要的、可有可无的优点,因此也就很难理所当然地认为"灵活性"是比"可预见性"更好的宪法属性,以及为了使基本权利保护更具"灵活性"可以无所顾忌地牺牲它的"可预见性"。

再次,基本权利的平衡保护模式使得基本权利的保护更为

"透明",使得个案当事人以及公众能够清楚地知晓法官最终判决的理由与推理步骤。但所谓"透明"只是程度上的,不可能做到彻底透明。必须承认的是,实践推理的过程远远达不到数学推理那样高的理性化程度,人们能够做到的只是大体上的理性化。特别是在实践推理中判断比较项的价值分量的时候,A 价值为什么比 B 价值更为重要,A 行为为什么比 B 行为为某价值带来更大的损害,这并不总是一目了然的事情,而总是存在着很多"说不清楚"的地方。更重要的是,平衡推理在打开判决"黑箱"的同时也意味着宪法裁判机关的权威性的降低,当宪法裁判机关把它得出结论所运用的全部素材、全部推理过程原原本本地展现在公众面前的时候,公众接受相关判决的理由就不再是"这是法院作出的决定",而是"这是有说服力的决定"。对于法律来讲,"权威性"是它很重要的一个性质,这是人们需要法律的一个重要的理由。人们寄希望于权威机关来统一人们对相关问题的认识、协调不同个体的行动,以使得人们从繁重的实践推理工作中解脱出来,以便于更有效率地应对各类社会问题。但随着透明度的提高,宪法裁判机构的"权威性"自然会降低,法律调控社会生活的效率也随之降低。

最后,基本权利的平衡保护模式能够凝聚公民的宪法价值共识,但问题在于,对于宪法中所涉及的各类价值,例如尊严、生命、健康、隐私、自由、财产,人们并不缺少共识,很难想象在哪个立宪国家中,人们会就应否认同各项宪法价值而产生分裂。人们真正缺少共识的是行动问题,即在特定情形中相关人等究竟该做什么或不做什么。这种意义上的共识恰恰是基本权利的平衡保护所不能保证的,甚至可以说,基本权利的平衡保护反倒弱化了此种共识。这样看来，基本权利的平衡保护模式凝聚公民的宪法价值共识的意义是很有限的，很难以此作为支持平衡基本权利的一个决定性的理由。

以上列举了基本权利的平衡保护模式的消极后果，由此显示了，诉诸平衡的有益后果来论证基本权利的可平衡性并不是一个充分的论证，至多是将论证进行到"一半"，它没有解释的是，为什么这些有益后果要比上述这些消极后果更为重要。后果式论证很难将该论证全部完成，即最终地论证"平衡基本权利"是唯一正确的做法。这主要是因为后果式论证诉诸的是"平衡基本权利"的各种外在的效果，而外在的效果具有不稳定性，难以提供一般性的结论。想要为基本权利的可平衡性提供一个一般性的、稳定的论证，必须立足于基本权利自身的、内在的性质。"平衡基本权利"能够从基本权利的内在性质中找到根据吗？这正是基本权利的平衡论与非平衡论的争辩焦点。

第二节 基本权利可平衡性的否定论

基本权利可否被平衡？从后果的角度难以充分地回答这个问题。从目前对这个问题的相关讨论来看，争辩焦点也并不在此，而在于基本权利自身是否具有可平衡性。有一些论者对此给出了否定答案，这可被称为"基本权利可平衡性的否定论"，或者说"基本权利的非平衡论"。基本权利的非平衡论者采取了两种论证方式来实现他们的论证目的。一种是基于权利的"概念"来否定基本权利的可平衡性，该进路认为权利就其概念特征而言是不可平衡的，基本权利作为权利的一个子类自然也是不可平衡的。另一种是基于权利的"内在价值"来否定基本权利的可平衡性，该进路认为权利的内在价值具有"道义论"内容，它全部或部分排除了基本权利受到限制的可能性。只有那种（全部或部分）不可平衡的基本权利才是值得我们拥有的权利，或者说"不可平衡"是我们拥有基本权利的理由，任何平衡基本权利的做法都是在做道德上错误之事。

一、基于权利概念的非平衡论

有相当一部分学者认为，随着基本权利成为平衡的对象，被平衡的这种"基本权利"便丧失了权利的概念特征，实际上不过是被法律保护的利益。在这些批评者中，英国公法学者韦伯（Grégoire Webber）的论述较为深入系统，[1] 这为我们理解此类批评提供了一个较好的样本。

（一）权利的关系性与阻断性

韦伯认为，基本权利的平衡论者未能给予足够重视的一个重要的问题是："什么构成一项权利？"[2] 基本权利可否被平衡，并不取决于平衡基本权利的好处有多大，而是取决于基本权利就其作

---

[1] Grégoire Webber, "On the Loss of Rights", in Grant Huscroft, Bradley W. Miller, and Grégoire Webber (eds.), *Proportionality and the Rule of Law: Rights, Justification, Reasoning*, Cambridge University Press, 2014, pp. 123 – 154.

[2] Grégoire Weber, "Proportionality and Absolute Rights", in Vicki C. Jackson and Mark Tushnet, *Proportionality: New Frontiers, New Challenges*, Cambridge University Press, 2017, p. 84.

为权利而言能否被平衡。为此自然需要先弄清楚"什么是权利",即一个东西成为权利必须具备的特征是什么。

汉语中的"权利"一词是英语"rights"的对译,"rights"是"right"的复数形式,后者指的是"公正、正当、正确……",它的复数形式或者加上冠词"a""the"之后则被用来表示"权利"(rights)、"一项权利"(a right)、"这项权利"(the right)。从语源学的角度看,英语中的"right"一词来自拉丁语的"ius(jus)"一词,"ius"同时还是"正义"(justice)、"证立"(justification)、"司法"(juridical)、"法学"(jurisprudence)以及"法学家"(jurist)的词根。依照英国法学家哈特(H. L. A. Hart)的研究,早在古希腊时期,在柏拉图和亚里士多德的著述里就有了与英语"right"类似的词,但那时并没有"the right""a right""rights"这样的词,"right"在希腊语中的同义词指的就是"正当的行为"或者"需要做的正当的行为"。① 到了中世纪,主流的学术语言变成拉丁文,"right"的拉丁文同义词是"ius",依照中世纪学者的理解,所谓"ius"指的就是"正当的事物自身",② 其中的"事物"包括"行为""物体""事态"等等。为了与"ius"在中世纪末期出现的"权利"含义相区分,它在中世纪的这个含义可以被称为"ius"的客观意义。将其称为"ius"的客观意义,是因为"正当的事物自身"意味着某个事物之所以是正当的,是因为其自身就是正当的,并不特别地关联于某个人。例如,在中世纪的人

---

① H. L. A. Hart, *Essays on Bentham: Studies in Jurisprudence and Political Theory*, Oxford University Press, 1982, p. 163.
② John Finnis, *Natural Law and Natural Rights*, Oxford University Press, 1986, pp. 206 – 210.

看来,"欠债还钱"自身就是正当的,而不是说它对于债权人或者其他有着利害关系的人是正当的。到了中世纪晚期,"ius"被人们赋予了一个新的、主观的含义。"ius"不仅仅被用来指称"客观上正当的事物"或者说"正当的事物自身",还被用来指称对于特定人而言的"正当的事物",这可被称为"ius"的主观意义。从那以后"ius"成了可被特定人"拥有"的东西,并出现了这样的语言使用方式,即"某人对某事物有 ius"或者"某事物是某人的 ius"。这也就是"权利"观念的语言学渊源,我们现在常用的"某人对某事物享有权利"或者"某事物是某人的权利"便来源于此。现代英语中分别用两个不同的词来表达"正当"的客观意义和主观意义,前者被称为"right",后者则被称为"rights"或"a right",并不会通过在"正当"前面加上"客观"和"主观"前缀的方式来区分正当的这两种意义。但其他西方语言(例如德语、法语、西班牙语)中则保留了"客观意义上的正当"和"主观意义上的正当"这种比较繁琐的语言用法。例如,德语中的"Subjektive Recht"(客观意义上的正当)与"Objektive Recht"(主观意义上的正当,即"权利")。①

"正当"(ius,right)的客观意义与主观意义之间存在着关联,不能够将二者割裂开来。所谓"主观意义上的正当(权利)"就是从正当关系中一方当事人的角度表达的"客观意义上的正当"。"简而言之,权利的现代语词和语法是这样一种多用途工具,它从一种正义关系的受益人的视角出发,记录和断定一种正义关系的

---

① 在英语世界的学术著作中,有时会将"right"的首字母大写,用"Right"来对译其他欧洲语言中的"正当"(例如,用"Right"来对译"Recht"),以此来反映在这些语言中"正当"兼具主客观意义之特殊词义。

要求或其他意涵。"① 例如,"甲向乙归还欠款"是一种正当的人际关系,如果我们从该关系中乙的视角出发来表达这同一种关系,便得到了所谓"权利"观念,即"乙对甲归还欠款享有权利",或者说"乙有权利要求甲归还欠款"。当从乙的视角来表达这种关系("乙有权利要求甲归还欠款")时,其语义重点并不是"'甲向乙归还欠款'自身是正当的",而在于"'甲向乙归还欠款'是'欠'(due to)乙的,这是在把乙的东西还给他"。

韦伯认为,通过分析"权利"与"正义"的关系可以知道,所谓权利不过是正义的一个切面,是从正义关系中特定当事人的视角出发所表达的"正义"。基于此种关联可以得出这样的结论,即权利的性质密切关联于正义的性质。关于"什么是正义",自古以来就存在多种不同观念,但这些不同观念之间也有一定重合。一般人们都会认为正义有两个核心特征,一个是它的关系性,另一个是它的阻断性。一方面,正义是一种特殊的关系,或者说正义是在人际关系中所体现出来的美德。正如古希腊思想家亚里士多德所言:"正义是唯一一种顾及他人的善的德性,这是因为,它通过关联于他者而实现:它所要求的是对他人有益的东西,不论践行正义的那个人是他人的管理者还是他人的伙伴。"② 依照正义的"关系"属性,在确定什么是正义的时候,不可能仅仅考虑某一方当事人的利益和需求,必须同时考虑关系中双方当事人的利益诉求。正义表达了一方主体应该向另一方主体做什么,这种关系是在综合判断双方诉求的基础上形成的。另一方面,正义具有

---

① John Finnis, *Natural Law and Natural Rights*, Oxford University Press, 1986, p. 205.
② Aristotle, *Nicomachean Ethics*, translated and edited by Roger Crisp, Cambridge University Press, 2004, p. 83.

阻断性，正义所要求的行为并不是一种建议，正义不允许讨价还价，它是相关行为人必须要做到的，它代表着相关实践问题的最终结论。"正义关涉的是，在通盘考虑各种因素之后，什么应该被选择和被做出（或者不被做出），因此它总是紧密关联于义务以及义务之违反。"① 如果某种做法或事态被认定为"不正义"，那么不论该种做法或事态会带来别的什么好处，体现何种其他价值，人们都不能从事此类行为或维系此种事态。

由于权利不过是正义的一个切面，权利就是从正义关系中的受益人的角度所看到的正义，正义的这两个性质也同样体现在权利上面。一方面，权利是关系性的，享有权利意味着他人必须对你做或不做某种行为，或者说享有权利意味着他人对你负担某种义务。由于让他人为你负担义务总是意味着义务人的利益受损，因此不可能仅仅通过考虑权利人的需求来形成此种关系，不可能仅仅因为权利人"想要这样"，他人便"必须这样做"。否则的话就违背了一个至关重要的实践原则，即在共同体中，每一个成员的利益都具有同等的重要性，每一个成员都不是天然地从属于、服从于他人的意志。另一方面，权利是阻断性的，享有权利意味着他人"必须"对权利人做或不做某种行为。对于义务人而言，对权利人"做某事"是相关实践推理的终局性结论，不再有被修正的可能性。

既然权利是关系性的和阻断性的，"真正的权利"便仅仅存在于这样一种情境中，即"被用来证立某种行为的所有相关的理由

---

① John Finnis, "Reflection and Responses", in John Keown and Robert P. George (eds.), *Reason, Morality, and Law: The Philosophy of John Finnis*, Oxford University Press, 2013, p. 505.

被综合考虑之后"。① 权利表达的是相关实践推理的结论,基于权利的这个特点,当我们试图在人类社会中评论何种事物是公正的时候,我们不可能"从权利开始"进行推理,或者说"基于权利"进行推理。正确的做法是,我们应该"朝向权利"进行推理,即为了得出一个权利(结论)进行推理。

(二)"权利平衡"导致"权利遗失"

韦伯认为,目前全球流行的基本权利的平衡保护模式背离了权利的本质,所谓被平衡的"基本权利"实际上并非权利。

从各国对基本权利的"平衡"实践来看,所谓可以被平衡的"基本权利"有四个特点:第一,基本权利的"范围"与"限制"的两分。基本权利的保护范围独立于基本权利的限制而单独得到认定,在认定基本权利保护范围的时候,需要考虑的是宪法条文中基本权利所指向的对象的所有可能含义。例如,宪法中的"表达自由权"的保护范围就是"表达自由"的所有可能的形态与方式,各类可被想见的表达意见方式都属于"表达自由权"的保护范围。在认定"表达自由权"的保护范围时,无须考虑表达自由权所可能受到的各类限制,各种可能出现的基于他人的基本权利或者公共利益的限制均被视为外于"表达自由权"而存在。第二,基本权利的各类"限制"的等同。基本权利面临的所有限制,不论是那些明显"正当"的限制还是明显"不正当"的限制,在性质上没有被预先区分,都被当作需要认真对待的限制措施。它们

---

① Grégoire Webber, "On the Loss of Rights", in Grant Huscroft, Bradley W. Miller, and Grégoire Webber (eds.), *Proportionality and the Rule of Law: Rights, Justification, Reasoning*, Cambridge University Press, 2014, pp. 123-131.

的区别仅仅是事后意义上的，即有的限制得到了证立，而有的限制未得到证立。第三，基本权利的保护范围的膨胀。由于基本权利的范围与限制的分离，基本权利被赋予了极为宽泛的内容，甚至包括那些明显"不正当"的内容。例如，发表种族歧视言论也被视为"言论自由权"的保护对象。第四，限制措施的证立遵循比例原则。在判断某种对基本权利的限制措施是否正当时，需要依次考虑该种限制措施是否有正当目的，该种限制措施能否实现该目的，该种限制措施是否是实现该目的的必要（对基本权利的最小侵害）手段，以及该限制措施意图实现的目的在分量上能否抵消被限制的基本权利的分量。

通过基本权利在平衡中所表现出来的这四个特点我们可以知道，被平衡的"基本权利"有两个重要的属性：其一，基本权利的"非关系性"。基本权利的保护范围的认定脱离于限制措施而实现，这意味着基本权利的范围认定仅仅考虑了基本权利主体自己的利益诉求，而未能同时考虑受到他的行为影响的其他人以及社会的利益诉求。也正因如此，基本权利的内容才会出现急剧膨胀之现象。其二，基本权利的"非结论性"。基本权利被理解为存在于比例原则适用之前，它是进行合比例分析的前提，并不必然地决定接下来的合比例分析过程会得出何种结论。因此这种意义上的"基本权利"不具有阻断性，没有为相关主体的行为给出终局指引。它只是得出此种结论时需要考虑的一个因素，除此之外还要考虑基本权利的限制措施的目的，双方具有相同的规范地位，处于平等的竞争关系之中，竞争的结果决定了相关主体究竟该做出或不做出何种行为。

基于以上考虑，韦伯断言，通胀的基本权利偏离了权利的本质,其实质是利益,比例原则并没有保障权利,它"遗失了权利"①。"权利遗失"这个批评基于权利与正义的内在关联,从中提炼出权利的关系性与阻断性特征,并依此否定了被平衡的"基本权利"的权利属性。这意味着,如果韦伯的"权利遗失"这个批评是成立的,那么在各国宪法实践中流行的基本权利的平衡操作不仅遗失了权利,还遗失了正义这个法律的至高理念。

在各国宪法和国际人权法中,存在着相当一部分关于"绝对权利"的规定,例如,"任何人不得对他人施加酷刑""不得奴役他人"。在韦伯看来,这些"绝对权利"明显不可以被平衡,这构成了否定基本权利的可平衡性的重要的法律文本依据。不过也要承认,在宪法和人权法中,并不是所有基本权利都以这种绝对的方式被规定,有大量的基本权利在文本表述上并没有明显的"绝对保护"意味,而是采取了"有……的权利""对……有权利""有权利……"这样的表述,例如,"公民有结社的权利"。更值得注意的是,相当多的基本权利条款除了规定公民享有某种权利以外,还规定了该权利受到的限制。例如,德国《基本法》第2条规定:"人人有自由发展其人格之权利,但以不侵害他人之权利或不违反宪法秩序或道德规范者为限。"这类条款看起来明显传达了这样的信息,即这些基本权利并不是绝对的,它们并没有预先告诉人们(政府)到底该做什么,这个问题的答案需要通过平衡该基本权利与限制措施才能获得。韦伯认为,这种"自带限制"的宪法基本权利条款所表达的其实并不是"真正的权利"(genuine

---

① Grégoire Webber, "On the Loss of Rights", in Grant Huscroft, Bradley W. Miller, and Grégoire Webber (eds.), *Proportionality and the Rule of Law: Rights, Justification, Reasoning*, Cambridge University Press, 2014, p. 132.

rights），而只是"对权利的主张"（claim of rights）。① 或者更准确地说，这些条款中所提到的只是"有待完成的权利"②，它们尚不具备真正的权利所具有的阻断性和关系性，这些所谓"权利"只是权利的半成品。制宪者之所以在宪法中规定这些"对权利的主张""待完成的权利"，是为了给后续的立法者、裁判者以"邀请"，邀请他们将这幅制宪者自身尚未完成的权利图画补充完整，补充完整的结果就表现为个案中关于系争权利的最终判决结论。这些裁断是最终的决定，是对相关主体行为的终局要求（确认人们负有某种具体义务）。它们既是阻断性的——排除了其他所有反对理由，也是关系性的——在综合考虑相关情境中当事人各自的地位、诉求、利益的基础上做出，因此它们才是真正的权利。

对于韦伯提出的基本权利的非平衡论，有一种回应思路认为，平衡基本权利与权利的关系性和阻断性并不矛盾。基本权利并没有在被平衡的过程中蜕变为利益（价值），可平衡的基本权利仍然具有关系性和阻断性。可平衡的基本权利的关系性体现在，基本权利是存在于公民个人与国家之间的关系。它的阻断性体现在，此种关系以国家确定性地、终局性地向公民个人负担一种特殊的义务为内容，此种义务指的是"国家对其限制措施进行合比例分析"的义务。英国宪法学者库姆（Mattias Kumm）认为，每一个可

---

① Grégoire Webber, "On the Loss of Rights", in Grant Huscroft, Bradley W. Miller, and Grégoire Webber (eds.), *Proportionality and the Rule of Law: Rights, Justification, Reasoning*, Cambridge University Press, 2014, p. 144.
② Grégoire Weber, "Proportionality and Absolute Rights", in Vicki C. Jackson and Mark Tushnet, *Proportionality: New Frontiers, New Challenges*, Cambridge University Press, 2017, p. 93.

平衡的基本权利都包含了这样的阻断性内容,即国家有义务通过合比例分析对其采取的限制措施进行证立。① 例如,依照此种解释,宪法中的财产权蕴含的"义务"的内容就是,国家限制公民财产利益的措施必须合乎比例。②

库姆把"合比例分析"视为所有基本权利内含的阻断性、关系性要素,以此来回应韦伯的批评,这种回应策略的效果很有限。所谓"合比例分析"义务,不过是重申了平衡基本权利的论证方法,此种义务只是一种对国家提出的"论证"上的义务,即不论国家想要以何种措施来限制何种权利,限制措施都必须经受合比例检验,这种"义务"没有确保国家到底该采取什么行动。而韦伯试图指责的正是这一点,即基本权利成为平衡的对象以后,它就不再能确保国家到底该做什么,这才是韦伯说的"被平衡的权利不具有阻断性、关系性"的意思。因此,库姆的回应与其说解释了基本权利蕴含的阻断性和关系性,不如说在通常的、可平衡的权利之外又提出了一个更为一般的权利,即内含着"合比例地证立限制措施义务"的权利。他并没有真的为可平衡的基本权利提供一个关系性、阻断性的解释,而只是提出了另一个具有关系性和阻断性的不可平衡的权利。这种想法是无法让人理解的:"为什么仅允许一个权利关联于他人的义务,但否定权利的此种解说

---

① Mattias Kumm, "The Idea of Socratic Contestation and the Right to Justification: The Point of Rights-Based Proportionality Review", *Law & Ethics of Human Rights*, Vol. 4, p. 143 (2010).
② Kai Möller, "Proportionality and Rights Inflation", in Grant Huscroft, Bradley W. Miller, and Grégoire Webber (eds.), *Proportionality and the Rule of Law: Rights, Justification, Reasoning*, Cambridge University Press, 2014, p. 168.

方式适用于其他权利呢？"① 在解释基本权利的性质的时候，不论持有何种立场，至少要做到具有内在统一性，即为所有基本权利提供一个共通的解释框架。库姆对基本权利的性质的解释未能满足此项要求，因此无法成立。

二、基于权利内在价值的非平衡论

（一）权利的内在价值

韦伯提出的基本权利可平衡性的否定论是一种概念论主张，该种否定论立足于权利的一般特征，所有权利都必须是关系性的、阻断性的，或者更为通俗地说，都是绝对的、不可平衡的权利，因此基本权利也不例外。基本权利可平衡性的否定论的另一个版本并不基于权利的概念特征，它认为，基本权利是有着特殊的内在价值的权利，其特殊的内在价值导致它不可以被平衡，（全部或部分）平衡基本权利的做法将使得基本权利失去其"重要性"，②使得基本权利不再是"基本的"权利。那么，被人们不断强调的基本权利的"重要性""基本性"是什么呢？这需要我们先考察一下基本权利与普通权利的区别。

基本权利与普通权利的区别是一个乍看之下很简单的问题，人们可能会这样来回答：所谓基本权利就是规定在宪法中的权利，

---

① Grégoire Weber, "Proportionality and Absolute Rights", in Vicki C. Jackson and Mark Tushnet, *Proportionality: New Frontiers, New Challenges*, Cambridge University Press, 2017, p. 87.

② 参见陈景辉：《比例原则的普遍化与基本权利的性质》，《中国法学》2017 年第 5 期，第 279—302 页。

普通权利就是规定在宪法以外的其他法律中的权利。这种区分方式依据"是否规定在宪法中"这个形式标准,该标准可以帮助我们初步了解基本权利和普通权利的区别,但它自身是不充分的,留下一些疑问。一方面,是否所有规定在宪法中的权利都是基本权利?宪法中关于国家机构的各类职权的规定也是基本权利吗?这个疑问或许让人莫名其妙,人们可能认为,国家机构的"职权"(例如立法权、司法权)当然不是基本权利,基本权利仅指那些由公民享有的权利。但是相关论者在做出这个回应时,已经在不经意间运用了一种不同于形式标准(基本权利是规定在宪法中的权利)的区分标准(基本权利是公民享有的权利)。另一方面,是否只有在宪法中得到明确列举的才是基本权利?那些没有得到明确列举的便不是基本权利吗?这个问题的答案是很简单的,人们一般都会认为,基本权利并不限于宪法条文的字面意思。尽管可能有个别论者持有一种极端的"原教旨主义",认为基本权利的范围仅限于制宪者在宪法中明确表述的那些权利。但至少就各国的宪法实践来看,并没有哪个国家在践行此种极端的理论观点,而是普遍将基本权利的范围扩大到宪法条文的显明含义之外。这样就引发一个问题,即如果基本权利的范围并不限于宪法的条文字义,那么就意味着"规定在宪法中"不可能是基本权利唯一的、本质的特征,一定有其他标准使我们可以识别,哪些权利尽管没有被宪法条文明确承认但仍然是基本权利。

  第二个经常被用来区分基本权利和普通权利的标准是功能标准或者叫作程序标准。依照此标准,所谓基本权利特指公民享有的对抗国家权威的权利,说得更为具体一些,基本权利就是作为民主立法的基础与界限的权利。相比之下,普通权利则没有此种功能，普通权利是立法的产物，自身并不具有限制国家的立法权的功能。相比于形式标准，功能标准为基本权利填入更多内容，至少它将基本权利与国家享有的职权区分开来，也在一定程度上区分了基本权利与普通权利，即基本权利是能够为民主立法设定界限的权利。但这种区分标准也留下了有待解决的问题，即哪些权利重要到构成了民主立法的基础和界限呢？

第三个被用来区分基本权利与普通权利的标准是实质标准。不论是基本权利还是普通权利，它们都是制度化的权利，都是被相关国家的法律实践所肯认的权利，这具体表现为特定人群（立法者、裁判者等）通过特定实践活动（立法、司法等）来宣告、适用和执行这些权利。在这个意义上它们都是"实证的（实在的）"权利。前面提到的两个标准（形式标准和功能标准）分别揭示了基本权利有别于普通权利的两个制度化特征，即"规定在宪法文本中"和"对抗国家权威"。与普通权利不同的是，基本权利不仅具有制度化特征，同时还有一个理想的特征，即基本权利的实质内容是人权，基本权利是人权的制度化表现。[1] 这是一个得到较为广泛承认的基本权利的特征，甚至很多国家会将基本权利的此项特征明确地书写在宪法条文之中。例如，我国《宪法》在"公民的基本权利和义务"这一章的第一条（《中华人民共和国宪法》第33条第3款）就旗帜鲜明地宣告"国家尊重和保障人权"。该种实质标准解决了前面两个标准未能解决的问题。一方面，那些尽管没有体现在宪法条文的显明文义之中但仍然被确认为基本

---

[1] Robet Alexy, "Discourse Theory and Fundamental Rights", in Agustín José Menéndez and Erik Oddvar Eriksen (eds.), *Arguing Fundamental Rights*, Springer, 2006, p. 17.

权利的权利，指的就是那些作为人权的权利。另一方面，基本权利成为民主立法的基础与界限，正是因为它的人权内核。人权先于和外于民主立法而存在，这使得作为其制度化形式的基本权利适合作为立法权力的正当性边界。不可否认的是，关于基本权利的性质也有一种纯粹"实证"观点，该观点认为基本权利与普通权利并无实质差异，都是立法的产物，宪法中规定的各项基本权利并不是在限制立法，而只是立法者对其立法任务的自我宣示。在何种时机、何种程度上落实这些被宣示的基本权利，全然取决于立法者自己。① 但这种观点并非主流，而且基于这种观点也很难解释各国的基本权利保护之实践，各个立宪国家都普遍地将基本权利视为对立法的限制，并没有将基本权利完全置于立法者的任意操纵之下。

基本权利的"基本性""重要性"是什么，这是一个关于基本权利的实质价值内涵的问题。这个问题的答案体现在上述第三个标准之中，想要知道基本权利的"基本性""重要性"究竟是什么，该性质是否允许基本权利被平衡，关键就在于弄清楚作为基本权利的理想维度的人权的价值根据到底是什么。从目前的讨论来看，美国政治哲学家诺奇克（Robert Nozick）和美国法哲学家德沃金（Ronald Dworkin）的观点较具代表性，他们在不同程度上基于人权的内在价值否定了基本权利的可平衡性。诺奇克认为，基本权利在任何意义上都不可以被平衡。德沃金则认为基本权利仅排除了那些"不平等"的限制措施，但不排除基于其他理由、与

---

① 参见［德］米歇尔·施托莱斯：《德国公法史：国家法学说和行政法学》，雷勇译，法律出版社2007年版，第498页。

平等相容的限制措施(例如,基于他人的基本权利的限制)。

(二)权利的"边界约束"观

有一种很常见的观点认为,人权是人凭借其具有的人性之本质而享有的权利。从此角度入手来把握人权本质的论述为数众多。例如:"我们可以认为,……人权是所有人格体(persons)仅仅凭借他们是自然之人(human)而拥有的权利。"① "人权是归属给仅仅作为自然之人(human beings)的自然之人(human beings)的权利。"② 依照此种观点,人权并不依赖它得到特定社会的承认,它仅仅立基于主体的人性特质。"人性之本质"通常被理解为人所具有的理性、自治、自由意志等等。③ 以言论自由权为例,按照人权的人性观,每个人依其本性都有自己的思想,也都有能力采取一定的方式来表达自己的想法,尊重此种人性特质的最适当的方式就是,赋予每个人发表言论的权利,这就是基于人性本质对人权的典型论证方式。通过与此相似的一系列权利授予活动,人的人性特质得到尊重,由此确保了每个人的尊严。诺奇克的理论可以被视为此种进路的代表性观点,诺奇克并没有专门讨论过宪法基本权利,他直接关注的是国家权威的正当性基础问题。对他来讲,最为基本的政治哲学问题就是,需要满足何种条件,一个国家的政权才能被视为正当的政权。他为这个问题提供的答案就

---

① Alan Gewrith, *Human Rights: Essays on Justifications and Applications*, Chicago University Press, 1982, p. 41.
② Peter Jones, "Human Rights", http:/www. rep. routledge. com/article/S105.
③ F. M. Kamm, "Rights", in Jules Coleman and Scott Shapiro (eds.), *The Oxford Handbook of Jurisprudence and Philosophy of Law*, Oxford University Press, 2002, pp. 484 – 487.

是，不侵犯公民的"权利"是国家的正当性标准。这种论证思路与我们对基本权利的性质的讨论是完全合拍的，他实际上主张的就是，基本权利的实质性内核（人权）是国家的正当性基础。

在诺奇克看来，"可以把权利当做对所要从事的行为的边界约束（side constraints）：不要违反约束 C。其他人的权利决定了对你的行为所施加的约束"①。对于每个人而言，他在采取某种行动的时候，一般会带有某种目标，是一种目标导向的行为，例如，用水管给花园里的花浇水。权利并不决定个人如何实现他的目标，权利仅仅为个人的目标导向的行为施加了一种约束。例如，你的邻居的财产权并不决定你应该如何养护你的花园，该权利仅仅给你养护花园的行为施加了一项约束，即浇花时不得损害邻居的财产。主体自己的权利也如此发挥作用，你的财产权既不决定你如何实现你的相关目标，也不决定他人如何实现他的某种目标，你的财产权只是为他人在追求其目标时施加了一个约束，即不得侵害你的财产。用宪法学常用的学术语言来表达的话，诺奇克将所有人权都理解为"消极防卫权"，不存在其他类型的权利。

诺奇克认为，权利为他人行为施加的"边界约束"是绝对的，此种束缚绝不可以因为其他价值考量而被取消或打折扣。例如，你邻居的财产权对你的行为施加了这样的约束，当你在实现某种目标时，不论你的目标有多么重要（例如，扑灭自己房子发生的火灾），不论侵害你邻居的财产对于实现你的目标是多么必要（例

---

① ［美］罗伯特·诺奇克：《无政府、国家和乌托邦》，姚大志译，中国社会科学出版社 2008 年版，第 35 页。

如，只有拆除邻居的围墙才能扑灭你的房子的火灾），除非获得邻居的同意，否则你都不可以损害邻居的财产。诺奇克基于何种理由为权利设定了如此严格的性质呢？诺奇克认为："对行为的边界约束反映了康德主义的根本原则：个人是目的，而不仅仅是手段；没有他们的同意，他们不能被牺牲或被用来达到其他的目的。个人是神圣不可侵犯的。"① 在诺奇克看来，某样东西在使用上是否存在不可违反的边界约束，决定了其究竟是一个"工具"还是一个"目的"。对于"锤子"这样的工具而言，在决定如何使用它的时候，并不存在某种不可违反的边界约束，即不存在"绝不可以用某种方式来使用它"这样的边界约束。我们至多可以说，以某种方式使用它"缺少效率"（例如，用它来击鼓），或者以某种方式使用它会"使其丧失功能"（例如，未做防锈处理导致其被锈蚀），但这些都不是绝对不可违反的边界约束。只有当出现了诸如"绝不可以将其放在冰箱里"这样的边界约束时，它才不仅仅是一个工具，同时成为一个目的。例如，我们在对待其他个人的时候，该个人就具有一种为我们的行为设定边界约束的性质（"绝不可以将哭闹的孩子放在冰箱里"）。这也就意味着，这个人在其能够设定边界约束的那些方面是一个目的，而不仅仅是工具。显然，对于锤子来讲，"绝不可以将其放进冰箱里"这样的边界约束是不可能出现的，作为理性的人，我们无法理解为什么会存在这样的限制。类似的边界约束或许更经常地出现于理智尚不发达甚或出现异常的人群之中，例如，一个儿童或者精神病人或许会说"不要

---

① ［美］罗伯特·诺奇克：《无政府、国家和乌托邦》，姚大志译，中国社会科学出版社 2008 年版，第 37 页。

把锤子放到冰箱里,它会被冻坏的"。他们在为锤子的使用设定"绝不可以将其放进冰箱里"这样的边界约束的时候,自以为锤子如同"人"那样不仅仅是工具,而且是目的自身。尽管此种看法是错误的、没有理智根据的,但也从一个方面反映了某个东西为人的行为"设定边界约束"与它"成为目的"之间的内在关联。

诺奇克对人权持有的这种观点使他认为,人权不可能被平衡,如果被平衡,人权就不再是权利,人权的"人是目的而不仅仅是工具"这个价值理念便彻底落空。如果甲的权利可以因为乙的利益而被牺牲掉,那么就意味着此时甲彻底沦为乙的工具,丧失了自身的目的属性。权利不仅不可以被其他人的个人利益所平衡,也不能被"社会利益"(公共利益、集体利益、国家利益)所平衡。在诺奇克看来,"社会利益"经常被用作凌驾个人权利的借口,它似乎拥有某种超出个人利益的神圣性。但真实的情况是,"并不存在拥有利益的社会实体,这种社会实体能够为了自己的利益而承受某些牺牲。存在的只是个体的人,具有他们自己个别生命的不同的个体的人"[①]。所谓为了"社会利益"而牺牲个人权利,其实质仍然是为了其他个人的利益而牺牲个人权利,同样是将个人置于他人的工具的地位,否定了权利具有的"人是目的"这一价值。

(三)权利的"王牌"观

德沃金认为人权的核心价值是"平等",每个人都有被政治权

[①] [美]罗伯特·诺奇克:《无政府、国家和乌托邦》,姚大志译,中国社会科学出版社2008年版,第39页。

威（国家、政府）"平等地关怀和尊重"的权利。他的意思并不是说所有人权都直接地体现"被平等地关怀和尊重"这个内容，更不是说人权只有一种，即"被平等地关怀和尊重"的权利，而是说所有人权都必然体现了"被平等地关怀和尊重"。例如，生命权是一种人权，每个人都有要求政府不得剥夺其生命的权利，这个权利在保障了个体的生命利益的同时也呈现了这样一种意义，即所有人的生命都同等地得到关怀。①

为什么德沃金会把"被平等地关怀和尊重"作为人权的核心价值呢？在德沃金看来，权利意味着他人应该对你负担何种义务、做或不做何种行为，权利与他人对你负担的义务之间是一种证立关系。② 问题在于，如何证立别人对你负担某种义务呢？对于人们彼此之间负担的义务，我们可以很轻易地举出很多例子，例如，不得杀人、不得盗窃他人财产、不得侮辱诽谤他人，但这些义务的本质是什么呢？它们的本质才决定了它们是如何被证立的。德沃金认为，公民彼此负担的义务的本质只能在"人"自身的性质中寻找，并不存在独立于人以外的根据（例如神、传统、道德实体、社会）。并且，能够为义务提供支持的不可能是人的生物学特征（肢体结构、生命的有限性、身体脆弱性等），这些仅仅是人的事实特征，而义务是一个"应然"层面的现象，从"事实"中不可能推导出"应该"。可能为义务提供基础的只有人对于自身的评价，即个人对于"我应该过什么样的生活"的看法。③ 这个问题被

---

① Ronald Dworkin, *Taking Rights Seriously*, Harvard University Press, 1977, p. 198.
② Ronald Dworkin, *Taking Rights Seriously*, Harvard University Press, 1977, pp. 101 – 105.
③ Ronald Dworkin, *Justice for Hedgehogs*, Harvard University Press, 2011, p. 193.

德沃金称为"伦理"问题，至于"应该对他人负担何种义务"则被其称为"道德"问题。① 接下来需要处理的就是，如何从伦理中推导出道德，即如何从"自己该如何生活"推导出"应该如何对待他人"。②

德沃金认为伦理具体表现为两个原则，一个是"自尊"（self-respect）原则，另一个则是"真实"（authenticity）原则。③ 它们统一于"人性尊严"（human dignity）理念，是"人性尊严"的两大要求。④ 这两个原则也因此经常被德沃金统称为"伦理个人主义原则"或者"人性尊严原则"。⑤ "自尊"也被德沃金称为"内在价值原则"，它要求每一个人必须承认自己的生活具有内在的重要性。"真实"也被德沃金称为"个人责任原则"，它要求每个人都有责任把他对其生活的重要性的看法通过行动变为现实。也可以说，"自尊"是一个关于"知"的要求，"真实"则是关于"行"的要求。

"自尊"要求每个人承认自己的生活是内在地重要的，这意味着每个人的生活具有客观的重要性，它的重要性不取决于个人自己的主观喜好。而这又意味着每个人在承认自己的生活具有重要

---

① Ronald Dworkin, *Justice for Hedgehogs*, Harvard University Press, 2011, p. 191.
② Ronald Dworkin, "The Goodness of Justice", *Revue Hellenique de Droit International*, Vol. 48, p. 11 (1995).
③ 在德沃金那里，"authenticity"与"seeking truth"具有类似的含义，只不过前者主要关联于个人自己的事务，后者则主要关联于涉及他人的事务，因此都可以译成"（寻求）真实"。
④ Ronald Dworkin, *Justice for Hedgehogs*, Harvard University Press, 2011, pp. 203 – 204.
⑤ Ronald Dworkin, *Is Democracy Possible Here?: Principles for a New Political Debate*, Princeton University Press, 2006, pp. 9 – 13; Ronald Dworkin, *Sovereign Virtue: The Theory and Practice of Equality*, Harvard University Press, 2000, pp. 4 – 7.

性的同时,也必须要承认他人的生活具有内在的重要性。① 与此类似,"真实"要求每个人都有责任去实现自己的人生规划,此种责任也是客观意义上的,因此承认自己对自己的生活负有客观的责任,意味着也要承认他人对其生活负有责任。② 这样一来就实现了从"伦理"中推导出"道德"的论证过程,道德要求共同体成员彼此关怀(承认他人生活的内在重要性)和尊重(尊重他人对实现其生活规划负有的责任),此种道德义务基于伦理个人主义原则而得到证立。对于共同体中的政治权威来讲,此种道德义务则转变为"平等地关怀和尊重"所有成员的政治道德义务,从每一个成员的角度看,他们就针对政治权威享有一种"被平等地关怀和尊重"的权利。③

"被平等地关怀和尊重"是一项根本的权利,它支撑着人享有的一系列具体的权利。当政治权威采取某种行动限制公民个人自由的时候,该限制措施一定不能违反"平等地关怀和尊重",只有在不违反这项根本的权利的前提下,政府对公民的具体权利的限制才可能得到证立。什么样的限制措施能够通过"平等地关怀和尊重"的检验,什么样的限制措施无法通过"平等地关怀和尊重"的检验呢?德沃金认为,如果某项限制措施的根据是公民个人的某项权利,例如,禁止公民曝光他人隐私,这项措施就体现了平等地关怀和尊重所有公民。但如果某项限制措施是基于公共利益的考虑,例如,以"保护文物古迹"为由禁止某古宅的所有人修缮其房屋,这就相当于政府为了满足多数公民对好的生活的期待

---

① Ronald Dworkin, *Justice for Hedgehogs*, Harvard University Press, 2011, p. 255.
② Ronald Dworkin, *Justice for Hedgehogs*, Harvard University Press, 2011, pp. 260–261.
③ Ronald Dworkin, *Justice for Hedgehogs*, Harvard University Press, 2011, p. 330.

而牺牲个别公民的"生活规划",也就是说,此时政府未能平等地关怀和尊重每一个人。① 当然,并不是所有基于公共利益考虑采取的限制措施都违反平等,例如,以"交通安全"为由限制机动车的行驶速度,这种限制对所有人都是有效的,因此并不违反"平等地关怀和尊重"。

综上,在德沃金看来,"平等"是人权的核心价值,是人权不可限制的"硬核"。基于"平等地关怀和尊重",人权排除了所有违背平等对待的限制措施。由于这类限制措施往往以公共利益为理由,也可以说,如果某种基于公共利益的限制措施违反了平等之要求,那么该项公共利益就被排除在人权的"允许平衡"列表之外,人权也就成为对抗此种限制措施的"王牌"。

第三节 权利的概念与价值中的平衡要素

一、平衡与权利的概念

(一)权利与实践推理

对于同一个基本权利议题,基本权利平衡论与基本权利非平衡论有不同解决方案。假设甲说"乙是一个天生的杀人犯",甲的此种言论应该被禁止吗?平衡论将其理解为一个权利的价值分量的比较问题,解决此问题需要在通盘考虑本案的各类因素的基础上,来确定甲通过发表此言论而行使的"言论自由权"的价值分

---

① Ronald Dworkin, *Taking Rights Seriously*, Harvard University Press, 1977, p. 235.

量,以及乙因为甲的此种言论而被损害的"名誉权"的价值分量,然后判断本案中甲的"言论自由权"的分量能否正当化他对乙的"名誉权"造成的损害。如果答案是肯定的,甲的言论不应被禁止,反之则应该被禁止。基本权利的非平衡论则将此问题理解为一个基本权利的"解释"问题或者说"定义"问题。[①] 它先断定了乙享有的"名誉权"蕴含了甲负担的"不得侮辱乙"这项义务,接下来需要通过解释"侮辱"的含义来确定此案中甲的言论是否侮辱了乙。如果答案是肯定的,甲的行为便侵害了乙的名誉权,应该被禁止,反之则不应该被禁止。对于"甲的言论应该或不应该被禁止"这样的实践结论,平衡论将"基本权利"视为在获得此种结论的论证过程中需要考量的要素,非平衡论则将"基本权利"当作装载着该结论的容器,该结论就是相关基本权利自身包含的内容。只不过"基本权利"这个容器不怎么透明,一般并不能让我们清晰地从中"看到"相关结论。由此观之,平衡论和非平衡论争论的其实就是这样一个问题:权利指的是"从个人的利益出发论证他人为其负担某种义务"这个完整的实践推理过程,还是仅仅指实践推理的结论,即"他人对权利人负担某种义务"这个结论?

在上文介绍过的基本权利非平衡论中,韦伯认为权利就其本质而言是正义的一个切面。正义是一种特殊的人际关系,它表现为一方必须对另一方做出或不做出某种行为,也就是说一方向另一方负担某种义务。正义因此具有两个特点:一个是关系性,正

[①] José Juan Moreso, "Ways of Solving Conflicts of Constitutional Rights: Proportionalism and Specificationism", *Ratio Juris*, Vol. 25, No. 1, p. 41 (2012).

义表达的是一种正当的人际关系，此种关系是在充分考虑关系中各方当事人的利益的基础上形成的；另一个是阻断性，正义这种关系表现为一方向另一方负担义务，而义务则是一种对主体的终局性要求，它具有阻断性，排除了可能存在的任何反对负担此项义务的理由。权利是正义的一个切面，它是基于正义关系中的受益人的视角对正义关系的特殊表达。因此权利也具有正义的两个属性，即关系性和阻断性。权利的这两个特点决定了，它是实践推理的结论，因此是不可平衡的。如果主张权利可以被平衡，那将是一个自相矛盾的说法，相当于既承认权利是在对各方当事人的情况进行全面考虑后的终局决定，又同时认为权利并没有表达一种终局性的结论。基本权利作为权利的一个具体类型也同样分享了权利作为实践推理的结论这个性质，因此不可以被平衡。

韦伯这个观点的主要论据是"权利"与"正义"的语义学、发生学相关联。不可否认的是，"权利"观念最初确实是如此产生的，人们在中世纪末期从"ius"的客观意义中引申出它的主观意义，从而塑造了权利观念。[①] 韦伯对权利与正义的关系的阐发在相当程度上受到英国法哲学家菲尼斯（John Finnis）的影响，菲尼斯在他的代表性著作《自然法与自然权利》中用较长篇幅细致地梳理了中世纪末期的"ius"与现代的"rights"（权利）之间的衍生

---

① 参见［美］罗斯科·庞德：《法哲学导论》，于柏华译，商务印书馆 2020 年版，第 16 页；方新军：《权利概念的历史》，《法学研究》2007 年第 4 期，第 69—95 页；Richard Tuck, *Natural Rights Theories: Their Origin and Development*, Cambridge University Press, 1979, p. 9。

关系。① 已故的英国牛津大学法理学教授加德纳（John Gardner）对此则有不同看法，他认为，权利与正义是两个不同的事物，二者之间并不存在概念上的关联，不能基于正义来理解权利的性质。② 在他看来，正义要么是分配正义（distributive justice），要么是矫正正义（corrective justice）。分配正义要求相关分配者在两个以上的人之间分配资源的时候实现正义，只有部分权利（例如制度性权利、法律权利）能够成为被分配的对象。例如，人们是否享有某种法律权利（例如抵押权），完全依赖于立法者是否在法律中授予（分配给）他这项权利，道德权利则完全不能成为被分配的对象。或者说，人们对道德权利的享有并不依赖于他人（国家、政府、领导）的分配，道德权利是外于分配正义的。矫正正义以参与交换的主体或被侵害者事先已经享有某种权利为前提，权利（不论是道德权利还是法律权利）是先于矫正正义而存在的。菲尼斯认为，如果仅仅考虑分配正义和矫正正义的话，加德纳的看法是正确的，这些类型的正义确实与权利没有概念上的关联，但这两种正义并没有穷尽正义的所有类型。菲尼斯认为还存在一种正义类型，并将其与矫正正义一起合称为"交往正义"（commutative justice），该种正义与矫正正义一样，处理的都是"个体对个体"式的两方主体之间的人际关系，而分配正义则呈现为"整体对个体"式的多方主体之间的人际关系。该种正义与矫正正义的区别

---

① John Finnis, *Natural Law and Natural Rights*, Oxford University Press, 1986, pp. 205 - 210.
② John Gardner, "Finnis on Justice", in John Keown and Robert P. George（eds.）, *Reason, Morality, and Law: The Philosophy of John Finnis*, Oxford University Press, 2013, p. 164.

在于，它"以一方应该对另一方做或不做什么"为内容，它所欲回答的是，在人们彼此做出的行为中，哪些是正确的，哪些是错误的。所谓"权利与正义之间存在概念关联""权利是正义的一个切面"，指的就是权利与这种正义的关系。①

不过，不论菲尼斯对正义的理解是否正确，即便存在着菲尼斯所说的这种正义，即便权利观念在历史上衍生自此种正义观念，这也仍然不能证明应当如此理解权利，即把权利理解为正义的一个切面，将权利理解为终局性、阻断性的人际关系。"权利"曾经被人们理解为"正义"的一个切面，被定位于实践推理的结论层面，这是一个历史事实。但是从"实然"中不能推出"应然"，人们过去那样理解权利不代表人们现在和以后也必须那样理解权利。② 韦伯和菲尼斯对权利的一般性质的论证存在着严重的方法论缺陷，即他们都是试图直接从"实然"中推导"应然"，因此不足为训。重要的是，在我们对权利可能采取的这两种理解（"权利作为实践推理的过程"与"权利作为实践推理的结论"）中，何种理解能够妥当地解释我们现在的权利实践？

（二）权利的"实践推理结论"观之批判

将权利理解为实践推理的结论，这可被简称为"权利蕴含义务"命题，下文将从"区分性"（该命题能否将权利与其他事物有

---

① John Finnis, *Natural Law and Natural Rights*, Oxford University Press, 1986, pp. 178 – 181; John Finnis, "Reflection and Responses", in John Keown and Robert P. George (eds.), *Reason, Morality, and Law: The Philosophy of John Finnis*, Oxford University Press, 2013, pp. 503 – 506.

② Kai Möller, "Proportionality and Rights Inflation", in Grant Huscroft, Bradley W. Miller, and Grégoire Webber (eds.), *Proportionality and the Rule of Law: Rights, Justification, Reasoning*, Cambridge University Press, 2014, p. 170.

效地区分开）与"普遍性"（该命题是不是权利实践的普遍特征）两个角度入手对该命题进行批判。

1. "权利蕴含义务"的区分性缺陷

在权利的概念史上，最早清晰地阐述了"权利蕴含义务"命题的是美国法学家霍菲尔德（Wesley Newcomb Hohfeld）。他基于司法推理中被广泛使用的各类权利话语，提炼概括了权利的四种关系性结构，分别是"请求-义务""自由-无权利""权力-被改变"以及"豁免-无能力"。① 在"请求-义务"关系中，"义务"是指乙必须向甲做或不做某事，"请求"是指甲成为乙必须做或不做该事的对象。在"自由-无权利"关系中，"自由"是义务的反面，意味着甲不必为乙做或不做某事，"无权利"是"请求"的反面，意味着乙不是甲必须做或不做该事的对象。在"权力-被改变"关系中，"权力"是指甲可以凭其意志改变乙的法律关系，②"被改变"指的是乙的法律关系因为甲行使权力而被改变。在"豁免-无能力"关系中，"豁免"是"被改变"的反面，它指的是甲的法律关系免于被乙改变，"无能力"是"权力"的反面，它指的是乙没有权力改变甲的法律关系。霍菲尔德的这四种关系之间有着逻辑关联，"请求-义务"在其中处于核心地位。③ 首先，"豁免-无能力"是"权力-被改变"的反面，它的意思就是"不存在'权力-被改变'"，在这种意义上它可以被还原为"权力-被改变"。"自由-无权利"是"请求-义务"的反面，它的意思就是

---

① Wesley Newcomb Hohfeld, *Fundamental Legal Conceptions as Applied in Judicial Reasoning*, Ashgate, 2001, p. 12.
② Joseph Raz, *The Concept of a Legal System*, Oxford University Press, 1980, p. 162.
③ Andrew Halpin, *Rights and Law: Analysis and Theory*, Hart Publishing, 1997, p. 47.

"不存在'请求-义务'",因此可以被还原为"请求-义务"。其次,"权力-被改变"是这样一种法律关系,它的内容是,享有权力者创设、修正、废止或实施与他人相关的某种法律关系,它是一种关于法律关系的法律关系,它的存在预设了作为其指涉对象的其他法律关系的存在。① 霍菲尔德的四种法律关系都可能成为"权力-被改变"的指涉对象,但考虑到"自由-无权利"可以被还原为"请求-义务","豁免-无能力"可以被还原为"权力-被改变",为了简化论述,以下仅需要考虑"请求-义务"和"权力-被改变"成为"权力-被改变"的指涉对象的情形。假设债权人甲授权第三人丙来免除债务人乙对甲的债务,这意味着:(1)在甲与丙之间存在着一种"权力-被改变"关系,甲通过行使权力使丙获得一项免除乙的债务的权力,为丙创设了一种以"丙解除乙的债务"为内容的法律关系。(2)被创设的这种法律关系自身也是一种"权力-被改变",它的内容是,丙通过行使权力解除原本存在于乙与甲之间的债务关系。(3)被解除的法律关系的内容是"乙向甲履行债务",它是一种"请求-义务"关系。通过这个例子可以知道,尽管有时候"权力-被改变"直接指涉的并非"请求-义务",但最终还是间接指向它,"权力-被改变"无法脱离某种"请求-义务"而得到理解。综上,在霍菲尔德的四种关系中,其他三种关系在"还原"和"预设"的意义上最终关联于"请求-义务",正是在这种意义上,"请求-义务"代表着严格意义上的权利

---

① L. W. Sumner, *The Moral Foundation of Rights*, Oxford University Press, 1987, pp. 27 – 31.

的结构。①

在霍菲尔德的"请求-义务"关系中,"请求"与"义务"彼此界定,这意味着,(严格意义上的)权利蕴含着他人的义务。"权利蕴含义务"只是解释了权利的结构,它没有解释的是,何种义务是权利蕴含的,何种义务与权利无关。法律为人们规定了大量的义务,但并非所有义务都与权利相关联。例如,交通警察向违章司机开罚单,这看起来与"债务人向债权人还款"有着类似的构造,都表现为一方依据义务的要求对另一方做出某种行为,但在法律上"被罚款"并不是权利,"被还款"才是权利。是何种因素使得一项义务与权利相关联,成为权利所蕴含的义务呢?正是该种问题意识促成了两种代表性权利概念理论的诞生,它们分别被称为意志论与利益论。

意志论认为,当义务人乙依照甲的意愿履行义务,并在此种意义上受到甲的支配和控制时,该义务才是为了甲而履行的,甲对此义务享有一项权利。② 利益论认为,当义务人乙履行义务是为了给甲带来某种好处(满足其利益)的时候,该义务才是为了甲而履行的,甲对此义务享有一项权利。③ 这两种理论尽管提出了区分权利与非权利的标准,但它们各自提出的标准的区分作用是有限的,它们在解释权利实践上都有疏漏和缺陷。

---

① Wesley Newcomb Hohfeld, *Fundamental Legal Conceptions as Applied in Judicial Reasoning*, Ashgate, 2001, p. 12.
② 参见[德]萨维尼:《当代罗马法体系》,朱虎译,中国法制出版社 2010 年版,第 10 页;H. L. A. Hart, *Essays on Bentham: Studies in Jurisprudence and Political Theory*, Oxford University Press, 1982, p. 183。
③ 参见[英]边沁:《论一般法律》,毛国权译,上海三联书店 2008 年版,第 73 页;[德]耶林:《为权利而斗争》,郑永流译,法律出版社 2007 年版,第 21 页。

意志论无法妥当解释的权利有：（1）无能力者的权利。各国法律一般都会承认儿童、精神病人、植物人等主体享有权利，但因为这些主体不具有选择能力，他们的权利缺少选择要素。例如儿童得到抚养照顾的权利。（2）不可放弃的权利。对于有些权利，尽管权利主体具备选择能力，但考虑到如果允许他解除义务人的义务，可能会对他的某种重要利益造成损害，这时法律便不会允许他解除义务人的义务。① 例如基本权利、刑法保护的权利、劳动法中的权利（例如企业雇员获得最低工资的权利）、社会保障法中的权利（例如获得救济金的权利）、民法中的人格权（《中华人民共和国民法典》第 992 条 "人格权不得放弃、转让和继承"）。

利益论不仅无法解释某些重要的权利，甚至都算不上一种适格的权利概念理论。（1）第三方受益人合同中的权利。假设甲与乙约定由乙照顾甲的母亲丙，在此种第三方受益人合同中，乙履行义务意图满足的是丙的利益，但在法律中，丙对乙并不享有权利，对乙享有权利的是并未从乙履行义务中受益的甲。（2）权利的"冗余"。利益论的权利概念未能展现权利有别于义务的独特内涵，因此是一个冗余的概念。② 例如，隐私权的利益论认为，个体的隐私利益因他人履行不得曝光其隐私的义务而得到保障，而这正是"人们负有不得曝光他人隐私的义务"包含的意思，"不得曝光他人隐私"意味着"保障他人的隐私利益"。

有相当多论者试图通过将意志论和利益论折中调和来避免意

---

① Neil MacCormick, "Rights in Legislation", in P. M. S. Hacker and Raz (eds.), *Law, Morality and Society: Essays in Honour of H. L. A. Hart*, Oxford University Press, 1977, p. 198.
② H. L. A. Hart, *Essays on Bentham: Studies in Jurisprudence and Political Theory*, Oxford University Press, 1982, p. 181.

志论和利益论在现实解释力上的缺陷,从而维系"权利蕴含义务"命题的普遍解释力。这些折中理论有不同的版本:有的"合取"意志论的"选择"要素与利益论的"受益"要素;① 有的"析取"意志论的"选择"要素与利益论的"受益"要素;② 还有的基于"权利人的基于平衡的利益"(权利人的总体利益、净利益)来统合意志论与利益论,认为不论是"选择"还是"受益"都服务于权利人的"基于平衡的利益"。③ 但所有这些折中论都是不成功的,合取型折中同时继承了意志论和利益论的缺陷,现实解释力比意志论和利益论都要差。析取型折中未能为权利提供统一的内涵,实际上它只是表达了这样一种悲观主义的态度,即权利的概念问题没有答案。平衡型折中试图用"权利人的基于平衡的利益"来统合"选择"与"受益",但"基于平衡的利益"只是权利的理由,平衡型折中只是解释了"选择"与"受益"在理由上的统一性,并不是对权利的概念特征的界定。这就好比"吃药"与"做手术"的理由都是"治疗癌症",但理由上的统一性并不意味着"吃药"与"做手术"是一回事。④

2."权利蕴含义务"的普遍性缺陷

"权利蕴含义务"命题主张,拥有权利意味着他人对权利人负担义务。这项命题尽管在区分性上存在先天不足,但高度契合人

---

① 参见朱庆育:《民法总论》,北京大学出版社2016年版,第503页。
② Leif Wenar, "The Nature of Rights", *Philosophy and Public Affairs*, Vol. 33, No. 3, pp. 223 – 252 (2005).
③ Gopal Sreenivasan, "A Hybrid Theory of Claim-Rights", *Oxford Journal of Legal Studies*, Vol. 25, No. 2, p. 257 (2005).
④ 关于各类折中论的缺陷的更为详细的讨论,参见于柏华:《权利的证立论:超越意志论和利益论》,《法制与社会发展》2021年第5期,第109—112页。

们对权利持有的一种通常观念,当人们就某事向他人主张"这是我的权利"的时候,试图传达的意思之一就是,他人就相关事项对自己负有义务,为此必须做或不做某事。正如此种通常观念所显示的,"权利蕴含义务"确实揭示了权利的一个非常重要的特征,但如果认为它是权利普遍具有的特征,那就偏离了权利在法律中的真实样貌。

法律在使用一般性的语词规制人们的行为的时候,经常有意或无意地留下未知的"开放地带"(open texture),[1] 关于权利的规定也不例外。例如,我国《民法典》第1033条规定:"除法律另有规定或者权利人明确同意外,任何组织或者个人不得实施下列行为:(一)以电话、短信、即时通讯工具、电子邮件、传单等方式侵扰他人的私人生活安宁;(二)进入、拍摄、窥视他人的住宅、宾馆房间等私密空间;(三)拍摄、窥视、窃听、公开他人的私密活动;(四)拍摄、窥视他人身体的私密部位;(五)处理他人的私密信息;(六)以其他方式侵害他人的隐私权。"该条文规定了他人对隐私权主体负担的义务,其中的第6项"以其他方式侵害他人的隐私权"明显给隐私权保留了"开放地带",该兜底条款的意思是,在法律上隐私权所关联的义务并没有被前五项穷尽,人们为了他人的隐私权还应该做什么、不做什么,这具有不确定性、开放性。权利的内容开放性不仅仅体现在权利的此类兜底条款中,即便在那些看似明确的规定中,权利的含义也仍有开放地带。以上述条文的第3项为例,它规定的义务之一是"不得拍摄他人的私密活动",这项义务的含义有其确定的部分,例如,如果

---

[1] H. L. A. Hart, *The Concept of Law*, Oxford University Press, 2012, p. 128.

服务员在宾馆房间里安装摄像头拍摄客人的私密活动，在这种情况中服务员负有此项义务。如果警察在执法过程中为了取证拍摄卖淫嫖娼者的私密活动，在这种情况中警察并不负有此项义务。这项义务的含义也有不确定的部分，不可否认的是，"拍摄他人的私密活动"有无数可能的情况，有很多情况是难以预见的、未知的，在这些未知的情况中，相关人员可能负有该义务，也可能不负有该义务，我们无法预先确定"不得拍摄他人的私密活动"义务究竟还存在于哪些情况中。在民事法律领域中，相关立法在规定权利时往往相对详细、明确地规定了他人向权利人负担的义务，权利内容上的开放性还不是特别明显。在有些法律领域中，权利的内容开放性表现得更为显著。各国宪法的基本权利条款普遍采取高度抽象的表述方式（例如，我国《宪法》第35条规定"中华人民共和国公民有言论、出版、集会、结社、游行、示威的自由"），从而为基本权利留下了更大的"开放地带"。从相关国家的基本权利保护实践来看，宪法的适用者们并不试图掩饰这一点，而是普遍承认基本权利面向未来的开放性内涵。[1]

　　权利的内容开放性意味着，权利的含义没有被已经确立的义务所穷尽，权利还包含那些"尚不存在"的义务，即它可能在未来产生新的义务。这就意味着"权利蕴含义务"并不是权利的普遍特征，权利不仅仅存在于那些已经被确定的他人对权利人负担义务的情况中，它还存在于那些尚未得到确定的他人对权利人负担义务的情况中。面对此种反证，形式论者可能采取三种辩护思

---

[1] Kai Möller, *The Global Model of Constitutional Rights*, Oxford University Press, 2012, pp. 13 - 17.

路来维护"权利蕴含义务"命题的普遍解释力。其一，否认权利的内容开放性。其二，否认权利条款的开放性内容的权利属性。其三，将权利的开放性内容归为"权利蕴含义务"的一种情形。

依照"权利蕴含义务"的第一种辩护思路，权利条款在表述上不清晰并不意味着权利的内容具有开放性，实际上所有可能与一项权利相关联的义务都隐含在法律条文的字里行间，等待解释者去发现它们。例如，尽管法律并未明示"不得拍摄他人的私密活动"的各种适用情形，但实际上它们都已经被法律所规定，法律解释者需要仔细探究相关条文的意旨，尽力发现此项义务被法律预先确定的各类适用情形。此种辩护有着浓重的"概念法学"色彩，它预设了立法者的全知全能，不足为信。

"权利蕴含义务"的第二种辩护思路承认规定权利的法律条款具有开放性的、尚不确定的内容，但不承认这部分内容规定了权利，仅承认权利条款的确定性的部分规定了权利。在这种辩护思路看来，权利条款的开放性部分规定的不是权利，而是"关于权利的主张"[1]。例如，关于《民法典》第 1033 条第 3 项，已知的内容之一是，在"服务员拍摄宾馆客人的私密活动"这种情况中，服务员负有"不得拍摄他人的私密活动"义务，该条文的这个已知的内容规定了权利。至于这个条文的未知部分，即那些尚未得到确定的他人负有"不得拍摄他人的私密活动"义务的情况，既然这些情况中的义务还没有被确立，那么自然也不存在与这些义

---

[1] Jan Sieckmann, *The Logic of Autonomy: Law, Morality and Autonomous Reasoning*, Hart Publishing, 2012, p. 138.

务相关联的权利。该条款的开放性部分只是意味着立法者做出了这样一种"关于权利的主张"或者说"关于权利的承诺",即"如果未来真的出现了这些情况,那么相关人员便负有不得拍摄他人的私密活动的义务,被拍摄者对此义务享有权利"。此种辩护的缺陷在于,它为了维护"权利蕴含义务"命题的普遍解释力,人为地分割了权利在法律中的意义。既然权利的开放性内容确实存在于权利条款之中,有时甚至是立法者有意为之,那么就没有理由将这部分内容从权利中分离出去,没有理由否认它是权利的意义组成部分。

"权利蕴含义务"的第三种辩护思路区分了权利蕴含义务的两种情形,一种是权利"确定"(definitive)地蕴含义务,另一种是权利"初显"(prima facie)地蕴含义务,① 二者分别对应于权利的确定性内容与开放性内容。就权利条款中那些已知的、已经得到确立的义务而言,它们被权利确定地蕴含着;就权利条款中那些未知的、尚未得到确立的义务而言,它们被权利初显地蕴含着。以《民法典》第 1033 条第 3 项为例,这个条文的已知内容之一是,在"服务员拍摄宾馆客人的私密活动"这种情况中,服务员负有"不得拍摄他人的私密活动"义务,这项已经得到确立的义务被隐私权确定地蕴含着。至于这个条文的未知部分,即那些尚未被确定的相关人员负有"不得拍摄他人的私密活动"义务的情况,则被隐私权初显地蕴含着。此种辩护既未否认权利的内容开放性,也未否认权利条款的开放性内容的权利属性,这使得它相

---

① Robert Alexy, *A Theory of Constitutional Rights*, translated by Julian Rivers, Oxford University Press, 2002, pp. 57, 181.

比于前两种辩护更为可信,但它并没有成功地辩护"权利蕴含义务"命题的普遍解释力。在所谓"权利蕴含义务"的这两种情形中,只有"权利确定地蕴含义务"才是真正的"权利蕴含义务",即拥有权利意味着他人对权利人实际负担一项义务。"权利初显地蕴含义务"所表达的不过是"他人有可能在未来的某种情形中对权利人负担一项义务",这就明显不同于霍菲尔德式的"权利蕴含义务",无法将前者归为后者的一种情形。

(三)权利的"实践推理过程"观之肯定

将权利理解为实践推理的过程,这可被称为"权利证立义务"命题,或者简称为"证立论"。下文将从"普遍性"(该命题是不是权利实践的普遍特征)与"区分性"(该命题能否将权利与其他事物有效地区分开)两个角度入手对该命题进行辩护。

1."权利证立义务"的普遍性

权利在法律中的含义既有确定的部分也有开放的部分,传统的权利概念理论未能妥当解释甚至忽视权利的开放性内容。证立论认为,"个人的利益构成了他人负担一项义务的充分根据"是权利的开放性内容的实质。在权利的开放地带,由于情况未知、相关信息不充分,立法者未有定论也不可能有定论,但这不意味着法律的解释者可以对其进行任意解释,这不可能是立法者在为权利留下"开放地带"时希望解释者做的事情。对立法者意图可信的解读是,立法者希望解释者理性地填补他为权利留下的"开放地带",即解释者的填补活动需要基于充分的理由,"个人的利益构成了他人负担一项义务的充分根据"便是对权利的开放地带中的立法者意图的抽象概括。以《民法典》第1033条第3项为例,在"拍摄他人的私密活动"的那些可能出现的情形中,尽管尚不清楚"不得拍摄他人的私密活动"义务到底适用于哪些情况,但可以确定的是:(1)在"拍摄他人的私密活动"的所有情形中,"拍摄他人的私密活动"总是直接地损害了被拍摄者的隐私利益,该个人利益为他人负担"不得拍摄他人的私密活动"义务提供了证立理由。(2)在这些情形中,可能存在某种反对他人负担"不得拍摄他人的私密活动"义务的理由,例如,拍摄他人的私密活动为警察执法所需,有鉴于此,如果未考虑反对理由,仅仅基于被拍摄者的隐私利益便让他人负担义务,这是一个缺少充分根据的做法。(3)只有全面地考虑"不得拍摄他人的私密活动"义务的支持理由与反对理由之后,在那些不存在能够凌驾隐私利益的反对理由的情形中,个人的隐私利益才构成了他人负担"不得拍摄他人的私密活动"义务的充分根据(充分理由)。

证立论为权利的开放性内容提供了一个有说服力的解释,但人们或许会产生这样的疑问,即证立论是不是仅解释了权利的开放性内容的特征,它提出的"个人的利益构成了他人负担一项义务的充分根据"是权利的确定性内容的特征吗?答案是肯定的,"个人的利益构成了他人负担一项义务的充分根据"不仅是权利的开放性内容的普遍特征,也是权利的确定性内容的普遍特征。以《民法典》第1033条第3项为例,它的已知的、确定性的内容之一是,在"服务员拍摄宾馆客人的私密活动"这种情形中,服务员负有"不得拍摄他人的私密活动"义务。立法者作这样的规定不可能是任意的,一定有着充分的根据,只能这样来解读立法者的意图:立法者认为在此种情形中,客人的隐私利益构成了服务员不得拍摄其私密活动的理由,在此情形中又不存在能够凌驾此项理由的反对理由，客人的隐私利益构成了服务员负担此义务的充分根据，因此服务员确定地对客人负有不得拍摄其私密活动的义务。以上论述并不是在否定权利的确定性内容与开放性内容的差异，而是在提取二者的"公因数"，即"个人的利益构成了他人负担一项义务的充分根据"是权利的确定性内容与开放性内容共有的特征。二者的区别在于，权利的开放性内容仅具有这个特征，权利的确定性内容则除了这个特征之外，还有一个"他人向权利人实际负担一项义务"这个特征。既然权利包含确定性与开放性两部分内容，而只有"个人的利益构成了他人负担一项义务的充分根据"才是它们的共同特征，那么自然应该基于这个特征定义权利的概念。

传统的权利概念理论聚焦于权利的确定性内容的独有特征，即"他人实际上为权利人负担义务"这个特征。"他人实际上为权利人负担义务"在不同的权利中有不同表现：（1）权利人既从义务人履行义务中受益，又可以操纵义务人履行义务，例如，财产所有权人既因他人履行"不得侵犯其财产"义务而受益，又可以选择他人是否履行这项义务；（2）权利人仅从义务人履行义务中受益，例如，生命权主体从他人履行"不得杀人"义务中受益，但权利人不能选择他人是否履行这项义务；（3）权利人仅可以操纵义务人履行义务，例如，在第三方受益人合同中，委托人的权利仅意味着他可以选择受托人是否履行义务，但并未从受托人履行义务中受益。"他人实际上为权利人负担义务"的多样化现实表现给传统权利概念理论带来了"普遍性"难题，它们在解决此问题时顾此失彼、难以周全。例如，意志论无法合理解释不具有选择要素的权利，利益论难以解释不具有受益要素的权利。证立论提出的"个人的利益构成了他人负担一项义务的充分根据"不仅揭示了权利的开放性内容与确定性内容的共同特征,还揭示了"他人实际上为权利人负担义务"这些不同现实表现的共同特征,即它们都是基于权利人的利益而得到证立的。基于个人的利益证立他人的义务有不同的情形,这导致了"他人实际上为权利人负担义务"也有着不同的表现形态。

在有些权利中,权利人既从他人履行义务中受益,又可以选择他人是否履行义务。证立论对此的解释是:(1)在某些情况下,权利人的某种利益(例如财产免受他人损害)构成了他人为此负担义务的充分理由;(2)由权利人自己来决定他人是否履行义务通常也是权利人的一种重要的利益,此种利益为权利人操纵义务人履行义务提供了理由;(3)在某些情形中(例如在财产领域中),权利人在选择他人是否履行义务上的利益比他的前一种利益(例如财产利益)更为重要,因此法律允许权利人选择他人是否履行相关义务。

在有些权利中,权利人仅从他人履行义务中受益,不能选择他人是否履行义务。证立论对此的解释是:(1)在某些情况下,权利人的某种利益(例如生命利益)构成了他人为此负担义务的充分理由;(2)由权利人自己来决定他人是否履行义务通常也是权利人的一种重要的利益,此种利益为权利人操纵义务人履行义务提供了理由;(3)在某些情形中,要么由于权利人自身缺少选择能力,要么由于缺少使其选择能力得以妥当运用的环境,要么由于他人履行义务所保护的那个利益过于重要(生命利益等),权利在自由选择他人是否履行义务上的利益没能为他操纵义务人履行义务提供充分的理由,因此法律不允许权利人选择他人是否履行义务。

在有些权利中,权利人仅可以操纵义务人履行义务,未从该义务履行中受益。"第三方受益人合同"(例如甲与乙签订的"由乙照顾甲的母亲丙"的合同)是此种权利的典型事例。在证立论看来,在"第三方受益人合同"中,委托人甲的权利体现了甲的合同自由利益与乙的义务之间的较为复杂的证立关系。合同自由利益的内容是"使个人得依其意思自我形成其法律关系"①,此利益为甲与乙形成法律关系之"权力"(订立合同的权力)提供了充分的证立理由,此权力的运用导致了甲与乙之间形成法律关系,该法律关系的内容就是"乙有义务照顾甲的母亲丙",这样一来甲的合同自由利益就最终为乙的义务提供了充分的证立理由。甲的合同自由利益不仅证立了甲与乙形成法律关系之权力,还为甲修改或解除二者的法律关系(修改或解除合同的权力)提供了理由。在特定情况下(例如甲修改或解除二者的法律关系没有损害乙的利益),甲的合同自由利益便成为甲修改或解除二者法律关系的充分理由,该权力使得甲可以选择乙是否履行义务,这样甲的合同自由利益便又在一定范围内证立了甲操纵乙履行义务。在此合同中,"甲可以操纵乙履行照顾甲的母亲丙之义务",便是这个复杂的证立过程产生的结果。

对于证立论的普遍解释力,一个可能的反驳是,证立论的普遍性其实不是权利的概念层面的普遍性,而是权利的价值层面的普遍性,或者说,证立论提供的不是具有普遍解释力的权利的概念,而是权利的普遍存在的价值根据,即个人的利益。此种反驳

---

① 王泽鉴:《债法原理》,北京大学出版社2013年版,第13页。

误解了证立论的理论属性,一种权利理论究竟是权利的概念理论还是权利的价值理论,其判断标准并不是这种理论是否包含价值,而是这种理论是否将特定价值立场包含在内。证立论的权利概念基于"个人的利益证立他人的义务"而构建,其中的"个人的利益"当然是有价值的,但证立论并未青睐某一种价值立场,它只是在强调,不论人们在争议性的价值问题上持有何种立场,都会承认"个人的利益构成了他人负担义务的充分根据"是权利事实上普遍具有的特征。它揭示出来的这个特征对人们在权利的价值理论层面解答权利的规范性问题只是有着启发、引导作用,没有决定作用。以《民法典》第1033条第3项为例,假设出现了某种"拍摄他人的私密活动"的新情况,例如,新闻记者在事故现场进行报道时,无意间拍摄了停靠在路边的车内的一对男女的私密活动。法律的适用者需要判断,在此情况中记者是否负有"不得拍摄他人的私密活动"义务。由于这种情况是新出现的,在隐私权的确定性内容里没有这个问题的答案,它是一个出现在隐私权的开放地带的规范性问题。证立论的权利概念指出了解答此问题的思考方向,即需要探究在此情形中被拍摄者的隐私利益是否构成了记者负担"不得拍摄他人的私密活动"义务的充分根据。但仅知道这个思考方向不可能得出答案,答案的得出离不开相关的实质性的价值判断和事实判断。例如,隐私利益在个人的利益体系里有多重要?在此情形中被拍摄者的隐私利益的受损程度如何?如果让记者在此情形中负担"不得拍摄他人的私密活动"的义务,这会损害他的何种利益?如果负担此义务损害了记者的某种利益,这个被损害的利益在个人的利益体系里的重要性如何?是否还存在着其他理由(例如"即时新闻报道"这个公共利益理由)反对记者负担此义务?记者负担这项义务对他的个人利益以及相关的公共利益的损害有多大?"不得拍摄他人的私密活动"义务在此情形中的这些正反理由的相对分量如何?如何在回答这些问题的基础上作出决断,这是权利的价值理论的主题。① 对于其中的价值问题,例如,"即时新闻报道"这个公共利益在此情形中是否具有决定意义,应该给与其多大权重,不同的价值立场(例如康德主义和边沁主义)经常会有分歧,基于不同的价值立场会得出不同的答案,这又会影响到相关论者关于"在此情况中记者是否负有不得拍摄他人的私密活动义务"这个问题的最终结论。此种分歧是人们的不同价值立场所导致的关于"个人利益在什么情况下构成了他人负担义务的充分根据"的分歧,但持有不同价值立场的论者在"拥有权利意味着个人的利益构成了他人负担义务的充分根据"这一点上没有分歧。② 证立论的权利概念所表达的就是人们关于权利的这个共识,它在不同价值立场之间保持中立,并不倾向于某一种价值立场。

2."权利证立义务"的区分性

在权利概念的学说史上有一个共识,即权利总是在某种意义上关联着他人的义务,传统上将这种现象称为"权利和义务相对应"③。"义务"因此是与"权利"最接近的概念,某种权利概念是否可取,一个很重要的检验标准就是,它能否将权利与义务区分开。如前所述,在这方面形式论和利益论都有明显不足,形式

---

① 参见于柏华:《权利认定的利益判准》,《法学家》2017年第6期,第1—14页。
② Andrei Marmor, *Law in the Age of Pluralism*, Oxford University Press, 2007, p. 228.
③ 在学界的相关讨论中,"权利和义务相对应"有不同的含义,包括但不限于文中提到的这种含义。参见陈景辉:《权利和义务是相对应的吗?》,《法制与社会发展》2014年第3期,第33—53页。

论的权利概念排除了权利的实质要素,自身并不能有效地区分权利和其他事物。利益论的权利概念尽管包含区分权利和其他事物的实质标准("从他人履行义务中受益"),但这个标准未能展现权利不同于义务的独特内涵。证立论将"个人的利益构成了他人负担一项义务的充分根据"作为权利的概念特征,权利与义务的区别就在于,权利指的是个人的利益与他人义务之间的证立关系。这个区分标准有两重含义:其一,权利是义务的证立理由,权利陈述不能被替换为义务陈述。例如,"甲享有名誉权"意味着"甲的名誉利益是乙不得侮辱诽谤甲的充分理由","乙负有不得侮辱诽谤甲的义务"这个义务陈述则没有这个意思,它没有指出该义务的理由是什么。其二,权利是义务的基于个人的利益的证立理由,基于个人的利益而证立的义务才与权利相关,并非基于个人的利益而证立的义务与权利无关。例如,警察处罚违章司机之所以与权利无关,是因为警察负有的"处罚违章司机"这项义务并不是基于司机的利益而证立,而是基于公共利益而证立。

证立论将权利界定为"个人的利益构成了他人负担一项义务的充分根据",西蒙茨(N. Simmonds)认为,证立论如此界定权利的概念会混淆权利与利益,证立论意义上的"权利"不过是一种值得特别考虑的"重要的利益"。[1] 这是因为,利益这个概念也有"为他人负担义务提供证立理由"这个含义。例如,当人们声称"生命是个人的重要利益"的时候,这个陈述也蕴含着这

---

[1] Matthew H. Kramer, N. Simmonds, and H. Steiner, *A Debate over Rights*, Oxford University Press, 1998, p. 151.

样的陈述,即"他人有理由为了保护个人的生命利益而负担义务"。如若不然,一方面声称"生命是人的重要利益",另一方面又认为"他人不必为了保护个人的生命而负担义务",这会导致矛盾,实质上相当于既承认生命利益的重要性,又否认生命利益的重要性。这样看来,证立论所指出的"个人的利益构成了他人负担一项义务的充分根据"这个权利的概念特征,并没有将权利与利益清晰地区分开。就权利的这个特征而论,权利与利益没有性质上的差别,只有重要程度上的差别,所谓权利就是那些比较重要的利益(例如生命利益),因此相比于不太重要的利益(例如免受堵车之苦),它能够为他人负担一项义务提供充分的根据。

西蒙茨的这个批评误解了"个人的利益构成了他人负担一项义务的充分根据"中的"充分根据"的含义。在通常情况下,所谓"充分根据"确实有"证立他人义务的利益比较重要"这个意思,从法律中那些常见的权利类型来看,它们也确实在保障个人的某种重要的利益(生命、健康、身体完整、自由、名誉、隐私、财产……),但这并非"充分根据"的全部意涵,更不是它的核心意涵。证立论通过"充分根据"想要传达的意思是,在基于甲的利益来证立乙负担一项义务时,不能仅仅考虑甲的利益,不能仅仅考虑甲需要乙做什么,还要考虑乙的利益,需要考虑乙为甲负担义务会失去什么。只有在全面地考虑双方的利益并对二者进行妥当平衡之后,甲的利益才可能成为乙负担一项义务的"充分根据"。只有当甲的利益在这种意义上构成乙负担义务的充分根据时,甲才拥有一项权利。相比之下,"利益"则是一个"单边"的概念,"利益,也就是人类社会中的个人提出的请求、需求或需要"①。当从甲的利益的角度来考虑是否让乙为甲负担义务的时候,只需要考虑甲是否需要乙做或不做某事即可,在"生命是甲的重要利益"这个陈述中,并不包含"需要考虑乙为了保护甲的生命利益负担义务会损失什么"的意思。

"权利"和"利益"是两个不同的概念,前者是"双边"的,体现了权利人与义务人之间的利益平衡,后者则仅反映了利益享有者的单边需求。但这不意味着在法律中只有使用了"法律保护某权利"字样的条款才规定了权利,使用了"法律保护某利益"字样的条款便没有规定权利。依照证立论,拥有权利意味着法律承认个人的利益构成了他人负担义务的充分根据,只要相关法律条款体现了这个意思,不论它使用何种语词,它都规定了权利。在法律文本中经常会出现"法律承认(保护)某利益"这样的表述。例如,《民法典》第990条第2款规定"……自然人享有基于人身自由、人格尊严产生的其他人格权益",其中的"权益"是"权利和利益"的缩写,因此这个法律条款承认了自然人享有法律未列举的其他人格利益。在法律上,"承认某种利益"包含了"保护该种利益"的意思,即通过为他人设定义务来确保人们的这个利益。法律是一种"公器",法律在宣称保护某种个人利益时,它不会仅仅考虑利益主体自己的需求,一定会顾及义务人的利益,法律提供的保护一定建立在平衡双方利益的基础之上,即只有在某种情况中该个人利益构成了他人负担义务的充分根据的时候,

---

① [美] 罗斯科·庞德:《法理学》(第3卷),廖德宇译,法律出版社2007年版,第18页。

法律才保护该利益。从证立论的角度看,《民法典》中的"法律承认(保护)民事主体的某利益"式的法律条款同样是权利条款。在民法这样的法律领域,立法者使用"法律保护某利益"表述来规定权利有其特殊用意,在一定程度上是为了在立法层面对不同权利进行类型化区分。① 证立论将民法中的"法律保护某权利"与"法律保护某利益"条款都视为规定了权利,这与立法者试图通过这两类不同表述对权利进行类型化区分并不矛盾。不仅如此,证立论的权利概念为理解这两类权利的差异提供了一个清晰的思考方向,即需要考虑它们所保护的利益在内容与分量上的差异,需要考虑它们所保护的利益构成他人负担义务的充分根据的那些情形所具有的不同特点,等等。

二、平衡与权利的价值

前面介绍了诺奇克和德沃金基于权利的内在价值提出的两种基本权利的非平衡论,下面讨论他们的理论的缺陷。

(一)权利的"边界约束"观批判

诺奇克把权利的本质理解为"边界约束",享有权利意味着对他人的行为设定了牢不可破的"围墙"。此种人权观立基于康德的"人是目的而不仅仅是手段"这个基本的道德原则,"边界约束"

---

① 2010年《侵权责任法》实施后,民法学界有一场关于"权利和利益区分保护"的讨论。参见于飞:《侵权法中权利与利益的区分方法》,《法学研究》2011年第4期,第104—119页;阳庚德:《侵权法对权利和利益区别保护论》,《政法论坛》2013年第1期,第99—106页;方新军:《权益区分保护的合理性证明》,《清华法学》2013年第1期,第134—156页。

是此种道德原则的具体要求。人权的"边界约束"之性质决定了,不可以基于任何理由(不论是他人的某种权利还是公共利益)来限制它,以其为内容的基本权利自然也是不可平衡的。诺奇克的人权观的价值在于,他强调了个人所具有的独立之价值(人是目的而不仅仅是手段),这被他称为个人的"分立性"(separateness)。在诺奇克那里,个人的分立性通过一系列以消极防卫为内容的权利而得到保障。① 这些权利的数量有限,但"刚性"十足,它们构成了道德上的"正当"(right)与"犯错"(wrongdoing)的终极尺度,当且仅当一个行为侵犯了个人的这些基本的权利时,该行为才是一种道德上错误的行为。这些权利不仅划定了个人行为的正当性边界,也同样适用于国家的行为。如果国家为了满足他人的需求或者解除他人的痛苦而限制个人的权利,此种行为同样是错误的。例如,诺奇克认为,国家向个人征收的税款只能用于保护个人的这些基本权利。如果将其挪用,用它来救济失业者或者兴办公共教育,这就相当于强迫纳税人为了其他人的利益而劳动,此种征税行为因此是错误的。② 诺奇克认为,能够经受住这些"边界约束"性人权的考验的国家,只能是"最小国家"或者说"夜警国家",这种国家才能与个人的"分立性"和谐并存。

诺奇克对人权的解读属于一种比较传统的人权的"人性本质"观,人权的人性本质论证尽管常见,却有着非常明显的缺陷。基

---

① 参见[美]罗伯特·诺奇克:《无政府、国家与乌托邦》,姚大志译,中国社会科学出版社2008年版,第38—40页。
② 参见[美]罗伯特·诺奇克:《无政府、国家与乌托邦》,姚大志译,中国社会科学出版社2008年版,第202页。

于人性的人权观遗失了权利的最为基本的性质,即权利是关系性的概念,它表达的是权利人与其他人的规范性关系。基于人性的人权观在确立人权时仅仅考虑了权利人自身的性质,这使得它没能区分开权利与价值,将二者混同。实践中因此有这样一种不良倾向,即所有至关重要的价值都被认为与人权相关,所有破坏这些价值的行为都被自然地视为侵犯了人权。①

诺奇克的人权观是一种道义论的权利观,他从"人是目的而不仅仅是手段"中推导出人权的内容,即"他人不得……"之义务。但非常值得怀疑的是,此种人权是否还有独立存在的意义?它完全可以被义务性的表述所替代。② 这也就意味着,如果人权确实存在的话,那么道义论的人权观完全错失了人权的独特内涵,其揭示的不过是"基本义务"之观念。

从总体上看,诺奇克的权利理论仅接受"最小国家"的正当性,但这种类型的国家并不具有现实可能性,只可能存在于幻想世界中。正如哈特所言:"在我看来,一些理论把能够相互协调并且与统治相容的基本权利这个'婴儿'连同基本权利过分的刚性这盆'洗澡水'一起扔掉了,另外一些理论——或许诺奇克教授的理论也位列其中——则更差劲,它们扔掉了'婴儿'却保留了'洗澡水'。"③

诺奇克的权利理论还存在一系列价值上的缺陷。第一,诺奇克的权利理论无视"平等"。对诺奇克来讲,只要一个社会确保了他主张的那些个人权利,该社会就具有了正当性。哪怕公民行使

---

① 参见 [英] 约瑟夫·拉兹:《人权无需根基》,岳林译,《中外法学》2014 年第 3 期,第 367—379 页。
② Joseph Raz, *The Morality of Freedom*, Oxford University Press, 1986, p. 189.
③ H. L. A. Hart, *Essays in Jurisprudence and Philosophy*, Oxford University Press, 1983, p. 152.

这些权利导致严重的社会不平等（例如贫富两极分化），这也是无关道德的，这是我们为了保障这些权利所必须承受的代价。第二，"边界约束"性权利并不代表道德上正误的唯一尺度。很多道德上错误的行为并不是因为它们侵犯了权利，而是因为损害了其他价值。例如，某人破坏文物古迹，这种行为并没有侵犯任何人的权利，但仍是道德上可谴责的。如果认为此种行为"间接"侵犯了个人权利，那将是一个十分牵强的、没有说服力的辩解。第三，在诺奇克的道德哲学宇宙里只有两种理论，一种是他倡导的"边界约束"性权利之道德理论，另一种是功效主义，他看不到存在其他道德理论的可能性。正因如此，他把所有试图限制个人权利的举措都视为功效主义的表现，都予以坚决否定。实际上，还存在其他的道德理论，例如美国哲学家麦金泰尔、桑德尔代表的"社群主义"。这就意味着，即便功效主义是错误的，也不意味着所有对个人权利的限制都是错误的，因为这些限制措施完全可能基于功效主义之外的理由。第四，"边界约束"性权利并不能代表个人的"分立性"本质。个人的"分立性"是重要的，体现了个人固有的、独立的、内在的、不可替代的价值，但很难让人理解的是，为什么它只能通过消极的权利才能被保障。对此，诺奇克未能提供足够充分的论证，他只是简单地援引了康德的"人是目的而不仅仅是手段"作为解释。之所以说此种简单地援引康德的伦理原则是不充分的，这是因为，我们为了保障此种"边界约束"性权利需要付出高昂的代价，此种代价不仅仅表现为社会不平等这样的对社会整体的损害，还会因此而严重损害个人自身的生活。"除了少数幸运儿，对于大多数人而言，为自己规划生活以及过一种有意义的生活的能力具有这样的特点：它是通过积极地统筹安排社会与经济资源被构造出来的,而不是能够被一种消极权利的制度框架自动确保的东西。"①

综上所述,诺奇克的人权观在多个层次和方面均存在严重的缺陷,因此无法成立,自然也就无法依据该种人权观来论证基本权利的非平衡性。

(二)权利的"王牌"观批判

德沃金将人权的本质理解为"被平等地关怀和尊重",此种观念立基于"伦理个人主义原则",每个人享有的"被平等地关怀和尊重的权利"是"伦理个人主义原则"在政治共同体中的转化形式。人权因此排除了所有"不平等"的限制措施,以其为内容的基本权利因此部分不可平衡,即不能被那些违背平等要求的限制措施所限制,这类限制措施在实践中具体表现为基于公共利益的(相当一部分)限制措施。

德沃金的权利观的解释力有其限度。② 德沃金认为权利的本质在于确保"平等",即确保个人的生活规划不会因为被其他人所厌恶而在集体表决中被牺牲掉。德沃金认为,每个人都有自己的特殊人生规划,政治权威作为共同体的代言人应该对所有人一视同仁,不应该为了迎合某些人的"善的观念"而打压另一些人的"善的观念"。这并不符合真实世界的权利的保护实践,或者说,真实世界中的权利并不以帮助个人抵御他人对其"另类的生活模式"的压制为核心。我们所熟悉的各类权利,生命权、身体完整

---

① H. L. A. Hart, *Essays in Jurisprudence and Philosophy*, Oxford University Press, 1983, p. 207.
② H. L. A. Hart, *Essays in Jurisprudence and Philosophy*, Oxford University Press, 1983, p. 213.

权、健康权、自由权、财产权、名誉权、隐私权、肖像权,其保护重点并不在于维系每个人自己特殊的生活模式,而在于维系所有可能的生活模式共同依赖的基本条件(生命、身体完整、健康、自由、财产、名誉、隐私……)。当面对伤害他人身体这样的侵权行为的时候,我们的谴责重点在于,该种行为给个人造成痛苦并使得该个人本来可能开展的所有与身体完整相关的生活规划都受到负面影响。我们并不会这样去理解此种侵权行为,即该行为妨碍了被害人展开某种别具一格的生活规划。德沃金在看待权利的时候,目光是偏斜的,只看到权利在某些特定的实践领域发挥的作用,例如种族歧视、就业歧视、教育不公平。他不适当地将权利在这些特殊领域中的价值拔高,将其提升为权利的至高价值。

德沃金的权利理论的另一个问题是,他认为的权利的价值核心是"平等",但"平等"是一种比较性的价值,它自身是没有实质内容的。可以用这样一个例子来说明平等,假设某情境中有甲和乙两个主体,乙有二栋房子,甲无家可归,那么这就是不平等。为了实现平等,就需要将乙的一栋房子分给甲。这个例子中的"房子"可以被换成其他东西,"汽车""休假""就业机会"等等,但不论被换成什么,平等的含义都不变,它总是要求"如果乙有 X,那么甲也应该有 X,乙拥有 X 是甲拥有 X 的理由"①。就此而论,平等不可能单独决定我们应该做什么。或者说,仅仅考虑平等,不足以支撑权利这种规范性的、引导我们的行为之观念。甚至我们可以考虑这样一种极端的情形,即如果某个足球教练挨个辱骂球队的所有球员,那么也可以说这个教练"辱骂所有队员"

---

① Joseph Raz, *The Morality of Freedom*, Oxford University Press, 1986, p. 225.

的做法体现了"平等"。如果我们仅仅在意"平等",以"平等"作为至高的价值尺度,我们就会说,该教练的此种做法是正确的。我们都知道教练的这个做法是错的,这是因为,我们在决定应该做什么的时候,不仅仅考虑平等这个价值,并不是将"平等"视为至高无上之价值,我们还会考虑其他的价值,仅仅考虑平等不足以区分道德上的"正当"和"错误"。① 在教练这个例子中,我们之所以会批评教练的做法,不是因为他的行为"不够平等",而是因为他侮辱了队员的人格。

德沃金或许会回应道,上述批评并没有反映他的真实意思。他不是把"平等"视为权利的核心,而是把"平等地关怀和尊重"作为权利的核心,其中的"关怀和尊重"是有实质内容的,即承认每个人的生活规划的重要性以及尊重每个人对实现其生活规划的责任。在德沃金对权利内容的表达里,同时涉及了"平等""关怀个人生活规划的重要性"和"尊重个人实现生活规划的责任","平等"和后两种价值的关系是什么呢?从德沃金自己的论述步骤来看,他自认为"平等"与"关怀和尊重"的关系是这样的。第一,"伦理个人主义原则"推导出我们对他人的义务,即关怀他人生活的重要性、尊重他人对其生活的责任,此时也可以说我们彼此享有"得到他人的关怀和尊重"的权利。第二,相对于政治共同体而言,个人彼此负有的"关怀和尊重"之义务就演变成政治权威对每个人负有的"平等地关怀和尊重"之义务。这也就是德沃金所理解的,个人对政府享有的基本权利的核心内容。在"平

---

① H. L. A. Hart, *Essays in Jurisprudence and Philosophy*, Oxford University Press, 1983, pp. 214 – 221.

等地关怀和尊重"这个义务里,仅仅着眼于"关怀和尊重"并不能够决定政府如何对待个人,还需要考虑此种"关怀和尊重"是否平等,如果是平等的,这才是政府应该做的行为;如果不平等,即便此种行为关怀和尊重了特定个人或很多人,但也是不应该做的。尽管如此,"平等地关怀和尊重"至多过滤掉了上一段中足球教练的那种行为,即侵害个人的人格之行为,或者说任何对个人造成损害之行为,但它却允许这样的行为,即当某种资源比较稀缺,无法保障每个人得到它的时候,那么就宁可让谁都得不到,这样才是平等的。

德沃金以"平等"作为权利的核心价值、至高价值,正如他的一本书的书名所宣示的,平等被其视为政治共同体的"至上的美德"①。因此所有与"平等"不相容的干预措施都自动地被排除掉了,若非如此的话,这些干预措施就不再是对"权利"的干预,而是在根本上否定了权利的存在意义。但实际上"平等"并不适合被理解为权利的至高价值,"平等"只是在个别类型的实践领域(种族歧视、教育不平等)中才具有德沃金所说的那种王牌意义,在这些领域中相关的权利确实不能被公共利益所凌驾,这并不意味着"平等"成为所有基本权利的至高价值。

(三)权利与价值多元

诺奇克、德沃金以及其他所有试图(在不同程度上)基于权利的价值捍卫权利的非平衡性的论者,采取的基本策略都是相同的。他们都是试图为权利指定一个"至高价值",以此作为"我们

---

① Ronald Dworkin, *Sovereign Virtue: The Theory and Practice of Equality*, Harvard University Press, 2000.

为什么有权利"的"根本的、普遍性的理由"。他们只是对权利的"至高价值"的理解不同,例如,诺奇克将其理解为"分立性"(人是目的而不仅仅是手段)这个价值,德沃金将其理解为"平等"这个价值。在这些论者那里,所谓权利的"至高价值"的至高性体现在,所有与其相冲突的价值都自动落败,因此不能依据这些价值来限制权利。他们的这种主张在实践上导致的后果是,当我们面对一项针对基本权利的限制措施时,为了判断该限制措施是否正当,不能够通过援引该限制措施所欲实现或体现的价值来证明。而是要这样来考察,即该限制措施是否违背了权利的至高价值,如果违背了,该限制措施就是不正当的,如果不违背,该限制措施就是正当的。如果该"限制措施"违背了权利的至高价值,那就构成了对权利的侵犯,而如果该限制措施没有违背权利的至高价值,那么该限制措施不仅是正当的,同时它也没有侵犯权利。不论是哪一种情况,都与"平衡"无关,它们都不是通过将权利的至高价值与其他价值相平衡而得出的结论。

诺奇克和德沃金的权利理论建立在一种可称之为"价值一元论"的价值理论之上。[1] 价值一元论自身是一种颇具古代世界气质的理论,我们的古人所广泛接受的价值理论都是某种意义上的价值一元论。当然,诺奇克和德沃金的价值一元论不同于古人,最大的区别在于,古代的价值一元论是一种"善"的理论,古人的价值世界是通过某种"至善"而统一起来的,他们二人的价值一元论则是一种"正当"的理论,所有价值通过他们信奉的某种

---

[1] David Wolitz, "Indeterminacy, Value Pluralism, and Tragic Cases", *Buffalo Law Review*, Vol. 62, No. 3, p. 575 (2014).

"正当"而统一起来。本书并不赞同价值一元论,不论是它的古代版本还是它的现代版本都不赞同,前面对诺奇克和德沃金的理论的批评,已经展现了此种价值一元论的缺陷。本书赞同的是"价值多元论",它的经典表达是英国思想家伯林(Isaiah Berlin)提出的。伯林认为:"人类的目标是多样的,它们并不都是可以公度的(commensurable),而且它们相互间往往处于永久的敌对态度……自由地选择目的而不宣称这些目的具有永恒的有效性,这种理想以及与此相联系的价值多元论,也许只是我们衰颓的资本主义文明晚近的果实。在遥远的古代和原始社会中,这种价值从未被承认;后世子孙也许带着好奇甚至同情看待它,但很少能理解它……那种确保我们的价值观在某个客观的天堂中永久安全的要求,也许只是对确定性的幼稚的渴望,或者是对我们的原始过去的那些绝对价值的渴望。"① 具体到基本权利的平衡问题上,依照价值多元论,能够证立基本权利的价值是多样的,不同的基本权利体现了不同的价值。对此诺奇克和德沃金也不会反对,他们理论的特色在于,他们认为在这些能够证立基本权利的价值中存在一个至高的价值。而价值多元论则认为,在诸多基本价值中并没有他们宣扬的那种至高的价值,基本价值之间不存在绝对的优劣高下之分。

价值究竟是一元的还是多元的,这是一个终极问题,它不是一个可以诉诸更高的原则来裁断的问题。何者是正确的,取决于哪一个能够更为妥当地解释我们的权利实践、解释我们对权利持有的信念和态度。如上文对诺奇克和德沃金的批评所指出的,他们持有的价值一元论难以妥当地解释我们的权利实践,难以与我

---

① [英]以赛亚·伯林:《自由论》,胡传胜译,译林出版社 2011 年版,第 220 页。

们对权利的价值信念相契合。本书也不认为有任何类型的价值一元论能够克服他们的错误,相比之下,价值多元论是更有吸引力的理论进路。如果价值多元论是正确的,那么平衡就是权利的价值中的构成性要素。或者说,"平衡"是我们对权利进行证立的结构性要素,人权的证立必定表现为一种"平衡型证立"。① 基本权利的价值是多元的,不同价值之间的冲突难以避免,表现为不同基本权利之间、基本权利与公共利益之间的冲突。唯一合理的解决基本权利冲突的方式就是平衡,即承认所有基本价值的重要性,并不预先决定它们的抽象关系,只是在具体情境中判断它们的相对重要性,以此来解决冲突。

至此,我们可以把本章讨论过的内容汇合起来,为"基本权利可以被平衡吗?"这个问题给出答案。该问题是一个复杂的、颇具迷惑性的问题,它的复杂性和迷惑性体现在,它实际上具有两种尽管彼此关联但并不相同的意义。一种是权利的概念论意义,在这种意义上它的意思是,"平衡"是基本权利普遍具有的"概念特征"吗?另一种是权利的价值论意义,在这种意义上它的意思是,"平衡"是基本权利的"证立根据"吗?对此本章分别予以了肯定回答。在概念论的意义上,权利自身表现为一种实践推理过程,平衡即此种实践推理的构成要素。在价值论的意义上,价值是多元的,权利的价值并不具有当然的优先地位,值得我们拥有的权利是那种能够在相关情况下为其他价值做出让步的权利,而不是那种绝对的权利。

---

① Jan Sieckmann, "Proportionality as a Universal Human Rights Principle", in David Duarte and Jorge Silva Sampaio (eds.), *Proportionality in Law: An Analytical Perspective*, Springer, 2018, pp. 3–24.

第二章 平衡语境中的公共利益

在"基本权利与公共利益的平衡"这个命题的讨论中,人们将大量的精力都放在"基本权利可否被平衡""平衡的方法""价值的可比较性"等问题上。对于这个命题中的"公共利益"要素则关注不多,对于它的性质的讨论尚不够充分。"公共利益"这个概念具有不同的意义层次,关联着不同的理论观点,并非任何一种意义上的公共利益都与平衡相关,也并非任何一种公共利益的价值理论都容许平衡公共利益。本章试图解决的问题是,当我们在言说"基本权利与公共利益的平衡"的时候,其中的"公共利益"是何种意义上的,以及为什么只有那种允许平衡公共利益的理论才是正确的。本章第一节将对"利益"的概念进行界定,解释利益所具有的三种不同的意义,即利益的心理学、价值论与规范论意义。第二节将界定公共利益的概念并介绍公共利益的三种价值理论。第三节则试图阐释公共利益在概念层面与价值层面的可平衡性,一方面明确何种意义上的公共利益可以被平衡,另一方面论述平衡公共利益的证立理由。

第一节 利益的概念与类型

公共利益是利益的一种类型,为了理解公共利益是什么,需要先对利益进行界定。在汉语中"利益"是一个高频词汇，也是一个含义模糊的词汇。这是因为利益有着三种不同层次的含义。想要准确、充分地理解"什么是利益"，需要将利益这三个不同层次的意义区分清楚。

一、利益的概念

（一）利益概念的理论属性

不论在官方的宣讲、报告中，还是在法律的专业讨论中，抑或在普通人的日常交流中，"利益"都是一个高频词汇。例如，"这项决策兼顾了各方的利益""'人肉搜索'侵犯了当事人的隐私利益""刑法的目的是保护'法益'（法律上的利益）""垃圾分类符合大家的利益""我对评选'先进个人'没有利益（诉求）"。尽管人们经常使用"利益"这个词，也可以很轻易地指出适合使用这个词的诸多场景，但如果让人们为"利益"下个定义，则是一件让人颇费踌躇之事。利益的语词用法与利益的定义是不同的，前者只需要列举利益这个词通常被用在哪些情况中就可以了，后者则需要指出利益这个词在其中被使用的那些情形的一般特征。为了知晓"利益"的概念，一方面，需要我们归纳利益这个词已经被使用的情形以及它可能被使用的情形；另一方面，更为困难的工作是，需要我们提炼概括所有这些情况普遍具有的将其与其他相近情况区分开的特征。

总体来讲，"利益"是一个与人的行动有关的实践概念，想要充分地理解这个概念，首先需要知道它在一般的实践概念中的理论定位。依照芬兰哲学家冯·赖特（Georg Henrik von Wright）的研究，一般意义上的实践概念可以被分为三大类别，[1] 它们分别是：（1）规范性概念，例如"权利""义务""许可""命令""禁止"；（2）价值概念，例如"好""坏""善""恶"；（3）人类学概念[2]，例如"意图""动机""意志""需求""目的""愿望""需要"。这三类实践概念之间没有截然的界限，有很多概念同时具有其中的两种甚至三种意义。例如，"正当""错误""正义（公正）"这些概念既是规范性概念又是价值概念。一方面，我们可以用它们来表达特定类型的行为要求。例如"法律上的正当"，这里的"正当"指的是法律提出的所有要求的总和，即"合法之行为"或者说"行为要合法"。它并不涉及价值判断，而只是在表达法律规定了人们必须做什么、不得做什么以及可以做什么。另一方面，我们也可以用它们来表达某种价值判断，比如"法律以5 000元为个人所得税起征点，这是错误的"。在这个陈述里，"错误"不是用来表达某种关于人们做什么或不做什么的规范要求，而是在表达一种价值判断，即相关法律规定"不好"。"利益"这个概念则更为复杂，它是一个横跨了这三个意义领域的概念，在不同语境下，它可能具有上述三种不同的意义。[3] 其一，利益是一个人类学概念，它指人关于行动的心理，即人的需求（愿望、欲

---

[1] Georg Henrik von Wright, *The Varieties of Goodness*, The Humanities Press, 1963, p. 6.
[2] "人类学概念"这个名词在法学讨论中不太常见，这类概念指涉的都是与人的行动相关的心理现象，因此也可以被称为心理学概念。但这些概念与其他心理学概念又不同，它不是"知觉""记忆""思考"这样具体的心理现象类型，而是体现了行动与作为整体的人的心理的关联。为了将它与其他具体的心理学概念区分开，可以特别将其称为人类学概念，或者说哲学人类学概念。
[3] 参见［德］罗伯特·阿列克西：《法·理性·商谈：法哲学研究》，朱光、雷磊译，中国法制出版社 2011 年版，第 234 页。

望、向往、需要等),"生命是人的重要利益"这个表述可能意味着"人们对活着有特别的需求"。其二,利益又是一个价值概念,"生命是人的重要利益"这个表述可能意味着"生命对人有重要价值"。其三,利益还是一个规范性概念,"生命是人的重要利益"这个表述可能意味着"他人需要为保护个人的生命负担义务"。如果某人一方面承认生命是人的重要利益,另一方面又否认个人的生命构成他人为保护它负担义务的理由,这将是一个自相矛盾的表述,相当于既承认生命利益的重要性,又否定生命利益的重要性。

鉴于利益这个概念的复杂性,想要充分地解释它的含义,需要从这三个方面着手,即分别解释利益与需求、利益与价值以及利益与义务的关系。

(二)利益与需求

利益概念的心理学意义是它最为直观的含义,人们谈论利益时,往往在人的需求的意义上理解它,在学术讨论中也是如此。例如,美国的法学家庞德(Roscoe Pound)认为:"利益,也就是人类社会中的个人提出的请求、需求或需要。"① 严格来讲,利益并不适合用这种"种属式"的方式来定义,它是一种关系性的概念。从"利益"一词的使用上来看,它总是指某种客体(行为、政策、规则、事态、结果、物品)与人的需求之间的满足关系,当某客体能够满足人的某种需求时,我们就可以说,该客体符合人的利益,是人的利益之所在,或者说是人在某客体之上的利益。

---

① [美]罗斯科·庞德:《法理学》(第3卷),廖德宇译,法律出版社2007年版,第18页。

对于理解利益和需求的关系来讲，我们可以接受"利益就是需求"这种简便的表述方式，但需要强调的是，利益与需求的关系并不像这个定义所表达的那样简单，二者之间存在较为复杂的关系。稍加思考即可发现，"利益就是需求"并不适合作为利益的（哪怕是心理学层面上的）最终的定义，为了充分反映利益与需求的真实关联，需要对这个判断进行限定和修正。

1. 需求不是利益的充分条件

在日常生活中，人们有很多需求，但不是所有需求都与利益相关，甚至会出现很多违背自己利益的需求。在生活中会出现这样的事例：（1）某甲在多年以前向某乙借款 10 万元，乙早已忘记此事，或者乙没忘记这件事，但已经明确表示免除甲的债务。尽管如此，甲仍然坚持将钱还给乙。此时甲的需求是"还钱"，但这个需求是违背其利益的，会导致其金钱的减少。准确来讲，在这种情形中，甲的履行义务（偿还债务）的需求凌驾了他的保留钱款之需求。（2）某甲患病后，医生给他开具了药物，但他因为该药物气味难闻不想吃它。此时甲的需求是"不想吃药"，但这明显是违背其健康利益的。或者说，在这种情况中，甲的非理性的、基于情绪的需求凌驾了他吃药的需求。（3）由于不熟悉旅游区的交通状况，游客甲选择了错误的旅游路线。此时甲的需求违背了他的利益，或者说，甲由于认知上的偏差导致他的需求没能反映他的利益。

以上这些例子从不同方面展示了个体的需求并不必然代表着他的利益，因此"利益就是人的需求"这个说法需要被限定。更准确的表达是，利益是人们产生的特定意义上的需求。结合上文所举的例子，这里的"特定意义上"指的是，"具有足够的认知能力、排除非理性情绪的影响以及并非出于义务感（责任感）"，人们产生的此种意义上的需求才代表人们的利益。

2. 需求不是利益的必要条件

并不是有需求就有利益，也不是有利益就有需求，利益与需求之间并没有必然关联。① 在人们的利益体系里，有一类利益与人的需求紧密相连，通常我们将这类利益称为"人生理想"，例如成为一名音乐家、写一部小说、升职、获得名望。这些利益只有在人们需要它们的时候才是人的利益，如果人们不需要它们，它们就不是人们的利益。如果我并不想成为一名音乐家，那么"成为一名音乐家"就不是我的利益。

有一些利益与人们是否需求它们没有必然关联，不论人们是否有相关需求，它们都是人的利益。我们很熟悉的很多重要的利益都有这个特点，例如生命、健康、身体完整、自由、财产、名誉、隐私。尽管这些利益通常都反映了人们的需要，但也有一些人在特定情况下对它们没有需求。就这类利益来讲，"在利益与需求之间可能存在着一致性，但前者既不依赖于后者，也不是由后者所产生"②。例如，一个轻生的人对生命没有需求，一个自残的人对身体完整没有需求。但不论人们是否需要它们，它们都是人们的利益。由此可以理解为什么国家需要救助轻生的人，而不是任由他死去，以及为什么国家在某人同意他人杀死或伤害他的情形中，仍然让杀人或伤害他人的人承担刑事责任。国家的做法在相当程度上出于这样的考虑：国家有维护人民利益的义务，这些

---

① Brian Barry, *Political Argument*, Harvester Wheatsheaf, 1990, Ch. 10, §2.
② Joel Feinberg, *Harm to Others*, Oxford University Press, 1984, p. 42.

利益是"客观"的,不因当事人不喜欢它们而变得不是利益,因此不论当事人自己怎么想,国家都有义务维护这些利益。

有鉴于此,需要对"利益是人们在特定意义上产生的需求"做进一步限定,需要为其加上一个"在一般情况下"这个限定语,利益是人们在一般情况下产生的特定意义上的需求。这里的"一般情况下"指的就是,对于有些利益(生命、健康等)人们通常都会产生需求,但即便人们对它们没有需求也不影响它们是人们的利益。

3. 需求:要素与整体

需求与利益的关系的复杂性的另一个表现是,当我们说一个人的某种需求体现了他的利益的时候,这可能有两种不同的意义①:(1)人们的某种需求体现了他的某一种利益,例如,人们"活着"的需求体现了他的生命利益,"吃药"这个需求体现了他的健康利益。这种意义上的利益可以被称为人的"要素利益"。(2)人们的某种需求体现了他的整体利益。这又主要分为两种情况,其一,人们的某种需求体现了他的某一种利益,与此同时并没有因此而损害其他利益,在这个意义上,体现了某一种利益的需求也同时促进了他的整体利益。例如,如果某人"吃药"这个需求在确保其健康的同时,没有损害其他利益,那么就可以说"吃药"也体现了他的整体利益。其二,人们的某种需求体现了他的某一种利益,尽管同时损害了其他利益,但利弊权衡之下,利大于弊,在这种意义上该需求也体现了他的整体利益。例如,某人"吃药"这个需求保证了他的健康利益,但药物很难吃,让其

---

① Brian Barry, *Political Argument*, Harvester Wheatsheaf, 1990, p. 196.

"恶心",吃药给他带来了一定的痛苦。但人们都知道"良药苦口利于病",相比于感官上的短暂痛苦,恢复健康是更重要的,在这个意义上"吃药"的需求体现了他的整体利益。

某需求是否在满足了人们的某种利益的同时还促进了人们的整体利益,这一方面受到环境因素的影响,另一方面又受到当事人自身的个性、运气等特殊情况的影响。例如,彩票中奖是彩民所需要的,它体现了彩民的财产利益,但它是否同时满足了彩民的整体利益,则是一个偶然的事情。有可能出现的情况是,彩民因为一夜暴富而自我放纵,染上赌博、吸毒等恶习,如果这样的话,彩票中奖就没有体现他的整体利益。《警察与赞美诗》是美国短篇小说家欧·亨利(O. Henry)的一篇作品,文中的主人公苏比是一个游手好闲的流浪汉,他每年都为了去监狱过冬而故意犯罪。在通常情况下,"被监禁"意味着人们的自由利益受损,人们也不会因为"被监禁"而获得其他好处,这是人们把"被监禁"视为一种惩罚的原因。但在这个故事中,主人公苏比对"被监禁"有不同的看法,他认为进监狱可以使其免受冻馁之苦。苏比并非不知道"被监禁"意味着失去自由,但他认为相比于损失三个月的自由,能够在监狱里度过一个温暖又吃喝不愁的冬天是更重要的。也就是说,在他看来,"被监禁"符合其整体利益。正因为"整体利益"具有一定的偶然性,法律在保护人们的利益的时候,除非在足够确定的情况下,一般仅考虑人们某一方面的利益,而不会考虑相关措施是否会促进人们的整体利益。

鉴于利益的整体与部分之分,以及人的某种需求与要素利益和整体利益的关系,有必要对需求与利益的关系再进行限定,即体现了个人某种利益的需求未必体现个人的整体利益(净利益)。

在利益的这两种意义上,个人的某种需求完全可能既体现了个人的(要素)利益又不符合其(整体)利益。

(三)利益与价值

从表现上看,利益与需求相对分离,并不是所有需求都代表个人的利益,也不是所有利益都会被需求。妥当的说法是,一般来讲"X(物品、行为、事态、关系……)符合甲的利益或者甲对X有利益"意味着"甲需求X"。之所以会出现"尽管X符合甲的利益,但甲并不需求X"这种现象,原因在于,"需求"是一个心理学层面的现象,它是个人实际上产生的与行动相关的心理活动,但利益这个概念所指涉的不仅仅是个人事实上产生的关于"如何行动"的心理活动,它还指涉价值。当我们说"X(物品、行为、事态、关系……)符合甲的利益"的时候,还表达了这样的意思,即"得到X对甲是件好事"。① "甲需求X"是一个关于个体的心理学意义上的事实判断,"得到X对甲是件好事"则是一个价值判断,它们彼此不同,没有蕴含关系,不能彼此推导。② 既然如此,为什么利益这个概念会同时包含这两种不同的含义呢?利益概念具有这两个层面的意义,这种现象的形成绝不是偶然的、任意的。这是因为"得到X对甲是件好事"经常是"甲需求X"的好理由,或者说"得到X对甲是件好事"为"甲为什么需求X"提供了一个合理的解释,作为价值的前者为作为心理事实的后者的形成提供了动因。在这个意义上可以说"需求"是利益的表象和征兆,

---

① 参见[美]史蒂文·卢克斯:《权力:一种激进的观点》,彭斌译,江苏人民出版社2008年版,第26页。
② Roger Crisp, "Well-Being", *Stanford Encyclopedia of Philosophy*, http://plato.stanford.edu/entries/well-being/.

它关联着利益的价值维度。

相比于作为需求的利益,作为价值的利益引发了更大的争议。争议在于,通过个体的需求所显现出来的价值在本质上是客观的还是主观的?[①] 对这个问题的不同答案形成了两种利益观,它们分别是主观利益论与客观利益论。[②] 18世纪的英国思想家边沁(Jeremy Bentham)持有主观利益论,他认为,价值本质上是人的快乐和痛苦,增加快乐或减少痛苦是有价值的、好的,反之则是无价值的、不好的,这种价值立场通常被称为快乐主义(hedonism)。边沁基于快乐主义界定利益:"当某事物有助于增加一个人的快乐总量时,该事物就可以说是促进或为了该人的利益;或者当有助于减少他的痛苦时,结果也是如此。"[③] 正如这个定义所展现出来的,边沁的快乐主义价值立场导致他心目中的利益有着特殊的含义,即他所说的"利益"指的不是个人生活的某一个方面的利益,而是个人的整体利益,或者说个人的净利益。在边沁那里,利益没有部分和整体之分,没有要素利益与净利益之分,所有利益都是个人的净利益意义上的利益。之所以会这样,这与快乐主义这种价值立场对价值的理解有关。快乐主义将价值的本质理解为人的快乐,尽管边沁不厌其烦地区分了快乐的诸多类型(富有之乐、和睦之乐、技艺之乐、权力之乐、虔诚之

---

① 参见[阿根廷]方迪启:《价值是什么?——价值学导论》,黄藿译,联经出版公司1984年版,第13—18页。
② Bruce Douglass, "The Common Good and the Public Interest", *Political Theory*, Vol. 8, No. 1, pp. 103–117 (1980).
③ [英]边沁:《论道德与立法的原则》,程立显、宇文利译,陕西人民出版社2009年版,第3页。

乐……），①但这些快乐之间没有质的差别，只有量的差别，彼此可以通约、替换。例如，某甲是动漫爱好者，就职于动漫公司从事动漫设计工作，尽管这个职业他很热爱，但收入偏低。他有机会跳槽到另一个公司从事人事管理工作，收入将倍增，但他并不喜欢人事管理工作。"留在原公司"与"跳槽"是他面临的两个选项，哪个选项符合他的利益，取决于在这种情况下"增加收入"带来的快乐能否胜过"人事管理工作"导致的痛苦。如果答案是肯定的，那么跳槽到另一个公司便增加了他的快乐总量，因此符合他的利益，留在原公司则未能增加其快乐总量，因此不符合他的利益。如果答案是否定的，那么情况正相反，留在原公司才是避免降低快乐总量的选择，因此才是符合他的利益的。更简单地说，在性质上"快乐"只有一种，所谓不同的快乐并不是真的不同，相应地，基于快乐而界定的利益也就只有一种，即"净利益（整体利益）"。因此基于快乐主义，区分要素利益与整体利益是没有意义的。

　　由于个人的快乐和痛苦的种类繁多，不同个人的快乐和痛苦各有殊异，不同个人在类似的情境下的快乐（痛苦）感受以及做出的选择也不尽一致，这就带来了一个问题：我们如何知道对某一特定个人来讲，某"X（行为、物品、关系、事态……）"在何种情况下增加了他的快乐总量或者避免了其快乐总量减少呢？这个问题激发了主观利益论的一个变异形式，它不再直接讨论利益与个人的快乐增加之间的关联，而是将利益与个人在特定情境下的选择偏好（preference）联系起来，凡是个人实际选择的、喜

---

① 参见［英］边沁：《论道德与立法的原则》，程立显、宇文利译，陕西人民出版社2009年版，第28页。

好的，那就是符合其利益的。① 在前面那个动漫公司员工的例子里，如果该员工选择留在原公司，那么这个偏好自身就表明，这样做符合其利益，相反的做法则违背其利益。"是否偏好 X"，这是个人在对某"X"给其带来的快乐和痛苦进行权衡之后所做的关于"X"是否增进（或避免减少）其快乐总量的结论，"偏好 X"即意味着"X"符合其利益，反之则否。

客观利益论立足于价值的客观理论，依照价值的客观论，价值的存在与个人的主观精神状态没有必然关联。价值之所以是价值，不取决于特定个人是否认识到它，不取决于人们能否从中得到快乐或者避免痛苦。主张价值的客观性，是将价值的根基与主体的主观体验相分离，在主体的偏好之外寻找评判尺度。在每一个社会的社会生活中，我们都可以很容易地找到支持价值的客观性的证据。例如，"婚姻"是有价值的，它的价值不取决于特定个人自己如何理解它，即便对那些不打算结婚甚至厌恶婚姻的人来讲，它也是有价值的。"艺术"也是有客观价值的，哪怕人们并不喜欢某种艺术，但仍然会承认该艺术有其价值。若非如此我们就很难解释这样一个现象，即有些艺术表现形式（例如京剧）并不被大多数人喜欢，因此没有"票房"，如果完全任由市场选择的话，大多数京剧从业者都无法维持生计，国家从公共财政中拨款扶植此类艺术，这意味着强迫那些不喜欢京剧的人也为其付费（公共财政的来源之一就是包括这些人在内的所有纳税人的税款）。对此唯一可信的解释就是：这些艺术形式尽管没有受到大多数人

---

① James Griffin, *Well-Being: Its Meaning*, *Measurement and Moral Importance*, Oxford University Press, 1986, p. 7.

的喜欢,但仍有其客观的价值,对于不喜欢它们的人来讲也是如此,这就构成了国家让那些并不喜欢京剧的人为京剧艺术付费的理由。通过对社会生活中类似现象的观察,我们可以体会到这些客观价值的存在。① 客观价值包括多少种类呢? 英国学者菲尼斯认为,对此很难给出一个确切的答案,只能说通常来讲,人们会承认基本的客观价值包括生命、知识、友谊、娱乐、信仰、审美体验等。②

自近代社会以来,人类的整体精神面貌倾向于张扬个人的个性自由,即"主张人类应该依照自己的意见行动——即只要他们愿意自负责任和自担风险,就应该不受同胞实质的或道德的阻挠,而将其意见贯彻到自己的生活之中"③。主观利益论在相当程度上迎合了近代以来勃兴的此种社会精神风貌,并因此而得到较为广泛的接受。尽管如此,主观利益论仍有其不足:(1)主观利益论建立在快乐主义价值论的基础之上,如英国哲学家摩尔(G. E. Moore)指出的,此种价值理论将价值立基于个人实际的快乐感受,这是一种"自然主义谬误"④。(2)即便不考虑快乐主义面临的此种存在论式的批评,快乐主义仍有其他严重缺陷。首先,在快乐主义眼中,人类的价值只有一种,即快乐(避免痛苦)。所谓不同的价值只有量(强度、持续性等)上的差异,没有性质上的不同,那些通常被视为较为低级的价值(例如美食)与那些通常被视为高级的价值(例如艺术)变得没有实质区别。尽管快乐主

---

① Joseph Raz, *The Practice of Value*, Oxford University Press, 2003, pp. 19 - 22.
② John Finnis, *Natural Law and Natural Rights*, Oxford University Press, 1980, pp. 86 - 92.
③ [英]约翰·穆勒:《论自由》,孟凡礼译,广西师范大学出版社 2011 年版,第 65 页。
④ [英]摩尔:《伦理学原理》,陈德中译,商务印书馆 2018 年版,第 73 页。

义会认为二者仍有不同,例如,后者的强度、持续性要高于前者,但这种量上的区分不足以反映人们对这两类价值的认知。因为仅从量上来理解二者的差异会带来这样一个结论,即低级的价值只要量足够多,便可以抵消高级价值。假设一部有艺术水准的电影的快乐指数是"5",而一部艺术水准低、媚俗的"烂片"的快乐指数是"1",那么在快乐主义看来,五部以上的低水准电影便可以抵得上一部高水准的电影。如此理解不同类型的价值,打消了不同层次、质量的价值之间的界限,快乐主义因此被批评者视为"猪的哲学"。其次,快乐主义用个人主观上的"快乐"之感受来定义价值。问题在于,并不是所有类型的"快乐"都是有价值的。当我们说"快乐"是一种价值的时候,往往指的是通过个人的真实体验和成就而产生的快乐。通过药物刺激(毒品、致幻剂)或者通过仪器刺激大脑的特定部位,尽管也可以产生快乐,甚至会产生远远超过真实体验和成就的快乐,但这种快乐是没有价值的。① 快乐具有即时性,不存在那种尚未体验到的快乐,这就意味着基于快乐无法构想所谓"长远利益"和"真正的利益"。这两种利益经常被人们提及,但它们都意味着对于个人而言存在着某种超越了当下的快乐的有价值的事物。

面对上述批评,快乐主义者试图通过对快乐进行限定来弥补这些缺陷,例如,密尔(John Stuart Mill)试图区分不同快乐的质量,将快乐分为低级的和高级的。② 不过,快乐就其性质而言只是

---

① 参见[美]罗伯特·诺奇克:《无政府、国家和乌托邦》,姚大志译,中国社会科学出版社2008年版,第51—54页。
② 参见[英]约翰·密尔:《功利主义》,徐大建译,上海人民出版社2008年版,第9页。

人的主观感受,仅有量上的差异,不论是对快乐进行性质上的区分,还是将其区分为真实和虚幻的,都意味着引入了快乐之外的某种价值标准,即独立于个人主观感受的评价标准。这样看来,经过限定的快乐主义已经不再是快乐主义了,而是变为某种客观价值理论。①

主观利益论完全否认客观价值标准,因此具有一些"反常识"式的缺陷,但这不意味着纯粹客观主义的利益概念便是可取的。客观利益论建立在一系列"客观的"价值基础之上,它面临的一个存在论式的问题是,如何证明存在着独立于个人感受的客观价值。对此问题,客观价值论者会认为,这些价值的存在是"自明的"。② 对于价值怀疑论者而言,所谓"客观价值"不过是特定社会、特定人群习以为常的价值偏好,并不是真的具有客观性。除此以外,客观价值论还面临其他指责。第一,由于客观利益论的价值标准独立于个人感受,个人很可能会有一些他自己"不知道"的利益,这就带来了利益认知上的困难。人们会面临这样的困境,即自己不知道自己有某种利益。第二,就利益这个概念而言,尽管我们需要承认存在着一些客观的利益,但不能否认的是,有些利益确实是主观的。例如,在选择职业时,如果某人自己并不想当医生,当医生便不符合他的利益。③ 第三,客观利益论如果不加限定直接适用于政治实践,很容易促成一种精英主义、家长主义的政治文化。在社会中处于强势地位的集团便可以"客观利益"

---

① Roger Crisp, "Well-Being", in *Stanford Encyclopedia of Philosophy*, http://plato.stanford.edu/entries/well-being/.
② John Finnis, *Fundamentals of Ethics*, Oxford University Press, 1983, p. 48.
③ Bruce Douglass, "The Common Good and the Public Interest", *Political Theory*, Vol. 8, No. 1, pp. 103–117 (1980).

的名义强制要求人们服从其命令,并将这种强制说成是"为了他们好"。此种强制更为隐蔽,也更难消除。

(四)利益与义务

利益的第三重含义是它的"规范性"意义,这体现在利益与义务的关系上。利益的这种意义一般不太被人们强调,人们通常仅关注它的心理学(需求)和价值论(好)意义。不过,如果我们承认利益有着"需求"与"好"这两种意义,自然也要接受利益还包含"义务"的意思。① 例如,生命是个人的重要的利益,这一方面意味着个人需要他人不侵害其生命,以此保证他能够"活着",另一方面意味着"活着"是件好事,是有价值的,这也是为什么人们会产生"活着"这种需求的心理动因。"活着"的价值为个人对"他人不要杀害自己"之需求提供了证立理由,从而使得该种需求不仅仅是一种心理学事实,还变成了一种规范性的要求,即"他人不应该杀害自己",这就意味着个人在"活着"上享有的利益为他人负担"不得杀害他"之义务提供了证立理由。

利益的规范性意义体现在,利益是他人负担某种义务的理由。利益的这个含义在法律领域中表现得尤为突出,在各类法律文本中,经常可以见到"法律保护某某利益"这样的条款。例如,《中华人民共和国民法典》第126条规定"民事主体享有法律规定的其他民事权利和利益"。法律作此种规定的用意绝不仅仅是为了确认公民基于利益会提出某些需求,或者某些利益是有价值的。所谓"法律保护"指的是法律通过为人们设定义务的方式来保护公

---

① Matthew H. Kramer, N. Simmonds, and H. Steiner, *A Debate over Rights*, Oxford University Press, 1998, p. 151.

民的某种利益,设定此种义务的理由往往就是被保护的那个利益。所谓"法律保护某利益"这样的条款的意思就是,"法律承认公民的某种利益构成了他人为此负担义务的理由"。

综合以上对利益的三重意义所做的解说,可以为利益下一个定义:利益通常表现为个人的特定意义上的需求,此种需求在某种意义上有价值并构成他人为此负担义务的理由。定义里的"通常表现为"指的是利益不必然表现为人的需求,有时候即便个人对某事物没有需求但仍有利益,例如个人的生命。"特定意义上的需求"指的是利益并非由于义务感、非理性的情绪、认知错误等原因而产生的需求。"在某种意义上有价值"是为了涵盖价值的主客观之争,在利益的概念界定环节不涉及对此争论的最终评判,而是向这两种价值立场保持开放,这样一来不论人们持有何种价值观都可以同意这个利益的定义。

二、利益的类型

对利益进行分类预设了某种分类标准,标准不同,分类也不同。例如,依据利益与他人的关系,可以将利益分为"涉己利益"和"涉他利益"。"涉己利益"仅与个人自己有关,并不涉及他人。"涉他利益"则涉及他人,是对他人的某种状态享有的利益。涉他利益一般存在于有着亲密关系的情境中,例如,父亲对"儿子取得好成绩"享有利益,这就是一种涉他利益。前面提到的"要素利益"与"整体利益"之划分则是依据"整体-部分"这个划分标准。法律上并不会涉及利益的所有划分方式,例如,法律上不会强调"要素利益"与"整体利益"之划分。这是因为,不同的分类总是有着其所欲反映的情境,这个分类主要对应于个人的理性选择情境,例如,在不同工作中进行选择,在投资何种理财产品上的选择。在这些情境中,个人需要思考的不是某种选择会实现其某种利益,而是考虑哪种选择会促进其整体利益。但对于法律来讲,很少会考虑个人的整体利益,法律在对人的行为进行规制的时候,考虑的往往是该规制措施与人的某一种利益的关联。至于它是否会导致相关个人的整体利益的增进或减损,法律一般不做评价,而是将其交给个人自己判断。法律上比较重视的分类是"财产利益"与"人身利益"之划分,这个分类的标准是,某种利益可否与人身相分离。可以分离的是财产利益,不可分离的是人身利益。法律重视这个分类的原因在于,某种利益可否与人身分离直接关系到法律对它的保护方式。例如,是否允许其在人们之间自由流转。

财产利益与人身利益这个分类尽管很重要,但它的意义主要是描述性的,它对于本书关心的"基本权利与公共利益的平衡"命题的意义不大。平衡的核心是价值衡量,涉及对基本权利和公共利益所体现出来的价值分量的比较。与该命题直接相关的利益分类是基于利益的价值重要性的分类。依照利益的价值重要性,可将利益分为即时利益、工具利益、基础利益和理想利益四种。

即时利益是指个体对于某些持续时间较短、出现的时机比较偶然的事物所享有的利益,此类利益可能会有较高的瞬时强度,但它的强度一般缺少持续性,会随着时间的变化而呈现较大的波动。我们在各种享乐、物质和生理刺激上享有的利益便属于此种利益类型,例如看电影的需求、吃巧克力的需求、性需求。有论者认为，由于此类利益太缺少稳定性，很难想象它们能够成为个人生活的重要组成部分，不应该将它们称为人们的"利益"。① 但不能否认的是，此类"利益"经常被人们提及，人们会以此为根据要求他人负担义务。例如，一个丈夫会基于"性需求"来要求妻子履行与其"过性生活"之义务。观众在看了一场大失所望的演出后，可能据此向演出方提出"退票"之要求。更好的理解方式是，承认它们都是利益，只不过是那种重要性比较低的利益。

工具利益指的是人们对那些"自身并不具有价值（价值无涉）但构成实现其他某种有着内在价值的目标的手段"的事物所享有的利益。我们对一系列有着内在价值的事物享有利益，例如健康、事业成功、身体完整、自由。这些有着内在价值的事物的实现或维持仰赖一些手段和条件，例如，通过晨跑等锻炼方式可以维持、增进我们的健康，通过手术等医疗手段可以维护我们的身体完整，通过努力赚钱可以扩大我们的自由选择空间（财务自由）。我们可将其统称为实现具有内在价值之事物的"工具"，这些"工具"因为与具有内在价值的事物之间的关联而具有价值，即工具价值。当然，在这些"工具"中，有些工具自身也是有内在价值的，例如，努力工作是获得事业成功的条件，"努力工作"自身也有内在价值。但有些"工具"则纯粹是工具，并不具有内在价值，例如，跑步这种锻炼方式如果不能够增进身心健康，其自身是无意义的。我们在日常语言中往往不会特意区分具有内在价值的利益与仅具有工具价值的利益，例如，我们会说控制饮食对过于肥胖的人很

---

① Brian Barry, *Political Argument*, Harvester Wheatsheaf, 1990, p. 183.

重要,听起来好像控制饮食本身很重要一样。但稍加思考就可以知道,控制饮食本身并不重要,它没有价值,真正重要的是通过控制饮食得以恢复的健康状态。

基础利益指的是人们对那些构成每一个人开展其各项生活规划的必要条件的那些事物所享有的利益。相对于个人可能开展的各项生活规划、可能实施的各项人生理想来讲,构成这些规划和理想的必要条件的事物的数量是有限的,它们是不同的生活规划、人生理想的"公因数"。它们包括:活着,身体保持完整、健康,智力处于正常水平,精神状态稳定,拥有超出基本生存所需的数量之上的必要的财产,拥有基本的自由(例如人身自由、免于他人的控制和监禁),私生活处于个人的掌控之下,拥有参与社交活动所需要的名声,等等。这些利益是每个人生活的"底线",是个人追求、实现其各种人生规划和理想的前提条件。在这个意义上,这些利益具有工具性,它们是实现各类人生规划的工具,因此类似于前面所讲到的"工具利益"。但二者仍有重要差异,主要体现在两个方面:第一,各种基础利益具有较高程度的稳定性和普遍性。例如,人们具有的"活着"这个需求是稳定的,总体来讲其强度不会出现重大的变化,并且它不是个别人偶然会有的需求,而是人们普遍的需求。人们对这些利益系于其上的那些事物的追求是稳定的、普遍的,不同的个人的具体生活规划与人生理想常有差异,同一个人的生活规划和理想也会不断地被个人调整,但不论人们有何种人生规划、追求何种人生理想,都普遍地、持续地需要这些基础利益。第二,这些基础利益不仅仅具有工具价值,它们还具有内在的、不可替代的价值,它们是"有价值的人生"的组成部分。如果一个人仅具有这些基础利益,没有超出这些基础利益之上的人生规划和理想,那么这个人的生活算不上一种"完美的生活"。但如果缺少了这些基础利益,人们的生活价值必定会受到负面影响。

理想利益指的是人们对于其人生理想所享有的利益。人们会形成很多人生理想,有些是比较崇高的、超乎寻常的,例如发明治疗癌症的药物、成为特定人群中的"首富"、在社会中推进公平正义、改善空气质量。有些人生理想则看起来没那么崇高、没那么利他,甚至很平庸,例如玩游戏、做手工、追剧、旅游。但不论如何,它们确实是个人可能持有的人生理想,尽管每个人不见得仅有一个理想,对于某种理想也不是"一朝拥有,别无选择"。这些理想目标不是普遍地被人们追求,但只要某人选择了某种理想,那么实现相关理想便成为这个人的"美好生活"的标志,在这种意义上该理想对这个人的生活有着重要意义。各类人生理想具有内在价值,它们的实现自身就是好的,但它们也会有工具性的价值。当一个人实现了某种人生理想的时候,这往往会给他带来其他的好处。例如,如果一个科学家解决了某个重大的科学难题,这自身就是一件好事,代表着这个科学家实现了一种人生理想。除此之外,这个理想的实现还会给他带来其他的好处,他会因此而得到奖金、荣誉、社会名望、职称晋升等等。

以上这四种利益(即时利益、工具利益、基础利益与理想利益)之间有着较为复杂的关系,它们共同编制了个人的利益之网。① 例如,每天晨跑是一种工具利益,它有助于维护身体的健

---

① 这四种利益类型的划分及其结构关联参考了范伯格的观点,Joel Feinberg, *Harm to Others*, Oxford University Press, 1984, p. 61。

康，身体健康是个人的基础利益。对于一个科学家而言，健康的体魄是从事科研工作的保障，这使得他有可能攻克科研难题，从而成就一种理想利益。科学家在解决科学难题之后，会给他带来社会名望，获得荣誉奖励，这是其他类型的理想利益。此外它还会为科学家自己带来愉悦感和满足感，这是所谓即时利益。科学家取得的这个成就使得其可以获得更多的科研经费资助，科研经费则是一种工具利益。解决科研难题还可以使科学家获得必要的个人收入，维持其基本生活，这又是一种基础利益……由于这四种利益之间存在着的此种复杂的结构性关联，在每个人生活所涉及的各种利益之间有着较为复杂的牵连关系，如果某种"X"满足了个人的某一种利益，那也意味着个人的与该利益相关联的其他利益也在不同程度上得到了保障。反过来，如果某种"X"损害了个人的某种利益，那么这往往也意味着个人的其他利益在不同程度上受到了损害。可以用下图来表示即时利益、工具利益、基础利益与理想利益之间存在着的上述复杂关联。

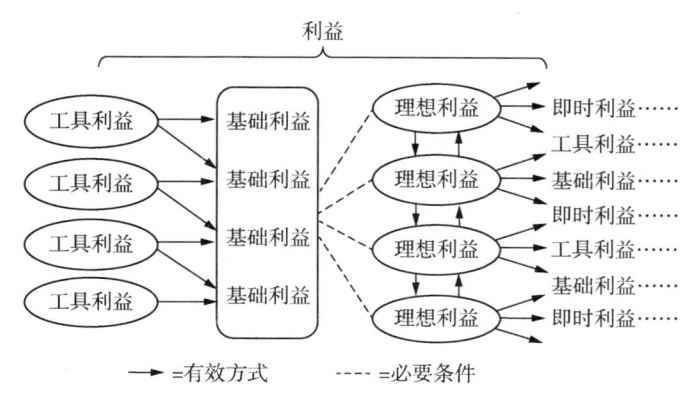

图 2-1 即时利益、工具利益、基础利益与理想利益的关系

第二节　公共利益的概念及其价值基础

人们经常使用"公共利益"这个语词来表达某种主张，但对于被使用的"公共利益"指的到底是什么，则往往语焉不详。此种状况的成因有二：其一，人们经常望文生义将"公共利益"理解成"公共（国家、社会、集体）"这个所谓特殊类型的"主体"享有的利益，因而未能正确地把握公共利益与个人利益的区别。其二，也是更重要的，人们经常将"公共利益是什么"与"公共利益的价值基础是什么"混为一谈，经常用后一个问题的答案来代替前一个问题的答案。本小节将讨论公共利益的概念及其价值基础，以此来澄清这些混淆。

一、公共利益的概念

（一）"公共利益"的语言多样性

不论在官方话语还是民间议论中，不论在法律文本还是制度实践里，公共利益的语言表述方式都是多种多样的。① 除了"公共利益"这个表述之外，人们还会使用下列词汇来表述公共利益。例如，"社会福利""普遍福利""普遍福祉（幸福）""基本民生""普遍利益""共同利益""集体利益""社会利益""国家利益""一般利益""整体利益""公共善""共同善""普遍善"

---

① 参见郑永流：《中国公法中公共利益条款的文本描述和解释》，《浙江社会科学》2013年第10期，第52—60页。

"国家政策""公共政策""公共服务""公共秩序""公共安全""社会和谐""国防安全""社会公德""经济繁荣""环境保护""历史文化传统""共同富裕""公共卫生"。

公共利益语言表达方式多样性的成因是多种多样的。其一，历史积淀。近代以前，受至善论这种价值理论的影响，基于"善"来组织公共利益的语词较为常见，例如共同善、公共善、普遍善。而近代以后随着自由主义的传播，基于"利益"来组织公共利益的语词则更为流行，例如"公共利益""普遍利益"之类的用法。① 再比如，我国《宪法》第51条将"国家的、社会的、集体的利益"并置，这在一定程度上体现了曾经流行的主体思维模式。依照此种思维模式，"主体"有不同的类型，可分为"个体"和"整体"，所谓公共利益指的就是有别于"个体"的"整体"的利益。"整体"这个主体又可以分为国家、社会和集体，由此形成了所谓国家利益、社会利益与集体利益之分。② 其二，语言习惯。例如，英美法系的国家比较偏向于用"公共政策"代指各类公共利益，而我国则并不倾向于用一个统一的词汇来代指各类公共利益，而是用不同的词汇来表示不同类别、不同层次的公共利益。其三，观察角度。公共利益的表述可以采用共同体之内的视角与共同体之外的视角。我们常说的国家利益与社会利益这个分类，就是从这个角度区分的。所谓"国家利益"侧重于从共同体之外，通过与其他国家和国际组织相对比来表述我们的公共利益，而"社会

---

① Louis Dupre, "The Common Good and the Open Society", *The Review of Politics*, Vol. 55, No. 4, pp. 687–712（1993）.
② 参见胡锦光、王锴：《论我国宪法中"公共利益"的界定》，《中国法学》2005年第1期，第18—27页。

利益"则是从我们的共同体之内着眼,相对于所有成员来表达我们的公共利益。其四,观察时态。对公共利益的考察可基于静态与动态这两个时态进行。公共秩序、公共安全、公共和平、公共和谐偏重于静态的、当下的公共利益,而历史文化传统、环境保护则偏向于公共利益的动态的、未来的方面。其五,考察层次。对公共利益既可以从整体的角度来描述,也可以从其各个组成部分的角度来描述。普遍福利、共同善、社会利益这些表述偏向于公共利益的整体,而经济繁荣、国防安全、社会和平则偏向于公共利益的组成部分。

以上所述列举并简要分析了公共利益的多样化语言使用方式,通过以上考察可以知道,对于理解公共利益的性质、含义而言,重要的并不是它的语言表述形式。如果着眼于公共利益的语言表述形式对其进行"说文解字"式的解读,要么会迷失在公共利益这些复杂多变的表述形式中,抓不住它的要旨,要么会导致对公共利益"望文生义"式的理解。例如,有人或许会这样来解释公共利益:所谓"公共利益",正如其语词表述所显示,指的是"公共"的利益。如果别人追问,什么是"公共"?他可能继续解释道:所谓"公共"指的就是"国家、社会、集体"。此种解释方式不能说一点价值都没有,但有两个严重缺陷:第一,它将公共利益的性质引向了对不同于个人的"公共"实体的性质的分析,正如个人利益体现了个人的需求一样,公共利益也体现了公共的需求,公共利益是什么就取决于"公共"需要什么。不过一旦将"公共"与"个人"相分隔,我们也就无法有根据地谈论"公共"的需求。第二,此种解释还是侧重于公共利益的来源,即它是如何产生的,它对于解决与公共利益相关的实践议题而言很少有帮助。就本书所欲处理的基本权利与公共利益的平衡问题而论，重要的问题在于，"公共利益"为何是有价值的，如何判断某种事物符合或不符合公共利益，如何判断"公共利益"的价值分量。想要为这些问题给出答案，必须从价值的角度考察公共利益的性质。

（二）个人利益与公共利益的区别

不论人们如何理解"公共利益"，都会承认一个基本的事实，即所谓"公共利益"是"利益"的一种类型。在这个意义上，公共利益也分享了利益的基本特征，它也具有前面解释过的利益的三个维度，即心理学维度、价值维度以及规范性维度。当我们言说"公共利益"的时候，也同样可能在这三种意义上理解公共利益，即用它来表达人的行动需求、相关事物的价值以及人们的行动理由。对于理解公共利益来讲，仅掌握这些利益的共性是不够的，还需要掌握其特性，需要掌握公共利益有别于个人利益的独特属性。

人们经常会将"利益"分为"公共利益"和"个人利益"，有一种很常见的观点认为，这个区分是基于利益主体的区分，即所谓"公共利益"指的就是"公共"这个主体所享有的利益，它因此不同于"个人利益"，后者的主体是"个人"。不可否认的是，每一个个人都生活在某种团体之中，这些团体有着多种形式。例如，某甲既是"社区"的成员，也是某民族的成员，更是某国家的公民。对于每一个个人来讲，他生活其中的团体有着不可替代的重要价值，这构成了每个人维系相应团体的良好状态之理由。这些都是无法否认的客观事实，但要是就此认为，存在着"团体"这样的特殊"主体"，它们有着自己的独立于其成员利益的利益，这就是一个让人费解的说法。任何类型的"团体"都不过是个人的组合形式，当面对"公司"这样一个团体时，把这个团体所有相关要素都检视一遍，我们也找不到不同于公司成员的"公司"这样的实在主体的存在证据。所谓"公司"只是相关个人基于一定的规则所组成的联合体。"公司"并没有独立于其组成成员的独立的、自身的利益，其存在的价值不过是为了其成员的利益。这么说当然不是试图将团体的利益做彻底工具化理解，即它们只是满足个人需求的工具。它们当然也有其内在价值，例如，一个优美的社区环境有内在价值，对于一个社区成员来讲，生活在一个环境优美的社区之中自身就是有价值的。这里强调的是，团体的利益总是个人的利益的某种特殊表现。所谓有着内在价值的团体利益，其内在价值只能是相对其成员而言的。"并不存在拥有利益的社会实体……存在的只是个体的人，具有他们自己个别的生命的不同的个体的人。"① 公共利益与个人利益的主体都是个人，二者的区别是什么，这个问题无法合理地基于"主体"的区分来解答。

关于公共利益和个人利益的区别，可信的区分标准不是它们的主体，它们的主体是相同的，它们的主体都是活生生的个人。不论是个人利益还是公共利益，都是个人的利益。二者的区别在于它们的内容，所谓个人利益指的是那种个人享有的仅仅关涉每个人自己的利益，而公共利益指的则是那种个人享有的不仅仅关涉自己的利益。这当然还算不上一个定义，还需要解释的是，个

---

① ［美］罗伯特·诺奇克：《无政府、国家和乌托邦》，姚大志译，中国社会科学出版社 2008 年版，第 39 页。

人的某种利益"仅关涉个人自己"与"不仅关涉个人自己"究竟是什么意思。所谓某种利益"仅关涉个人自己"指的是，该种利益具有"效用上的排他性"和"消费上的对抗性"。"效用上的排他性"指的是某种利益就其性质而言只能被归属给特定个人，一旦它被归属给特定个人，便排除了其他人的类似需求。"消费上的对抗性"是指某种利益就其性质而言不可能被所有人无冲突地享有，人们对该利益的享有存在着"你多我就少"的竞争关系。个人利益的典型事例便是所谓"私有财产"。一方面，私有财产就其性质被归属给特定个人，由其独占，排除了其他个人的类似需求。如果一种财产不具有"排他性"，那么它也就不再是私有财产，"排他性的占有和使用"是私有财产的定义性特征。另一方面，私有财产具有消费上的对抗性，财产所有人对财产的使用与其他人存在着竞争关系。让他人消费自己的财产（把自己的手机借给他人使用）必将减少自己的消费份额，私有财产不可能由不同个体无冲突地享有。

"效用上的非排他性"是指，相关利益就其性质而言不可被归属给特定个人，每个人对该利益的享有并不排除其他人享有该利益。"消费上的非对抗性"是指，相关利益就其性质而言可以被不同的个人无冲突地享有，不同的个人对该利益的消费不存在"非此即彼""你多我就少"的竞争关系。具有这两个特点的利益便是公共利益，"公园"便是其典型事例。一方面，公园就其性质不可能被归属给特定个人，也不能被分解为不同的部分由多个个人独占。另一方面，公园就其性质可以被多个个人无冲突地使用，不同个人对公园的使用不存在对抗性。

"效用上的非排他性"与"消费上的非对抗性"可以被合并称

为"不可分配性",这是一个关于公共利益性质的更加简单的表述。结合上述内容,可以为公共利益下一个定义:公共利益指的是就其性质不可拆分成部分来分配给不同个人的利益(不可分配的利益)。① 为了更好地理解这个公共利益定义,需要对其中的两个要点作进一步的限定和解释。

首先,需要解释"就其性质"的含义。所谓公共利益"就其性质"而言不可分配,指的是公共利益在概念上、法律上或者事实上不可分配,从而具有效用上的非排他性与消费上的非对抗性。(1)"事实上不可分配"的公共利益。清洁的空气是一种公共利益,它的不可分配性不是来自概念界定或法律规定。"清洁空气"这个概念并不蕴含"不可分配"的意思,尽管法律上并未承认个人对清洁空气的所有,但个人之所以不能拥有清洁空气,并不是因为法律不允许这样做,而是因为事实上清洁空气无法被个人拥有,法律上的规定只是反映了这一事实。事实上清洁空气被每个人所享有,我们无法将其分配给每个个人,每个人享受清洁空气并不会妨碍其他人有同样的享受。假设法律允许私人拥有清洁空气,清洁空气也会因其事实上的不可分配性而无法被不同的个人分别拥有,这样的法律也因此是一个荒谬的法律。(2)"法律上不可分配"的公共利益。森林是一种公共利益,它的不可分配性不是来自概念界定或其事实上的特征。"森林"这个概念并不蕴含"不可分配"这个含义,森林事实上也可以被分成不同的区块来分配给不同的个人。森林的不可分配性来自法律的规定,立法者基

---

① 参见[德]罗伯特·阿列克西:《法·理性·商谈:法哲学研究》,朱光、雷磊译,中国法制出版社2011年版,第234页。

于特定考虑，禁止将森林划归给个人所有。如果法律改变了规定，允许私人拥有森林，那么森林将不再是不可分配的公共利益。（3）"概念上不可分配"的公共利益。公共汽车是一种公共利益，它的不可分配性不是来自法律规定或其事实上的特征。"公共汽车"作为一种汽车，自身之性质是适合被不同的个人分别拥有的。法律上尽管规定了不允许私人拥有公共汽车，但公共汽车并不是因为法律这个规定而变得不可分配。公共汽车的公益属性来自概念界定，即"公共汽车"这个概念自身就包含了"不可分配"这个内容。假设法律规定可以由私人拥有"公共汽车"，"公共汽车"并不会因为这个规定而变得可以被分配。这是因为此种规定是自相矛盾的，"公共汽车"蕴含了"不可分配"之含义，但这个条文又说公共汽车可以被分配，这相当于说"公共汽车"既可以被分配又不可以被分配，这种矛盾的表述没有意义。想要使其有意义，必须修改这个规定中的"公共汽车"之概念，即立法者所说的可以分配的"公共汽车"不再是通常意义上的"公共汽车"而是"私人汽车"的一种特殊说法。由此立法表述上的矛盾消失了，但这个条文也就不是关于真正意义上的"公共汽车"的权属的法律规定了。

其次，需要限定"不可分配性"的适用场景。所谓公共利益的不可分配性指的是公共利益不能被分解为每个人的份额，它是公共利益的效用上的非排他性与消费上的非对抗性的统称。需要强调的是，这个标准不是绝对的，准确地表述这个标准，需要给它加上一个"在通常情况下""在一般意义上"之类的限定语。例如，房间主人对其房间里的一盏灯享有一种个人利益，它具有效用上的排他性和消费上的对抗性。但不可否认的是，在特定意义上，这盏灯并不具有这两个特点。房间里的灯光投射于屋外，这可以为夜行的路人指引方向，在这个意义上主人对这盏灯的使用并未排除路人（将其作为参照物）的使用，二者对这盏灯的使用也没有竞争关系。对于公共利益而言，它的效用上的非排他性与消费上的非对抗性也是有限度的，不是绝对的。例如，尽管通常来讲"公园"是一种公共利益，但节日期间爆满的公园对于人们便会呈现出效用上的排他性和消费上的对抗性。当公园的游客饱和后，已经进入公园的游客对公园的使用便排除了尚未进入公园的游客对公园的使用，双方存在着消费上的竞争关系，除非先前进入公园的游客离开公园，否则外面的游客便不可能进入公园。类似的情形还有很多，例如，国庆长假期间各地的著名旅游景点，一线城市早高峰时期的地铁、公共汽车。

二、公共利益的三种价值理论

（一）公共利益的价值问题

美国的政治哲学家罗尔斯（John Rawls）在论述正义理论时，区分了正义的"概念"（concept）与"概念观"（conceptions）。[①] 正义的概念指的是"正义是什么"，它回答的是持有不同价值立场的人们都会同意的正义所具有的普遍特征。正义的概念观指的则是"正义为什么是重要的"，它针对的问题是，什么样的正义安排是可欲的。类似地，对于公共利益也可以进行"概念"与"概念观"之区分，前面我们解释的都是公共利益的"概念"，即公共利

[①] John Rawls, *A Theory of Justice*, Harvard University Press, 1999, p. 5.

益是什么,它并不涉及基本价值立场上的区分,不论人们持有何种实质性的价值立场,不论人们持有康德主义、功利主义、至善论或者其他某种价值立场,都会同意上面我们对公共利益的概念所做的界定。即一方面,公共利益是利益的一个子类型,它与所有类型的利益一样,有着心理学、价值论与规范论这三个维度的意义。另一方面,公共利益不同于个人利益,它是不可分配的利益。但这样一个公共利益的概念是缺少实践意义的,或者说仅凭借公共利益的概念不足以解决与公共利益相关的实践议题。就本书讨论的基本权利与公共利益的平衡问题而言,最重要的是要确定公共利益的价值分量,明确它的价值根据。这就要进入公共利益的概念观层面,探讨公共利益的价值理论问题,即公共利益为什么是重要的。

所谓公共利益的重要性指的是它的"证立"维度,这个问题来自前面对公共利益的概念界定,公共利益是"不可分配"的利益,既然公共利益并不能被每个个人所独享,那么它为什么还是重要的?人们或许会很自然地回答道:公共利益对团体(国家、社会、集体)有好处。但正如之前我们已经辨析过的,所谓"对团体有好处"是什么意思呢?并不存在真实的"团体"之实体,它不过是对复数个人基于某种规则的联合的概括。所谓"对团体有好处"还是在某种意义上对组成团体的个人有好处。问题就在于,个人利益给个人带来的好处是直接的,甚至可以说是概念上的,如果个人利益不能为个人带来好处,通常它也就无法被称为个人利益了。公共利益这种并不能被个人所独占、独享的利益给个人带来的好处有何特点呢?它与个人利益给个人带来的好处是什么关系呢?这就要求我们进一步讨论个人利益与公共利益的关联。对这个问题的不同回答代表了不同的公共利益的价值理论，目前有三种代表性的公共利益的价值理论，可将它们分别称为"加总公益观""统合公益观"与"共享公益观"。[1]

（二）加总公益观

第一种代表性的公共利益的价值理论可以被简称为"加总公益观"（aggregationist conception）。它对利益持主观主义理解，个人是他们自己利益的最好的判断者，关于什么是符合个人利益的，最可信的证据就是个人所表达出来的偏好。所谓公共利益并没有独立于个人利益的内涵，它只是复数个人利益的加总结果。

在当代世界，加总公益观或许是有着最广泛影响力的一种公益观，在汉语学界尤其如此，"不特定多数人的利益"甚至被直接当作公共利益的概念定义。[2] 此种公共利益观最早可以追溯到近代思想家霍布斯（Thomas Hobbes）和休谟（David Hume），其最知名的代表人物则是英国思想家边沁。[3] 边沁对利益持主观主义立场，他认为利益的本质就是趋乐避苦，何种事物符合个人的利益，取决于这种事物能否增加这个人的快乐总量，只有个人自己才有资格判断自己快乐或不快乐。所谓公共利益就是这种意义上的个人利益在量上的相加，不可能存在独立于个人利益之外的属于某

---

[1] Virginia Held, *The Public Interest and Individual Interests*, Basic Books, 1970, pp. 42–46.
[2] 参见陈新民：《德国公法学基础理论》（上），法律出版社 2010 年版，第 234 页。
[3] Virginia Held, *The Public Interest and Individual Interests*, Basic Books, 1970, pp. 50–63.

种"公共"主体的利益。①"共同体是个虚构体,由那些被认为可以说是作为其成员的单个人所组成。那么,共同利益是什么呢?它就是组成共同体的不同成员的利益的总和。"②

依照加总公益观,公共利益是全体共同体成员的个人利益的相加,为了考察某"X(物品、事态、行为、关系……)"是否符合公共利益,需要分别考察"X"对所有共同体成员的利益的影响,即"X"是否符合每一个个人的利益。加总公益观预设了利益的主观论,被"相加"的是每个人的净利益,即某种"X"对每个人的快乐总量的影响。某种"X"究竟增加了某人的快乐总量还是减少了他的快乐总量,这在相当程度上受到各种偶然因素的影响,例如相关主体的个性、他所处的环境,这也就是人们通常所说的"众口难调"。我们很难找到某种能够满足所有人的净利益的事物,某种事物总是在满足了一些人的净利益的同时,为另一些人的净利益带来了损失。例如,修建高铁对很多人来讲都是一件有利无害的好事,这将极大方便人们的日常出行,从而增加了这些人的快乐总量,给他们带来了净利益的增加。但对于有些人来讲,例如那些生活在高铁沿线的居民,高铁尽管也方便了他们的出行,但对他们有别的害处,给他们带来了噪声污染,导致他们的房产价值贬损。可能出现的情况是,在利弊权衡之后,修建高铁并未增加他们的快乐总量,而是减少了他们的净利益。在加总公益观看来,尽管增加所有人的净利益是一个无可厚非的政治理

---

① J. A. W. Gunn, "The Bentham and the Public Interest", *Canadian Journal of Political Science*, No. 4, 1968, p. 398.
② [英]边沁:《论道德与立法的原则》,程立显、宇文利译,陕西人民出版社2009年版,第3页。

想,但公共利益无须满足"增加所有人的净利益"这个目标。某"X"只要给共同成员的净利益带来总和上的增长,那便符合了公共利益。依照加总公益观,修建高铁符合公共利益的要求,尽管它减少了一些成员的净利益,但它为其他成员增加的净利益远远超过了它减少的这些净利益,将修建高铁增加的利益与减少的利益加总之后的结果便是,修建高铁提升了共同体的利益总量,因此符合公共利益。

依照加总公益观,为了判断何种事物符合公共利益、何种事物不符合公共利益,最重要的事情就是对某事物所影响的不同个人的利益进行"加总"计算。这个计算过程类似于我们对物理学上的"合力"的计算,类似于我们对相关事件上的流行观点的发现过程。此类计算预设了个人利益的可计算性,即我们可以找到某种尺度来计量相关事物对不同个人的利益的增量或减量。对于持有加总公益观的论者来讲,确实存在着这样的计量标准。边沁列举了利益的度量标准,这分为两种情况,一种是个人利益的度量标准,一种是公共利益的度量标准。[1] 当计算某种事物对个人的利益的影响时,需要考虑该事物增加或减少的快乐(痛苦)的"强度(相关影响的强度)""持续性(相关影响的持续时间)""概率(产生相关影响的可能性)""速度(相关影响发生的时间上的远近)""衍生性(相关影响是否会导致其他的进一步的同类影响)""单纯性(相关影响是否会导致相反的影响)"。在判断公共利益的量的时候,由于公共利益只是个人利益的相加,因此

---

[1] 参见[英]边沁:《论道德与立法的原则》,程立显、宇文利译,陕西人民出版社2009年版,第24页。

基本上采用与个人利益相同的计量方法,只是多了一项,即"广度(也就是相关影响涉及的人员数量)"。尽管边沁对利益评估提出了一套足够细致的标准,但这个标准仍然面临缺少可操作性的问题。困难在于,边沁的标准衡量的是相关事物对个人的快乐和痛苦的影响,这个标准的运作前提之一就是,我们能够确切地知道每个人的快乐或痛苦的真实状态。一件事情发生后,每个人对它的快乐或痛苦之感受往往是不同的,甚至截然相反,这具有极高的偶然性。例如,对于某位相声演员的表演,有的人非常喜欢,有的人感觉一般,有的人则很讨厌。只有每个人自己才知道自己到底是喜欢还是讨厌他,以及有多么喜欢或者多么讨厌。我们没有办法坐在屋子里想象相关事物对每个人的苦乐产生的影响,而是需要某种可操作的类似于问卷调查之类的统计方法。在这方面,现代经济学学者进行了颇有建树、高度系统化的尝试,他们基于个人的行为偏好来统计个人的苦乐,基于真实或假想的个人对相关事项的"支付意愿"来计算偏好的强度。[1] 例如,公司要求员工加班一个小时,这将为员工带来一定的痛苦,因而减损其利益。对于员工利益受到减损的具体的量,这可以通过回答这样一个问题来解决,即公司支付多少费用会使得员工愿意接受加班。

(三)统合公益观

统合公益观将公共利益理解为一种道德概念,依照该种公益观,公共利益为我们提供了统一的道德判断框架,它指引所有个人的行动,尽管这些个人或许并没有意识到它。如果某种措施、

---

[1] Anthony E. Boardman, David H. Greenberg, Aidan R. Vining, and David L. Weimer, *Cost-Benefit Analysis: Concepts and Practice*, Prentice Hall, 2011, Ch. 1.

决定或安排真的符合了公共利益，那么该措施、决定或安排就不可能违背个人的利益，符合公共利益的东西也一定符合个人的利益。现实生活中的某些人或许会认为，某种措施尽管符合公共利益，但违背他们的个人利益。依照统合公益观，这种看法尽管是一个存在于社会生活中的事实，但不可能是正确的。有些人之所以认为公共利益与个人利益存在冲突，那是因为他们被私欲、情绪等非理性因素蒙蔽了双眼，看不到自己真正的利益所在。如果他们能够看到真正符合自己的利益的事情是什么，他们会发现，自己的利益与公共利益完全一致，没有任何冲突的可能性。依照统合公益观，真正有价值的东西一定是普遍的、无所不在的。个人的利益不仅不可能正当地与公共利益冲突，不同的个人之间也不存在真正的利益冲突。统合公益观预设了一个普遍的道德秩序，就该种道德秩序的性质而言，它不可能一方面主张某个人的利益是正当的、善的，另一方面又主张与该个人利益相冲突的其他的个人利益也是正当的、善的。所谓利益冲突只能是"不真正"意义上的，如果人们真的认识到自己的利益，就不可能彼此都认为自己的利益正当地与他人的利益相冲突。

　　统合公益观对利益的理解与加总公益观正相反对，它对利益持有一种客观主义理解，认为利益具有独立于个人喜好的客观价值。并且它对价值的理解还体现了一种价值一元化的理论，价值不仅是客观的，还是统一的，不同价值之间是和谐的、无冲突的，呈现为一种固定价值秩序。所谓"公共利益"（古代世界更经常地使用"至高善"之类的表述）便是价值体系中的统合要素，它统合了政治共同体中的所有其他的善，是所有善中的至高者。该种公益观对于现时代来讲或许是比较陌生的，但它在我们的古代世界极为流行。在不同的思想家那里都可以明显地看到关于此种公益观的论述,都可以看到这些论述所体现的价值一元论立场。

在古希腊思想家柏拉图看来,人们形成社会组织的目标是增进人们的统一性,此种统一性代表了真正的共同利益。柏拉图在谈到城邦的立法目的时说道:"我们的立法不是为城邦任何一个阶级的特殊幸福,而是为了造成全国作为一个整体的幸福。它运用说服或强制,使全体公民彼此协调和谐,使他们把各自能向集体提供的利益让大家分享。而它在城邦里造就这样的人,其目的就在于让他们不致各行其是,把他们团结成为一个不可分的城邦公民集体。"① 不仅如此,柏拉图认为,增进统一性并不以牺牲个人利益为代价,真正的个人利益是与统一性相融洽的那种利益,这个看法最能代表柏拉图心目中的公共利益到底是什么。"对于一个国家来讲,还有什么比闹分裂化一为多更恶的吗?还有什么比讲团结化多为一更善的吗?……当全体公民对于养生送死尽量做到万家同欢万家同悲时,这种同甘共苦是不是维系团结的纽带?……一个国家最大多数的人,对同样的东西,能够同样地说'我的''非我的',这个国家就是管理得最好的国家。……这个国家不同于别的任何国家,在这里大家更将异口同声歌颂我们刚才所说的'我的'这个词儿。如果有任何一个人的境遇好,大家就都说'我的境遇好',如果有任何一个人的境遇不好,大家就都说'我的境遇不好'。……(这种一致性)是一个国家的最大

---

① [古希腊]柏拉图:《理想国》,郭斌和、张竹明译,商务印书馆1986年版,第279页。

的善。"①

古希腊思想家亚里士多德认为，任何政体的目的都是追求道德上的善，政治团体（城邦、国家等）所追求的善是一切善中最高的、最广的，它统合了其他所有的善。"我们见到的每一个城邦（城市）各是某一种类的社会团体，一切社会团体的建立，其目的总是为了完成某些善业——所有人类的每一种作为，在他们自己看来，其本意总是在求取某一善果。既然一切社会团体都以善业为目的，那么我们也可说社会团体中最高而包含最广的一种，它所求的善业也一定是最高而最广的：这种至高而广涵的社会团体就是所谓'城邦'，即政治社团（城市社团）。"② 在亚里士多德看来，任何不追求共同利益的政府都不是正当的政府。与柏拉图一样，亚里士多德认为一个社会的共同利益对社会中的所有人都是最好的。"对个人而言的善"与"对所有人而言的善"既无冲突也无矛盾，"各个部分的善德必须同整体的善德相符"③。这是因为每个人都不可能独立于团体而独自生活，只有在政治共同体之内个人才能成其为个人。正是在这个意义上，亚里士多德说出了这样一段经常被引用的话："城邦（虽在发生程序上后于个人和家庭），在本性上则先于个人和家庭。就本性来说，全体必然先于部分；……（个人只是城邦的组成部分）每一个隔离的个人都不足以自给其生活，必须共同集合于城邦这个整体（才能大家满足其

---

① ［古希腊］柏拉图：《理想国》，郭斌和、张竹明译，商务印书馆1986年版，第197—200页。引文中的着重号为作者所加。
② ［古希腊］亚里士多德：《政治学》，吴寿彭译，商务印书馆1965年版，第3页。
③ ［古希腊］亚里士多德：《政治学》，吴寿彭译，商务印书馆1965年版，第41页。

需要)。凡隔离而自外于城邦的人……他如果不是一只野兽,那就是一位神祇。"①

统合公益观不仅对古代人有吸引力,近代仍有其回声。德国哲学家黑格尔认为,价值得以被理解的普遍秩序浸没在时间之中,人类历史的展开揭示了它。公共利益代表了一个融贯的价值秩序,所有个人利益最终都与其和谐共存。"国家是伦理理念的现实……由于国家是客观精神,所以个人本身只有成为国家成员才具有客观性、真理性和伦理性。结合本身是真实的内容和目的,而人是被规定着过普遍生活的;他们进一步的特殊满足、活动和行动方式,都是以这个实体性的和普遍有效的东西为其出发点和结果。"②尽管现代国家允许个人追求自己的利益,并正因如此使得现代社会释放出了无与伦比的能量,现代国家也从中获得了前所未有的能力,但普遍的利益仍然符合所有人的利益。"国家是具体自由的现实;但具体自由在于,个人的单一性及其特殊利益不但获得它们的完全发展,以及它们的权利获得明白承认(如在家庭和市民社会的领域中那样),而且一方面通过自身过渡到普遍物的利益,他方面它们认识和希求普遍物,甚至承认普遍物作为它们自己实体性的精神,并把普遍物作为它们的最终目的而进行活动。其结果,普遍物既不能没有特殊利益、知识和意志而发生效力并底于完成,人也不仅作为私人和为了本身目的而生活,因为人没有不同时对普遍物和为普遍物而希求,没有不自觉地为达成这一普遍物的目的而活动。现代国家的原则具有这样一种惊人的力量和深

---

① [古希腊]亚里士多德:《政治学》,吴寿彭译,商务印书馆1965年版,第8页。
② [德]黑格尔:《法哲学原理》,范扬、张企泰译,商务印书馆1961年版,第253—254页。

度，即它使主观性的原则完美起来，成为独立的个人特殊性的极端，而同时又使它回复到实体性的统一，于是在主观性的原则本身中保存着这个统一。"① 黑格尔认为，普遍利益是所有真实的特殊利益的实质。"国家的目的就是普遍的利益本身，而这种普遍利益又包含着特殊的利益，它是特殊利益的实体。"② 个人在完成普遍利益的要求并履行义务的同时也实现了其特殊利益。"个人无论采取任何方式履行他的义务，他必须同时找到他自己的利益，和他的满足或打算。"③

（四）共享公益观

公共利益的第三种价值理论可以被简称为"共享公益观"，在它看来，公共利益既不是个人利益的加总，也不是道德正确和错误的终极尺度。"公共利益"不过就是一种个人利益，只不过是个人利益中的比较特殊的一个，即那些被不同的人们彼此共享的利益，它是相关共同体的所有成员共同拥有的利益。共享公益观与统合公益观一样，对利益持有一种客观论立场。④ 否则的话，如果像加总公益观那样持有主观利益论，那就很难发现符合所有人利益的事物。只有承认利益有着独立于个人喜好的客观价值，才可能存在某种对所有社会成员都有益的事物，才会存在所有人的利益都能够从中得到某种程度上的满足的社会条件。例如，人们一

---

① ［德］黑格尔：《法哲学原理》，范扬、张企泰译，商务印书馆1961年版，第260页。
② ［德］黑格尔：《法哲学原理》，范扬、张企泰译，商务印书馆1961年版，第269页。
③ ［德］黑格尔：《法哲学原理》，范扬、张企泰译，商务印书馆1961年版，第262页。
④ John Finnis, *Natural Law and Natural Rights*, Oxford University Press, 1980, p. 155.

般都有活着的需求，也有少数人没有这个需求，但活着仍然是每个人的重要利益。活着之所以构成所有人的利益，是因为活着体现了一种独立于个人喜好的客观价值，即生命这个价值，它是一种善，对所有人都是善的，不论相关人员是否喜欢它。也正因为活着是所有人的客观利益所在，保障人们生命的相关社会条件（警察系统、消防系统）便成为所有人共享的利益。如若不然，如果活着仅仅具有主观价值，它仅对于那些想活着的人才有价值，对于那些不想活着的人没有价值，那么活着就不必然是所有人在所有时刻都有的利益。相应地，"警察""消防"等意图保障人们生命的社会制度也就构不成所有人共享的利益，它只是那些想活着的人共享的利益，那些不想活着的人没有这个利益。这些人们都依赖的共同生活条件对所有人都有价值，这就为所有社会成员通过某种形式（消极或积极）的合作来实现或维系这些条件提供了理由。共享公益观强调人们过共同生活的必然性，以及人们为了维系共同生活进行合作的必要性，在它眼中公共利益就是"人们作为共同体成员共同享有的利益"[1]。

共享公益观避免了加总公益观必然会面对的加总问题，共享公益观将公共利益立基于人们非冲突的、一致的利益，它在确认公共利益时不必对个人彼此冲突的利益进行裁断。尽管从现实的角度看，我们在识别何种利益是公共利益时，往往是通过观察民众的投票、表决结果来判断的，但"多数决"并不是共享公益观意义上的公共利益的实质，而只是认定它的操作手段，公共利益的实质是人们共同拥有的利益。共享公益观的代表人物是法国启

---

[1] Brian Barry, *Political Argument*, Harvester Wheatsheaf, 1990, p. 190.

蒙思想家卢梭（Jean-Jacques Rousseau），他正是如此来理解公共利益的本质的。"使意志得以公意化的与其说是投票的数目，倒不如说是把人们结合在一起的共同利益；因为在这一制度中，每个人都必然地要服从他所加之于别人的条件。这种利益与正义二者之间可赞美的一致性，便赋予了公共讨论以一种公正性；但在讨论任何个别事件的时候，没有一种共同的利益能把审判官的准则和当事人的准则结合并统一起来，所以这种公正性也就会消失。"①

共享公益观具有规范性的意义，依照它公共利益构成了评判人的行为的一个尺度，但它与统合公益观是不同的。这表现在，共享公益观眼中的公共利益这个尺度不是最终的、至高的。共享公益观承认评判尺度的多元性，或者说，承认人们拥有的利益并非一种，而是多种，而这多种利益之间存在着冲突的可能性，没有一种利益能够当然地占据决定性的地位。"每个人作为人来说，可以具有个别的意志，而与他作为公民所具有的公意相反或者不同。他的个人利益对他所说的话，可以完全违背公共利益；他那绝对的、天然独立的生存，可以使他把自己对于公共事业所负的义务看作是一种无偿的贡献，而抛弃义务之为害于别人会远远小于因履行义务所加给自己的负担。"② 19 世纪的德国法学家耶利内克（Emil Jellinek）也基于共享公益观对公共利益（共同利益）与个人利益的关系进行了解说："共同利益不同于个人利益的总和，尽管共同利益总是与个人利益水乳交融。……共同利益其实是基于占统治地位的时代观念和一个国家的特殊情况、从个人利益的

---

① ［法］卢梭：《社会契约论》，何兆武译，商务印书馆1980年版，第43页。
② ［法］卢梭：《社会契约论》，何兆武译，商务印书馆1980年版，第28页。

纷争中抽离出来的总体利益，它甚至会作为异质的或者敌对性的利益与个人利益相对立，甚至必须经常对立。"①

共享意义上的公共利益由所有共同体成员共享，它是一种共同利益，构成了性质上有别于个人利益的特殊利益类型，"社会和谐""文化宽容""经济繁荣""公共安全""公共秩序""国防安全""公共交通""医疗系统"等是其典型事例。在长久以来流行的"公意"理论、人民主权学说的影响下，有时候人们甚至会说，政治系统作为一个整体符合所有公民的利益。在这种意义上，政治系统的各种具体运作状况都是符合公共利益的。

依照共享公益观，公共利益是所有共同体成员普遍地、共同地享有的利益，但由于共享公益观并不试图将公共利益神化为终极的善，它只是将公共利益视为人们享有的利益类型之一，因此它并不当然地凌驾于其他利益类型之上。共享公益观的此种立场就导致了不同的共同体成员对同一种公共利益可能会有着不同的享受程度。之前我们区分了利益的两个考察角度，一个是整体的角度，一个是部分的角度。基于前者我们看到的是个人的利益整体，或者说个人的净利益；基于后者我们看到的是个人的利益之部分，或者说个人的要素利益。结合这个区分，在公共利益作为个人利益的一个组成部分的意义上，即在要素利益的意义上，公共利益对所有成员都具有相同的意义和价值，即它们是所有成员的个人生活之展开都仰赖的社会生活条件。但从个人的利益的整体角度来看，即在人们的净利益的意义上，我们需要把各个公共

---

① [德] 格奥格·耶利内克：《主观公法权利体系》，曾韬、赵天书译，中国政法大学出版社 2012 年版，第 63 页。

利益置入不同个人的利益网络中，考察它们对不同个人的特殊生活规划所产生的整体影响。我们不可避免地会发现，在不同个人的生活中，同一种公共利益扮演着不同的角色，有着不同的意义和分量。例如，国家通过提高进口汽车的关税来保护本国的汽车行业，此种做法有利于保证本国的经济生产具有良性的结构，避免在某些领域过分依赖外国，促进本国经济整体上的繁荣，因而体现了一种重要的公共利益，所有社会成员都因此而受益。对于有些成员来讲，该公共利益仅意味着好处，并未对他的其他利益产生影响，从这些成员的净利益的角度看，提高进口汽车关税的做法也是符合其利益的。但对于另一些成员来讲，例如那些打算买进口车的人以及销售进口汽车的商家，提高进口汽车的关税带来的不仅不是好处，还会导致他们的其他利益受损。这会提高消费者的购车成本，降低经销商的销售业绩，如果这种损失达到一定程度，国家提高进口汽车关税的政策将不符合他们的净利益。

一般来讲，对于国家为了贯彻某种公共利益而采取的具体措施而言，由于它为不同个人带来的损失和受益是确定的，在公共利益的这个层面，人们仅存在共同的要素利益，很难有共同的净利益，即并不是所有人的整体利益都因此而得到提高。疫情暴发时的"防治瘟疫"作为一种维护公共健康的具体手段，人们对此有着共同的要素利益。但防治成功后，相关医疗物资的需求降低了，这会减少某些医药从业者的经济收益，这样看来，战胜这场瘟疫就不符合所有人的净利益。我们或许只能在公共利益的一般性的规则和政策层面发现人们共同的净利益。[①] 例如，对于法官依

---

① Brian Barry, *Political Argument*, Harvester Wheatsheaf, 1990, pp. 196-198.

据《刑法》作出的一个具体的死刑判决而言，人们不可能有共同的净利益。情况很明显，被判处死刑的人以及关心他的亲友等人士并没有因此而获得整体利益上的改善。但就这个死刑判决依据的一般性规则（《刑法》中规定的"故意杀人的，处……死刑"）而言，在脱离个案的情况下，我们可以说人们对这个规则有着共同的净利益。正如卢梭所言："正是为了不至于成为凶手的牺牲品，所以人们才同意，假如自己做了凶手的话，自己也得死。"①

第三节 公共利益的"平衡"检验

上一节的主题是公共利益的概念及其三种价值理论，分别讨论了公共利益是什么以及公共利益的价值基础问题。本节将讨论公共利益在何种意义上可以与权利相平衡，这个问题分为两个层次，分别涉及公共利益的概念层面与价值层面。前者涉及的问题是，公共利益就其性质而言是否排斥与权利的平衡；后者涉及的问题是，公共利益的价值根据是否排斥与权利进行平衡。

一、公共利益的概念与平衡

在概念层面，公共利益通过与个人利益相区分而展现自身的独特性，公共利益是"不可分配"的利益，个人利益则是"可分配"的利益。所谓"公共利益的不可分配性"有两重含义：其一，

---

① [法] 卢梭：《社会契约论》，何兆武译，商务印书馆1980年版，第46页。

公共利益具有效用上的非排他性，某一个个人对公共利益的享有并不排除其他个人对公共利益的享有；其二，公共利益具有消费上的非对抗性，某一个个人对公共利益的享有通常情况下并不减少其他个人对公共利益的享有。但"不可分配性"仅仅指出了公共利益与个人利益的区别，仅考虑公共利益的"不可分配性"，并不能够使我们知道公共利益就其性质而言可否被平衡。为了知道公共利益在何种意义上成为平衡的对象，需要知道公共利益的"不可分配性"是何种意义上的，为此需要考察公共利益的"利益"属性。

"利益"有心理学、价值论以及规范论三个层面的意义，公共利益分享了利益的一般特征，也同样具有这三个层面的意义。它指称人们特定类型的行动需求、有价值的行动以及义务的理由。心理学意义上的公共利益仅指一种关于如何行动的需求，这是一种事实，基本权利则具有一种规范性的地位，这种意义上的公共利益与基本权利之间有着范畴上的差异。如果有人说"基本权利与公共利益的平衡"中的"公共利益"是心理学意义上的公共利益，那将会犯下一个范畴上的错误，这样做就相当于把分别处于"应然"与"实然"这两个不同层次的事物放在一起平衡。一方"需要A"与另一方"应当做非A"之间并不存在冲突，也自然不存在通过平衡来解决冲突的必要性。例如，人们"需要公共秩序免受他人发布的未经证实的疫情消息的破坏"与"国家应该保障人们自由地表达言论"之间并不存在冲突。真正存在冲突的是，受到国家保护的某甲实际发表了某种未经证实的疫情消息，由此破坏了公共秩序，甲的这个事实上的行为与人们事实上对公共秩序的需要之间是冲突的。

价值论意义上的公共利益表达的是"善"之理念，公共利益的这个价值论意义自身具有分量维度，就此可以比较不同公共利益之间何者更为重要。但这种意义上的公共利益仍然与权利之间存在着范畴上的差异，权利是一种规范性的概念，它表达的是基于个人利益让他人负担义务的实践推理过程，规范性的事物与价值事物不存在冲突的可能性，自然也无须通过平衡来解决冲突。例如，"公共秩序是有价值的"是"公共秩序"这种公共利益的价值论意义，"公共秩序是有价值的"与"国家应该保障人们自由地表达言论"之间并没有冲突的可能，前者仅仅是价值判断，并不涉及行动问题，自然不可能与后者这种行动要求发生冲突。

规范论意义上的公共利益指的是公共利益这种善构成了让人们负担义务的理由，它作为一种让相关主体负担义务的理由自身并不等于某主体实际负担的义务，就公共利益的这个性质来讲，它没有在概念上排除与其他规范性要求发生冲突的可能性。这种意义上的公共利益与权利属于同一个范畴，它与权利存在着冲突的可能性。所谓"权利与公共利益的冲突"，如果它确实存在的话，它指的就是权利与这种意义上的公共利益的冲突。如果说权利与公共利益之间存在冲突，只可能这样来解释该冲突的性质，即权利与公共利益为同一个主体负担两个相冲突的义务要求分别提供了理由，这两个义务无法同时被满足，满足其中一个必然意味着无法满足另一个。[1] 在这种冲突情境中，相关主体必须决定，

---

[1] 美国学者沃尔德伦认为，所谓权利冲突实际上指的是两种权利对同一个主体（一般是法官之类的公主体）提出了两个相冲突的义务，同样的道理也适用于解释权利与公共利益的冲突。Jeremy Waldron, *Liberal Rights: Collected Papers (1981-1991)*, Cambridge University Press, 1993, p. 205.

构成这两个义务的价值基础的个人利益与公共利益哪一个更为重要，即通过平衡权利和（规范意义上的）公共利益来解决这个冲突。

具体到宪法领域，基本权利与公共利益的冲突也只可能体现在"同一个主体负担着两个分别由基本权利和公共利益支持的义务"这种情境中。例如，宪法上的言论自由权为国家负担不侵犯、保护公民发表言论等义务提供了理由，公共秩序之类的公共利益又为国家负担禁止公民发表扰乱公共秩序的言论之义务提供了理由。在相关情况中，"保护公民自由发表言论"义务与"禁止公民发表特定言论"义务无法同时得到履行，履行其中一个义务必然以放弃另一个义务为代价。面对这种情况，法官作为国家在此问题上的代言人，需要平衡特定情况中分别支持这两个义务的理由，即言论自由与公共秩序，以此来决定让国家负担哪一个义务、放弃哪一个义务。

二、公共利益的价值与平衡

规范论意义上的公共利益与基本权利属于同一范畴，公共利益并不蕴含主体实际负担的义务，而是蕴含着相关主体负担义务的理由，因此公共利益就其性质而言并未排除与基本权利发生冲突的可能性，相应地也没有排除通过平衡二者来解决冲突的可能性。这种可能性只可能因为一种情况而消失，即法律将保护"公共利益"视为绝对的要求，不允许以个人的权利为名予以凌驾。这就涉及在法律上应该如何理解公共利益的价值基础，是否有足够的理由把"公共利益"绝对化。上一节我们讨论了公共利益的三种代表性价值理论（这或许穷尽了公共利益的价值理论类型），下面将分别讨论它们对于"平衡公共利益"的态度并对它们进行评判。

（一）加总公益观与平衡

依照加总公益观，公共利益的价值根据在于共同体所有个体成员的快乐的加总，如果"X（物品、行为、关系、事态……）"提升了共同体所有个体成员的快乐的总量，或者避免了共同体所有成员的快乐总量的减少，那么"X"便符合公共利益。加总公益观立基于价值的主观论，个人的快乐（避免痛苦）是价值的实质，是唯一有内在价值的事物。个人不同的快乐之间存在着冲突，例如，看一场电影会带来快乐，但代价是财产的减少，这意味着某种不快乐，对一个人来讲，应该如何行动就取决于哪种行为能够增加快乐的总量（或者避免减少快乐总量），这构成了个人行为的正当性之标准。在不同个人的快乐之间也会有冲突，某些人在公共汽车上吃大蒜，这为他带来了快乐，但大蒜的气味会冒犯另一些人，给他们带来不适，减少了他们的快乐。对于共同体来讲，应否禁止此种行为就取决于哪种做法能够增加共同体成员的快乐总量（或者避免减少快乐总量），这构成了集体行为的正当性之标准。在冲突情境下，为了判断某种选择是否增加（个人或集体的）快乐总量，需要在不同快乐之间进行分量上的比较，这是一个平衡的过程。只有当某种行为带来的快乐足以抵消它带来的不快时，该种行为才是正当的。加总公益观不排斥平衡，由于公共利益的加总计算总是涉及对不同个人的快乐的比较，甚至可以说加总公益观内在地要求平衡。但要注意的是,我们这里考虑的不是作为公共利益自身的构成要素的平衡,而是考虑公共利益能否与权利相平衡,对于这种意义上的平衡(公共利益与权利的平衡),加总公益观的回答是否定的。

加总公益观是功效主义在公共利益上的具体主张,在功效主义这里,公共利益只有一种,即共同体成员的快乐总量的增加(或免于减少)。各种通常为被称为"公共利益"的事物,准确来讲其实指的是实现公共利益的不同手段,例如,"交通安全"自身并不是公共利益,维护"交通安全"是增加共同体快乐总量的手段,它符合(实现)了公共利益。在功效主义看来,所谓个人权利,就其作为一种对他人的规范性要求、作为一种为他人负担义务提供理由的规范性地位而言,不过就是集体行动选择的一种表现形式。个人在特定情况下是否享有权利,这就取决于这样做能否增进共同体的快乐总量,个人权利并不外于、独立于公共利益而存在,恰恰相反,个人的权利就是公共利益的产物,是公共利益的实现手段之一。对于权利与公共利益的此种"手段-目的"关系,功效主义的代表人物之一、英国思想家密尔说得非常清楚:"拥有一种权利,就是社会应当保护某个人拥有某种东西。假如反对者接着问,为什么社会应当保护某个人拥有某种东西?那么我能给出的理由就唯有社会功利。"[1]

在加总公益观看来,权利不过是实现公共利益的手段,手段与目的之间不存在冲突的可能性,自然也不涉及平衡问题。而通

---

[1] [英]约翰·密尔:《功利主义》,徐大建译,上海人民出版社2008年版,第55页。

常人们所说的"权利与公共利益的冲突和平衡"其实并不是真正地发生在权利与公共利益之间,而是发生在权利与其他实现公共利益的手段之间。例如,国家为了保护环境禁止农民焚烧秸秆,这通常被视为权利与公共利益相冲突的一个例子,即农民的财产权与清洁空气这个公共利益之间的冲突。但在加总公益观看来,不论是农民的"财产权"还是维护"清洁空气"都不过是实现公共利益的手段,都只有在有利于国民幸福(快乐)总量最大化的意义上才能得到国家的支持。为了维护空气质量禁止焚烧秸秆(限制财产权),当然会对经济有所影响,但如果改善环境带来的好处大于它的这个副作用,那么"禁止焚烧秸秆"才是符合公共利益的,相比于"允许焚烧秸秆","禁止焚烧秸秆"增加了国民幸福总量。既然公共利益要求"禁止焚烧秸秆",作为其产物的财产权的内涵也随之改变,不再包含"可以焚烧秸秆"这个内容。

对于加总公益观,人们可能会从很多角度进行批评,例如有学者认为,加总公益观认同的"公共利益"只是多数人的利益,此种公共利益并未涵盖所有社会成员,以牺牲少数成员为代价的利益算不上真正的"公共"的利益。[1] 有论者认为,加总公益观将公共利益立基于对社会成员的偏好的加总计算,但实际上,此种加总计算只能够适用于有限的情境。一旦相关情境中的待选项超过2个,那么就不可能从不同社会成员对这些选项的多样化偏好排序中加总计算出符合多数人利益的选项。[2] 但这些都算不上加总公

---

[1] J. W. Roxbee Cox, "The Appeal to the Public Interest", *British Journal of Political Science*, Vol. 3, No. 2, p. 229 (1973).
[2] Kenneth J. Arrow, *Social Choice and Individual Values*, Yale University Press, 1963, p. 59.

益观的真正缺陷,加总公益观真正让人无法接受的缺陷在于,它无视个人权利的重要性。在公共利益加总计算过程中,数量起到决定性作用,只要某一种选项符合了多数人的意愿,为此牺牲少数人、牺牲个别人的利益便是理所应当的事情。① 权利就是此种计算的结果,它没有与公共利益相抗衡的能力。

加总公益观将公共利益视为目的,权利则被视为实现该目的的手段,此种意义上的公共利益排除了与权利相平衡的可能性,当手段不能实现目的的时候,唯一的选择当然是改变手段。这种观点完全忽视了每个人具有的"分立性",将个人完全作为实现他人目的的手段,因此无法成立。②

(二)统合公益观与平衡

统合公益观将公共利益理解为一种"凌驾"性利益,它超越了个人利益的冲突,并对此种冲突进行协调。统合公益观明显持有一种价值的客观论,基于此种价值观,一个人的利益或者一个群体的利益不是来自他们的主观偏好,而是来自这样一种理论,即那种关于"在理想层面他们应该要什么或者什么对他们好"的理论。统合公益观与加总公益观一样,都将公共利益视为共同体进行集体行动选择时的决定性因素。二者的差别在于,加总公益

---

① Virginia Held, *Rights and Goods: Justifying Social Action*, The Free Press, 1984, p. 144.
② 有可能存在这种情况,即人们一方面接受加总公益观,另一方面又将权利独立于公共利益。这种看法也正是第一章中讨论过的诺奇克和德沃金的看法,他们在个人利益加总的意义上理解公共利益,但认为权利独立于、外于公共利益而存在,权利是对抗公共利益的理由,为国家的相关行为划定了不可逾越的界限。不过,依照这种观念,权利与公共利益也是不可平衡的。由于前面已经批评过这种权利观,因此这里不再考虑这种观点。

观并不认为存在着某种全社会成员共享的利益,个体成员的利益冲突是必然的、不可避免的。统合公益观与此相反,它相信可以超越个体成员的利益冲突。为了实现这一点,统合公益观提供了两个方案:其一,找到并向公众提供一种让所有人都满意的公共政策;其二,将某些个人利益预先规定为不正当,排除在集体行动选择的考量范围之外。前一个选择明显不具有现实的可操作性,只能是一种理想,一种永远无法实现的理想;后一个选择具有可操作性,事实上也经常被人们主张和使用。第二个选择把公共利益与人们的实际需求相分离,这就带来了一种家长主义的危险,强迫人们接受他们并不想要的东西。

统合公益观预设了存在着这样一种统合性的道德理论体系,该理论体系具有内在一致性,要求人们普遍服从。在该种道德理论看来,广泛存在于社会生活中的那些人际的利益冲突尽管看上去好像无法避免,但这都是假象。真实的情况是,冲突中的一方或者双方受到了误导,甚至是在追求某种邪恶的目标。如果当事人能够认识到他们的真正利益所在,他们之间就不会发生冲突。[1] 依照统合公益观,公共利益代表了人们的真正利益所在,此种利益凌驾了所有可能与其相冲突的考虑,"公共利益高于一切"。这也就意味着在这种公共利益面前,权利没有与其讨价还价的余地,所谓权利与公共利益之间的冲突,在冲突发生之前就已经预定了结论,即公共利益必然胜出。

在理想的意义上,我们或许可以接受存在着所有人都赞同的终极的利益,此种利益超越了现实的冲突和斗争。但对于现实的

---

[1] Virginia Held, *The Public Interest and Individual Interests*, Basic Books, 1970, p. 156.

集体行动来讲，此种利益是不可发现的，在无法认知的情况下仍然坚持此种公共利益观，其结果就是会造就一个压制性的社会系统，即用社会中的特定群体的意愿作为所有人的"真正的利益"。① 在这种意义上，统合公益观也不足为训。

（三）共享公益观与平衡

依照共享公益观，公共利益是所有共同体成员共同享有的利益，在这一点上公共利益不同于每个人的个人利益，后者是每个人自己享有的利益，并不与他人分享。加总公益观和统合公益观都赋予了公共利益以终极正确尺度之内涵，符合公共利益的行为就是最终正确的，违背公共利益的行为均为错误。共享公益观与它们不同，共享公益观尽管承认"公共利益"为集体行动提供了理由，具有客观意义，它并非个人的主观喜好的加总，但它并不认为公共利益对于集体行动的是非正误具有决定性的意义。这在根本上是因为共享公益观对"利益"的价值属性既不像加总公益观那样持有纯粹的主观论立场，也不像统合公益观那样持有纯粹的客观论立场，它认为利益在价值上既有主观性也有客观性。

英国政治哲学家巴利（Brain Barry）关于共享公益观的价值立场的阐述最具代表性，他认为，当相关行动增加了人们获得他们自己想要的东西的机会时，该行动便符合人们的利益。② 巴利的这个界定意味着，具体目标的选择对个人而言是一个主观的事情，例如，成为一名科学家、报考某所大学、向某家企业求职、选择

---

① Aileen McHarg, "Reconciling Human Rights and the Public Interest: Conceptual Problems and Doctrinal Uncertainty in the Jurisprudence of the European Court of Human Rights", *The Modern Law Review*, Vol. 62, p. 676 (1999).

② Brain Barry, *Political Argument*, Harvester Wheatsheaf, 1990, Ch. 10 – 14.

与某人结婚,对此并不存在客观的评价标准来判断何种具体目标是好的,这完全取决于相关个人自己的喜好。但不论人们选择何种具体的生活目标,这些目标的实现总是需要一系列条件来保障,例如,为了实现成为一名相声演员这个目标,人们需要活着、身体健康、充分的资讯、相关的社会环境(存在相关的相声表演市场、培训机制等),这些条件的价值是客观的,不依赖个人的好恶而对个人具有价值。正是由于共享公益观在利益价值上的主、客观相结合的立场,共享公益观并不将公共利益视为决定性的集体行动理由。这是因为,社会成员的具体生活目标是多样的、殊异的,并没有一个或几个适用于所有人的统一的"生活模板"。人们为了实现这些生活目标所需要的共同生活条件也是多样的,这些共同生活条件为人们开展各种可能的生活规划提供了条件,但不是所有生活规划都同样地需要这些共同生活条件,也因此,很难说有哪一种共同生活条件(公共利益)具有压倒性的、至高无上的、不可触犯的规范性地位。例如,安静的、没有噪声的生活环境对于某些生活规划的实现是很重要的(例如从事学术创作),尽管不是所有人都会选择这种生活规划,但人们都会同意,一旦选择学术创作之类的生活规划,一个安静的生活环境就是实现此种规划目标所必需的,在这个意义上"安静的生活环境"具有独立于个人喜好的客观价值。但人们也会同意,不是所有人都会选择学术创作这种对"安静"有较高要求的生活规划目标,它只是人们可能选择的诸多生活规划中的一个,它在可能成为人们的生活规划的选项里,并不当然地具有至高无上的地位。如果一个人选择了"演奏钢琴"这样的生活目标,也同样是可赞许的,并不天然地比"学术创作"劣等。在人们可能选择的这些不同的生活规划之间有发生冲突的可能性，例如，某甲在房间里练习钢琴演奏会产生噪声，会破坏安静的生活环境，并因此使得与安静的生活环境相关联的他人的某种生活规划（学术创作等）受到负面影响。与此类似，某甲拥有一座被归类为"古代建筑"的住房，他想要对其进行装修，这本身是一种个人的生活规划，即装饰一座自己理想中的房屋，但这个做法会对某种共同生活条件产生负面影响，会破坏"保护历史文物古迹"这个公共利益，维护这个公共利益（保存、弘扬历史文化传统）自身又构成了某些人的生活规划的选项。在这两种生活规划之间并没有天然的优劣之别，在面对它们的冲突时，并不能当然地断定二者之一（例如保护历史文化传统）居于绝对优先的地位。

共享公益观将公共利益视为一种有着客观价值的事物，但它只是人们生活中有价值的事物之一，并不代表着终极的、最高的价值。当公共利益与其他有价值的事物相冲突的时候，需要结合具体情境来比较衡量冲突双方的分量，以此来得出如何行动的结论。这样看来，共享公益观意义上的公共利益并不排斥"平衡"，当我们在言说"基本权利与公共利益的平衡"的时候，其中的"公共利益"更适合在共享公益观的意义上来理解。

第三章　平衡的概念及相关的实质性判断

在第一章和第二章中,我们分别讨论了"基本权利与公共利益的平衡"中的"基本权利"要素与"公共利益"要素,分别论证了基本权利和公共利益的"可平衡性"。本章将讨论"基本权利与公共利益的平衡"的第三个要素,即"平衡"要素。第一节讨论"平衡"的概念,将从平衡的一般性质、内容与结构三个方面入手解释"平衡是什么"。"平衡"是一个解决价值冲突的形式性的思考框架,它指示了为了解决价值冲突需要考虑哪些因素,其自身并不包含对相关因素的实质性判断。平衡的运用离不开相关的实质性判断的支持,只有结合了相关的实质性判断才可能完成平衡冲突中的不同价值这个任务。所谓"实质性判断"包括事实判断与价值判断两类,相对而言,更容易理论化的是其中的价值判断,本章第二节将讨论价值(原则)的"重要性"的判断标准。

第一节　平衡的概念

"平衡"是一个被广泛使用的概念,但人们更多地在"只可意会不可言传"的意义上使用这个概念,它到底意味着什么,人们往往说不清楚。"什么是平衡"或者"平衡意味着什么"这个问题包含三个子问题:(1)"平衡的性质"或者说"何种意义上的平衡";(2)"平衡的内容",即平衡需要遵守的基本法则;(3)"平衡的结构",即在平衡过程中需要考虑的因素。下面依次讨论这三个问题。

一、平衡:事实与价值

"平衡"具有两种不同的意义:其一,事实意义上的平衡;其二,价值意义上的平衡。事实意义上的平衡描述了特定事态或行动,价值意义上的平衡则构成了评判相关事态和指引相关行动的标准。

(一)事实意义上的平衡

事实意义上的平衡包括两种类型,一种指的是特定事态类型,另一种指的是特定行动类型。

1. 作为事态的平衡

事态意义上的平衡是指某事物(事务)所包含的各种对立因素的力量相当,从而使得该事物(事务)保持稳定状态。"事态"可被分为不同种类,包括自然事态、心理事态以及社会事态,事态意义上的平衡也相应地分为自然事态意义上的平衡、心理事态意义上的平衡以及社会事态意义上的平衡。

自然事态意义上的平衡是遵循自然法则(物理法则、化学法则等)而形成的事务的多种要素之间的平衡,例如,特定区域的掠食者与被掠食者之间的"生态平衡",走钢丝时身体"保持平衡",特定人群的男性成员和女性成员的"性别平衡",人体血液的"酸碱平衡"。

心理事态意义上的平衡是遵循心理法则（应激-反应等）而形成的人的心理的多个构成要素之间的平衡。"心理平衡"意味着人的心理稳定，"心理（心态）不平衡"意味着个人心理中某一方面因素过多，与其相对立的因素过少。在某种情况下（例如在与他人竞争某一职位时落败），个人心理中的消极因素过多，远远超过了心理中的积极因素，从而导致失落、悲观，甚至是厌世、轻生。经过自我调节、他人劝导甚至医生治疗才能够使其心理恢复平衡，也就是削弱心理中的负面情绪，使其与正面的情绪大体相当。

社会事态意义上的平衡指的是遵循社会法则（经济规律、社会发展规律等）而形成的事务的多种要素之间的平衡。人们通过多种多样的互动而形成了种类繁多的社会实践，各种社会实践都是一种社会事态，在这些社会实践中参与者之间以（积极或消极）交往为旨趣进行各种互动，社会事态意义上的平衡指的是这些活动所具有的力量之间的平衡。例如，足球比赛中两支球队"势均力敌"，军队在战术上"攻守平衡"，社会团体中的"派系平衡"。

2. 作为行动的平衡

"平衡"也经常被用来指称特定类型的行动，这种意义上的平衡具有"兼顾""比较""抵消""弥补"等多种含义。例如，"平衡不同派系"的意思是兼顾团体中不同派系的需求，任何一个派系的需求都不被视为绝对优先于其他派系的需求；"平衡诉讼的成本与收益"的意思是比较诉讼给当事人带来的成本与收益的大小。

行动意义上的平衡也可被称为"作为计算的平衡"，作为计算的平衡预设了某种"计算标准"，该标准决定了如何比较相关情境中不同要素（需求、成本、收益……）之间的分量。行动意义上的平衡的计算标准有多种类型,例如"最大多数人的最大幸福",这是一种功利主义式的平衡标准。① 为了适用这个判准,需要计算相关行动对人们的幸福造成减损的量,以及对人们的幸福增加的量,然后比较增量能否抵消、胜过减量。例如,禁止机动车辆进入公园,这个决策一方面减少了人们的幸福的量,给人们的生活带来了一些不便,使得人们无法快捷地在公园内通行,缩减了人们的自由行动空间;但另一方面增加了人们的幸福的量,它确保了公园的安宁,使得人们在公园内的休闲娱乐变得更为舒适。面对"禁止机动车辆进入公园"所导致的这种"自由"与"安宁"之间的冲突,功利主义的"最大多数人的最大幸福"提供了一个优先关系的判准:"自由"与"安宁"何者优先,这取决于在此情况中选择实现哪一个能够增进人们的幸福总量。我们需要计算"禁止机动车辆进入公园"对"自由"造成的减量与它给"安宁"带来的增量,后者能否抵消前者,如果答案是肯定的,那么该禁令便实现了"最大多数人的最大幸福"。

(二)价值意义上的平衡

1. 作为"二阶价值"的平衡

英国思想家伯林认为:"人类的目标是多样的,它们并不都是可以公度的,而且它们相互间往往处于永久的敌对状态。"② 依照伯林的观点,基本价值有多种类型(生命、自由、平等、友谊、知识等),它们既没有共同的度量单位(不能彼此界定或替换),

---

① 参见[英]杰里米·边沁:《论道德与立法的原则》,程立显、宇文利译,陕西人民出版社2009年版,第3页。
② [英]以赛亚·伯林:《自由论》,胡传胜译,译林出版社2011年版,第220页。

也没有固定的位阶次序。在实践中经常会出现基本价值冲突,价值冲突可能发生在个人生活中,例如个人生活中的"事业"与"家庭"的冲突。价值冲突也可能发生在不同主体之间,例如,某饭店贴出"公务员九折"告示,在此种情况中出现了自由与平等的人际价值冲突。饭店营业者给公务员提供优待,这是其自由选择的结果,在一定程度上体现了自由(自治)价值,但这同时意味着饭店营业者没有平等对待其他顾客,因此在一定程度上损害了平等价值。人们在社会实践中遇到的大量问题,特别是那些具有争议性、较为棘手和疑难的问题,都是此类"不同价值和利益的交汇点"[1]。在此种价值冲突情境中,相冲突的价值为行动者提供了正反两种理由。在前面这个例子中,自由价值是支持饭店营业者优待公务员的理由,平等价值则是反对此行动的理由。鉴于这两种理由都有内在价值,都值得被尽可能地实现,相关主体只有"无偏倚"地对待这两种理由才可能做出合理的行动,任何无视或轻视一方理由、偏袒另一方理由的做法都不可能是合理的。[2]无偏倚的行动者"在落实他们自己的利益或计划时,其激情不至于充沛到这样一种程度,即无法暂时地从中抽离出来站在他人的角度来看一看局面……他们承认,在冲突不可避免的情况下,他

---

[1] Neil MacCormick, *Rhetoric and the Rule of Law*, Oxford University Press, 2005, p. 166.
[2] 有一种观点认为,基本价值的不可公度性意味着无法理性地比较它们在冲突中的相对分量,因此在价值冲突语境中不可能有"合理"的行动,只有基于主体"意志"的行动。Joseph Raz, *Engaging Reason: On the Theory of Value and Action*, Oxford University Press, 1999, p. 65. 牛津大学现任法理学教授张美露则通过区分价值的"不可公度性"与"不可比较性",对此观点提出了一个较为有力的反驳。Ruth Chang, "Introduction", in Ruth Chang (ed.), *Incommensurability, Incomparability, and Practical Reason*, Harvard University Press, 1997, p. 29.

人的更重要的利益和价值当然优先于自己所追求的利益和价值"①。换个方式来表述,"无偏倚"的意思是,主体的相关行动达到了"平衡"这个基准线,或者说相关行动具有"平衡性"。② 这里"平衡"的意思是,在具体的价值冲突情境中得到实现(被满足)的价值与被损害(不被满足)的价值在分量上相当。对于判断价值冲突情境中行动的合理性而言,平衡发挥了基准线的作用,主体的行动达到了这个基准线才可能合理,否则就是不合理的。所谓"行动具有平衡性"有两种情况:其一,行动所实现的价值在分量上刚好相当于被其损害的价值,这意味着行动者没有偏袒其所欲实现的价值;其二,行动所实现的价值在分量上大于被其损害的价值,这意味着相关行动在满足了平衡基准的同时还给主体带来额外的"收获"。在"公务员九折"这个例子里,如果饭店营业者的行为所实现的自由的分量相当于或者大于因此被损害的平等的分量,那么该行动便达到了平衡这个基准线,如果该行动同时还满足了合理性的其他条件,那么它就是一个合理的行动。③ 与此相反,如果此行动所实现的自由的分量小于因此被损害的平等的分量,那么该方案便未能达到平衡这个基准线,因而是一个不合理的行动。

价值冲突情境中行动的"合理性"是一种二阶价值(关于价

---

① Neil MacCormick, *Rhetoric and the Rule of Law*, Oxford University Press, 2005, p. 167.
② Robert Alexy, "The Reasonableness of Law", in Giorgio Bongiovanni, Giovanni Sartor, and Chiara Valentini (eds.), *Reasonableness and Law*, Springer, 2009, p. 8.
③ 在具体的价值冲突情境中,"合理性"除了要求行动者"无偏倚"地对待相冲突的价值以外,还要求行动者理解相关价值的性质,全面地考虑各类相关因素,准确地认定相关行动对价值的实现(侵害)程度,以及行动者的决定能够与他在其他相似的价值冲突情境中的决定保持一贯,等等。Robert Alexy, "The Reasonableness of Law", in Giorgio Bongiovanni, Giovanni Sartor, and Chiara Valentini (eds.), *Reasonableness and Law*, Springer, 2009, p. 8.

值的价值),① 上述意义上的平衡作为合理性的构成要素也是一种二阶价值。为了在表述上与平衡的其他意义区分开,可以将其称为"价值平衡"。在不同的价值冲突情境中,同一种价值的分量并不是固定不变的,它会随着具体冲突情境的变化而不断变化,例如,"公务员九折"这个情境中平等的分量(被损害的程度)要小于"公务员六折"这个情境中平等的分量(被损害的程度)。因此在一般意义上,价值平衡呈现为相冲突的价值之间的比例常数为"1"的合比例关系,即随着价值冲突情景的变化,被损害(不被满足)的价值的分量越重,得到实现(被满足)的价值的分量也越重。由于价值平衡是价值冲突中行动合理性的基准线,价值平衡内含的此种合比例也就构成一种规范性要求,即"被损害(不被满足)的价值的分量越重,得到实现(被满足)的价值的分量便应当越重"。

2. 价值平衡的规范意义

法律规范的核心意旨在于通过设定标准来指引人们的行动,对于法律规范发挥其作用来讲,价值意义上的平衡在两种意义上与其相关,分别是"规范解释中的价值平衡"与"规范适用中的价值平衡"。②

(1) 规范解释中的价值平衡

通过"平衡"来解释规范遵循的是平衡法则,通过揭示相关

---

① Neil MacCormick, *Rhetoric and the Rule of Law*, Oxford University Press, 2005, p. 178. 这里的"合理性"特指引发价值冲突的行动的合理性,"合理性"还有其他含义,例如作为实现特定目的的手段的行动的合理性,即工具合理性,基于效率的合比例即为工具合理性的构成要素。

② Jan Sieckmann, *The Logic of Autonomy: Law, Morality and Autonomous Reasoning*, Hart Publishing, 2012, p. 85.

个案是否构成了规范所意指的"价值之平衡"的条件来解释规范的含义。需要通过平衡来解释其含义的规范有不同类型,一种常见的类型是那种立法者使用"不确定概念"来表达的规范,① 例如,我国《民法典》第 1025 条规定:"行为人为公共利益实施新闻报道、舆论监督等行为,影响他人名誉的,不承担民事责任,但是有下列情形之一的除外:……(二)对他人提供的严重失实内容未尽到合理核实义务。""未尽到合理核实义务"是立法者确立的确认新闻报道、舆论监督等行为构成过失侵权的"框架标准",为了适用这个标准,需要结合个案明确"合理核实"的含义。② 所谓"合理核实"的含义之一是,从事新闻报道、舆论监督者对"他人提供的严重失实内容"的使用行为在基于价值(利益)平衡的基础上得到了证立。需要在特定案件中来考虑:

①使用"他人提供的严重失实内容"来报道,这会给当事人的名誉带来多大损害;

②核实他人提供的信息会给报道(监督)者带来多大的负担;

③报道(监督)者可能承受的负担是否足以证立在未经核实的情况下使用相关信息进行报道(监督),即是否足以证立因此而给被报道(监督)者带来的损失;

④某新闻记者甲在特定案件中尽到了上述意义上的"合理核实义务";

⑤甲对其使用不实信息给当事人造成的损失不负民事责任。

---

① 参见 [德] 卡尔·拉伦茨:《法学方法论》,黄家镇译,商务印书馆 2020 年版,第 508 页。
② 此处的"合理核实义务"属于一个更广的概念的子类,即"合理注意义务",并且最终关联于法律中的"理性人"概念。John Gardner, *Torts and Other Wrongs*, Oxford University Press, 2019, Ch. 7–9.

(2) 规范适用中的价值平衡

对于有些类型的法律规范来讲，平衡就是该种规范的适用方式。规范的适用方式可以分为"涵摄"与"平衡"两大类型，规范的"涵摄"式适用是一种三段论式适用，对于法律中那些"规则"属性的规范，或者说以"要求做出或不做出特定行为"为内容的规范而言，它们的适用方式是涵摄。以《刑法》中的故意杀人罪条款为例：

①我国《刑法》规定，"故意杀人的，处死刑"；

②明知自己的行为会导致他人死亡，希望或放任他人死亡的，是故意杀人；

③为了复仇而杀死他人，属于"明知自己的行为会导致他人死亡，希望或放任他人死亡"；

④甲为了复仇杀死他人；

⑤甲应被处以死刑。

对于那种设定"目标"式的规范，也就是"原则"类型的规范而言，它们的适用方式则是价值平衡，即通过确立某规范与其他规范的价值分量的平衡关系来决定该规范是否适用于特定个案。规范适用中的价值平衡在宪法领域中表现得最明显。例如，政府为了防控疫情禁止特定行业（棋牌室、浴池、按摩院、饭店等）营业，这个决定限制了相关人员的"营业自由"，"营业自由"无疑受宪法保护，问题在于，《宪法》中的"营业自由"规范（第11条："在法律规定范围内的个体经济、私营经济等非公有制经济，是社会主义市场经济的重要组成部分。国家保护个体经济、私营经济等非公有制经济的合法的权利和利益。国家鼓励、支持和引导非公有制经济的发展，并对非公有制经济依法实行监督和管理")是否适用于该种情况?这就需要确立"营业自由"与"防控疫情"的价值平衡关系,以此作为合理性基准来判断,在此种情况下相关行为是否受到营业自由规范的保护。

二、平衡法则

"基本权利与公共利益的平衡"被人们用来表示解决基本权利与公共利益的冲突的标准,并不是用来描述"二者势均力敌"的事实状态或者"比较二者分量大小"的行动,只有在价值平衡的意义上才能准确把握"基本权利与公共利益的平衡"中"平衡"的含义。

德国法学家阿列克西(Robert Alexy)对上述意义上的价值平衡进行了比较系统、深入的研究。依照阿列克西的观点,"平衡"的核心在于"平衡法则":"一个原则的不满足程度或受损害程度越高,另一个原则被满足的重要性就必须越大。"[1] 阿列克西在表述平衡法则时将平衡的要素说成是"原则",而不是"价值(利益)",这并不意味着"原则"与"价值"有着实质上的差异,不意味着二者指的是不同的事物。实际上阿列克西所说的"原则"指的是"价值(利益)"的规范形态,或者说指的是它们的规范意义,即为他人的行为设立义务这个意义。[2] 在这个意义上的"原则"与"价值(利益)"是一体之两面,在表述平衡法则时使用

---

[1] [德]罗伯特·阿列克西:《法:作为理性的制度化》,雷磊编译,中国法制出版社2012年版,第150页。
[2] Robert Alexy, *A Theory of Constitutional Rights*, translated by Julian Rivers, Oxford University Press, 2002, p. 90.

"原则"是为了强调，纯粹价值论意义上的价值（"善"）之间不可能冲突，所谓价值冲突实际上指的是不同价值的规范意义之间的冲突，也就是原则之间的冲突。① 例如，在纯粹价值论的意义上，"言论自由"与"国防安全"都意味着"善"，二者之间并不存在冲突。并不是说"言论自由"这种善在定义上就以否定"国防安全"为内容，即"言论自由"意味着"国防不安全"。反过来也是如此，"国防安全"在定义上并不意味着"言论不自由"。所谓冲突出现在规范论的层面，即在具体情况下，"言论自由"要求人们采取的某种行动与"国防安全"要求人们采取的行动相反对，无法同时被最大化实现。② 例如，"言论自由"为国家不得干涉人们表达各种言论提供了证立理由，"国防安全"则为国家禁止人们表达特定言论（如泄露防空导弹的部署情况）提供了证立理由。

依照平衡法则，平衡分为三个步骤：

（1）确认一个原则的不满足（受损害）程度；

（2）确认另一个与其相冲突的原则被满足的重要性程度；

（3）确认第二个原则被满足的重要性能否证立对第一个原则的损害（不满足）。

原则的冲突总是因为相关主体从事的某种活动而产生，如果我们把第一个原则用 P_i 来表示，第二个原则用 P_j 来表示，原则冲突就表现为以限制 P_i 为代价来实现 P_j。所谓"P_j 被满足的重要性

---

① Virgílio Afonso Da Silva, "Comparing the Incommensurable: Constitutional Principle, Balancing and Rational Decision", *Oxford Journal of Legal Studies*, Vol. 31, p. 273 (2011).

② Steven J. Burton, "Normative Legal Theories: The Case for Pluralism and Balancing", *Iowa Law Review*, Vol. 98, p. 551 (2013).

证立了对 P_i 的损害（不满足）"的意思是，当 P_j 因限制措施而被满足的重要性足以抵消 P_i 因为限制措施而减少的重要性的时候，限制措施才是能够得到证立的。但这绝不意味着，只有当 P_j 的重要性与 P_i 的重要性相当的时候，为了实现 P_j 而牺牲 P_i 才能够得到证立。如果相对于某限制措施，P_j 的重要性超过了 P_i 的重要性，那么为了实现 P_j 而牺牲 P_i 便意味着，前者不仅抵消了后者的价值减损，还有额外的"盈余"，该限制措施因此自然更是一种能够得到证立的做法。尽管在直觉上人们会认为此种"$P_j>P_i$"的情形更鲜明地体现了限制措施的正当性，并因此习惯上将处理原则（价值）冲突的方法称为"比大小""轻重权衡"。但实际上，"$P_j=P_i$"才代表了限制措施的正当性的本质。原因有二：第一，"比大小"这种说法未能体现原则冲突中的"$P_j=P_i$"这种证立情形，因此在表达原则冲突的证立情形上存在着涵盖不足之缺陷。第二，更重要的原因是，我们基于"$P_j=P_i$"才能理解"$P_j>P_i$"，而不是相反，即基于"$P_j>P_i$"来理解"$P_j=P_i$"。这就好比我们在用天平比较两个物体的重量之前，一定要确保天平保持水平，这样我们才可能知道两个物体孰轻孰重。如果在天平未保持水平的情况下进行称量，不论把这两个物体放上去之后天平呈现的是"水平""向左倾斜"或者"向右倾斜"，我们都不可能知道这两个物体的轻重关系到底是什么。考虑到以上两个因素，将此种为了解决原则冲突而采取的对限制措施的证立活动称为"平衡"，是非常准确的。

平衡的运作在结构上依赖于某种对相冲突的原则的分量的分级体系，我们需要将待比较的两个原则各自的分量进行区分，其后才可能对它们的分量进行有意义的比较。阿列克西建议的是一种分量划分的"三阶模式",一个原则的分量通过三个不同的分量等级来表示,即"轻""中"和"重",可以分别用"l""m"和"s"这三个字母予以代指。当然这种分量分级模式不是必然的,也可以采取二阶模式或者三阶以上的模式。只不过相比于二阶模式或者三阶以上的模式,三阶模式与法律实践中人们实际采取的平衡活动更为接近,因此具有更强的现实解释力。

依照平衡法则,我们使用 l、m 和 s 来表达一个原则"未被满足"或"被侵害"的程度,以及另一个原则"被满足"的程度。如果被限制的原则的内容是一种消极的要求,即以"不得……"为内容的要求,那么对该原则的限制就可以被说成是"侵害"。而如果被限制的原则的内容是一种积极的要求,即以"应该……"为内容的要求,那么对该原则的限制就可以被说成是"未满足"。至于被实现的那个原则,不论其内容是积极还是消极的,实现它都可以被说成是它的要求"被满足"。当然这种划分并不是必然和绝对的,当一个消极的原则被限制时,我们也可以说该原则的要求"未被满足",当一个积极的原则被限制时,我们也可以说该原则的要求因为没有被满足而"被侵害"。为了简便起见,我们可以将"未被满足""被侵害"都称为"侵害",将"被满足""未被侵害"都称为"满足"。"侵害"对相关原则的影响是负面的,"满足"对相关原则的影响是正面的,可以用中性的"干涉"来统称它们。

对于原则冲突情境中的 P_i 和 P_j 的重要性需要从两个方面来确定。一方面,需要考虑限制措施对二者的"干涉(侵害/满足)强度"。可以用字母"I"来代指它们得到的"干涉(侵害/满足)强度",P_i 因为限制措施而受到的侵害强度就可以表示为"IP_i",P_j

因为某干涉措施而受到的满足强度就可以表示为"IP_j"。另一方面，需要考虑 P_i 和 P_j 的"抽象重要性"。如果用字母"G"来代指它们的抽象重要性，P_i 的抽象重要性可以表示为"GP_i"，P_j 的抽象重要性可以表示为"GP_j"。原则的"抽象重要性"是指它相比于其他原则所具有的不依赖个案情形的重要性。宪法中规定的很多原则在抽象重要性上都是同样的，没有差别。例如，言论自由与国防安全之间在抽象重要性上并无明显差异。有些原则在抽象重要性有所不同，例如，生命权具有比财产权更高的抽象重要性。如果相互冲突的两个原则在抽象重要性上没有差别，那么在确定二者的重要性时便可以忽略它们的抽象重要性，仅需要考虑它们受到的"干涉（侵害/满足）强度"即可。如果二者的抽象重要性不同，那么除了考虑它们受到的"干涉（侵害/满足）强度"以外，还需要考虑它们的抽象重要性，这样才能判断二者在冲突情境中的重要性。

原则冲突以及限制措施总是发生在具体的情境中，可以用字母"C"来表示具体的冲突情境，某原则在情况 C 中受到的"干涉（侵害/满足）强度"就可以表示为"IP_iC"或者"IP_jC"。原则的抽象重要性脱离于具体情境，可以用字母"A"来表示原则的抽象重要性具有的脱离情境之意义，某原则的抽象重要性就可以表示为"GP_iA"或者"GP_jA"。为了简化起见，某原则在情况 C 中受到的"干涉（侵害/满足）强度"（"IP_iC"或者"IP_jC"）可以标示为"I_i"或"I_j"，而某原则的抽象重要性则可以标示为"G_i"或"G_j"。在情况 C 中，各个原则的"具体重要性"通过综合考虑它们各自的"抽象重要性"和"干涉（侵害/满足）强度"来计算。可以用字母"W"来表示原则在情况 C 中的"具体重要性",原则的"具体重要性"就表示为"WP_iC"或者"WP_jC",可以简化为"W_i"或者"W_j"。

通过以上说明,我们可以知道,平衡需要确定的就是"W_i"和"W_j"的分量等级,即需要确定它们的分量究竟是 l、m,还是 s。在确定这一点之后,便可以对它们进行比较,然后可以得出"相关限制措施能否得到证立"之结论。"W_i"和"W_j"各有三种分量等级,通过简单的排列组合就可以知道它们的比较有九种可能的情形,它们分别是:

(1) W_i: l, W_j: l
(2) W_i: l, W_j: m
(3) W_i: l, W_j: s
(4) W_i: m, W_j: l
(5) W_i: m, W_j: m
(6) W_i: m, W_j: s
(7) W_i: s, W_j: l
(8) W_i: s, W_j: m
(9) W_i: s, W_j: s

其中的(1)(2)(3)(5)(6)(9)这六种情形是限制措施能够得到证立的情形,(4)(7)(8)这三种情形则是限制措施未得到证立的情形。在限制措施能够得到证立的这六种情形中,(1)(5)(9)这三种情形比较特殊。在这三种情形中,两个原则的具体重要性相当,这意味着在这三种情形中,不仅通过限制 P_i 来实现 P_j 的措施可以得到证立,与此相反的措施,即放弃限制 P_i、不去满足 P_j 的做法也可以得到证立。这种使得两种对立的行动选择都可以得到证立的情形意味着平衡之僵局,此种僵局的出现意味着相关主体在行动选择上具有了"裁量空间",① 即在其他条件不变的情况下,相关主体可以任意地选择其中一种选项,自由地决定是否对 P_i 进行限制。

三、分量公式

在平衡发生冲突的两个原则时,需要借助 l、m 与 s 这三个分量刻度来进行,这三个分量刻度有不同的展现方式,一种是算数的,一种是几何的。我们可以将 l、m 与 s 展现为 1、2、3 这样的算数序列,这样我们就可以通过 P_i 与 P_j 两个原则在分量上的差额来确立它们的"相对的具体重要性",可以用 $G_{i,j}$ 来表示原则的"相对的具体重要性"。以 P_i 与 P_j 受到的"干涉(侵害/满足)强度"为例,二者的"相对的具体重要性"就是,$G_{i,j}=I_i-I_j$,这个公式被阿列克西称为"差公式"。如果将 l、m 与 s 的算数序列 1、2、3 运用到这个差公式中,我们就会看到"相对的具体重要性"的九种情形:

(1) s, $l = 3-1 = 2$
(2) s, $m = 3-2 = 1$
(3) s, $s = 3-3 = 0$
(4) m, $l = 2-1 = 1$
(5) m, $m = 2-2 = 0$
(6) m, $s = 2-3 = -1$

---

① 参见[德]罗伯特·阿列克西:《法:作为理性的制度化》,雷磊编译,中国法制出版社 2012 年版,第 164 页。

(7) $l, l = 1 - 1 = 0$

(8) $l, m = 1 - 2 = -1$

(9) $l, s = 1 - 3 = -2$

在（1）（2）（4）中，P_i的"相对的具体重要性"都是正值，分别是2、1、1。在（6）（8）（9）中，P_i的"相对的具体重要性"都是负值，分别是-1、-1、-2。在（3）（5）（7）中，P_i的"相对的具体重要性"都是零。P_j的"相对的具体重要性"与P_i正相反，不再赘述。

基于算数序列的"差公式"比较直观地展现了原则之间相对的具体重要性，如果原则的相对的具体重要性呈现为正值，意味着该原则有着优先于另一个原则的力量。如果原则的相对的具体重要性呈现为负值，意味着另一个原则有着优先于该原则的力量。如果原则的相对的具体重要性呈现为零，那意味着两个原则"打成平手"，都不具有优先于对方的力量。

除了"差公式"以外，我们还可以用"商公式"来理解原则的相对的具体重要性。还是以原则的干涉强度为例，原则的"相对的具体重要性"可以这样来表示：

$$G_{i,\ j} = \frac{I_i}{I_j}$$

原则的相对的具体重要性的"商公式"不是基于算数序列，它基于几何序列而形成。它分别用2^0、2^1、2^2来表示分量的三阶刻度l、m与s，三阶刻度的数值因此呈现为1、2、4这样一种几何序列。[1]

---

[1] 不论是阿列克西的"差公式"的算术序列"1、2、3"，还是其"商公式"的几何序列"2^0、2^1、2^2"，它们都是比喻意义上的，即它们被用来形象地展示理解原则的分量的两种方式。因此不需要纠结这样的问题，即为什么阿列克西用"1、2、3"或者"2^0、2^1、2^2"之类的数值来展示原则的分量，而不用其他的数值来展示原则的分量，例如"1、3、5"或者"3^0、3^1、3^2"。

分量的三阶刻度的几何序列与算数序列的区别在于，不同等级之间的差距并不相同，它们呈现出递增的趋势。"商公式"的几何序列的意义重点在于，原则的重要性具有"边际效益递减"之特征。对于原则面对的消极的"侵害"而言，随着侵害强度的增加，原则的分量会变得越来越高，对于原则面对的积极的"满足"而言，为了提高原则的分量，需要越来越高的满足程度。如果将 l、m 与 s 的几何序列 1、2、4 运用到这个商公式中，就有了 P_i 的"相对的具体重要性"的九种情形：

（1）$s, l = 4 \div 1 = 4$

（2）$s, m = 4 \div 2 = 2$

（3）$s, s = 4 \div 4 = 1$

（4）$m, l = 2 \div 1 = 2$

（5）$m, m = 2 \div 2 = 1$

（6）$m, s = 2 \div 4 = \dfrac{1}{2}$

（7）$l, l = 1 \div 1 = 1$

（8）$l, m = 1 \div 2 = \dfrac{1}{2}$

（9）$l, s = 1 \div 4 = \dfrac{1}{4}$

在（1）（2）（4）中，P_i 的"相对的具体重要性"都大于 1，分别是 4、2、2，这表明 P_i 优先于 P_j。在（6）（8）（9）中，P_i 的"相对的具体重要性"都小于 1，分别是 $\dfrac{1}{2}$、$\dfrac{1}{2}$、$\dfrac{1}{4}$，这表明 P_j 优先于 P_i。在（3）（5）（7）中，P_i 的"相对的具体重要性"都是

1,这表明 P_i 和 P_j 的相对的具体重要性相等。

如果仅就简单的三阶刻度而言,商公式的几何序列与差公式的算数序列的差别并不是很大,甚至可以说相比于商公式用"1"来表达两个原则分量相当,算数序列用"0"更好地表达了两个原则打成平手的情形。但是如果将三阶刻度扩展为双重三阶刻度,就会明显看到商公式和差公式的区别,并且也能够更明显地看到商公式相比于差公式的优势。

所谓双重的三阶刻度指的是,将"轻""中""重"各自再做"轻""中""重"之分,由此就形成了"轻轻""轻中""轻重""中轻""中中""中重""重轻""重中"和"重重"九个刻度,用字母表示就是 ll、lm、ls、ml、mm、ms、sl、sm、ss。用算数序列来表示这九个刻度就是 1、2、3、4、5、6、7、8、9,如果用几何序列来表示,这九个刻度就是 2^0、2^1、2^2、2^3、2^4、2^5、2^6、2^7、2^8。在使用双重三阶刻度的情况下,算数序列和几何序列的差异可以通过考察基本权利受到的侵害的两种极端的证立情形体现出来,一种是对基本权利的侵害得到最充分的证立的情形,另一种是对基本权利的侵害得到最不充分的证立的情形。例如,在马路上抛弃废纸巾对于公共卫生的损害是很轻的(ll),将某人判处 7 年有期徒刑则对基本权利有着极为严重的侵害(ss),如果将抛弃废纸巾规定为需要判处 7 年徒刑的犯罪行为,这就是一个对基本权利的侵害最不充分的证立。如果用差公式来表示此种最不充分的证立,即 $G_{i,j} = 9 - 1 = 8$,这意味着被限制的基本权利在分量上超过了"禁止丢弃废纸巾"8 个刻度。如果用商公式来表示此种最不充分的证立,即 $G_{i,j} = \dfrac{2^8}{2^0} = \dfrac{256}{1} = 256$,这意味着被限制的基本权利在分量上是"禁止丢弃废纸巾"的256倍。对基本权利最充分的证立表现为 ll、ss,依照差公式,基本权利的相对的具体重要性是 -8,而依照商公式,基本权利的相对的具体重要性是 $\frac{1}{256}$。通过此种对比就可以清楚地看到,商公式在表达原则的分量上有着差公式不具备的优势。

由于对原则的干涉存在边际效益递减现象,如果在图中将原则 P_i 与 P_j 各自的"干涉强度"的一系列"平衡点"(I_1、I_2、I_3……)连接起来,就会形成一条向左下方弯曲的"无差异曲线"。P_i 的不同干涉强度用 $x_1(l)$、$x_2(m)$、$x_3(s)$ 来表示,P_j 的不同干涉强度用 $y_1(l)$、$y_2(m)$、$y_3(s)$ 来表示。

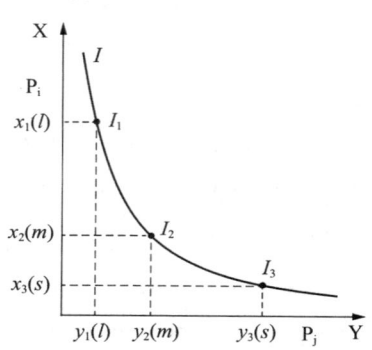

图 3-1　原则平衡的无差异曲线:干涉强度

以上我们只是以"干涉强度"为例来展现原则的"相对的具体重要性",但干涉强度并非确定原则的"相对的具体重要性"时唯一需要考虑的要素,还需要考虑的是原则的抽象重要性,即 G_i 和 G_j。将抽象重要性纳入考虑之后,商公式就变为 $G_{i,j} = \frac{I_i \cdot G_i}{I_j \cdot G_j}$。$G_{i,j}$ 代表着原则 P_i 和 P_j 的"相对的具体重要性",即在具体限制情形中二者的重要性的比值。前面我们已经区分过，$I_i \cdot G_i$ 和 $I_j \cdot G_j$ 分别代表原则 P_i 和 P_j 的"具体重要性"，即在具体限制情形中二者分别具有的重要性。为了避免混淆，需要将其与 $G_{i,j}$ 代表的"相对的具体重要性"在用语上进行区分，可以特别地将 $I_i \cdot G_i$ 和 $I_j \cdot G_j$ 称为"非相对的具体重要性"。我们可以用 W_i 和 W_j 来标示原则 P_i 和 P_j 的"非相对的具体重要性"，即 $W_i = I_i \cdot G_i$，$W_j = I_j \cdot G_j$。这样一来，我们就可以区分清楚"重要性"这个概念了，它实际上包含着三种含义，分别是"抽象重要性（某原则自身具有的、脱离具体限制情境的重要性）""非相对的具体重要性（在具体限制情境中某原则具有的重要性）"以及"相对的具体重要性（在具体限制情境中一个原则相对于另一个原则的重要性，即它们的'非相对的具体重要性'的比值）"。

如果 P_i 与 P_j 的抽象重要性相同，通过连接二者的"非相对的具体重要性"的所有平衡点而形成的无差异曲线并不向任何一边倾斜（下图中的 W_2）。如果二者的抽象重要性不同，会使得该曲线向抽象重要性较高的一方倾斜（下图中的 W_1 和 W_3），二者的抽象重要性的差异越大，此种倾斜越明显。

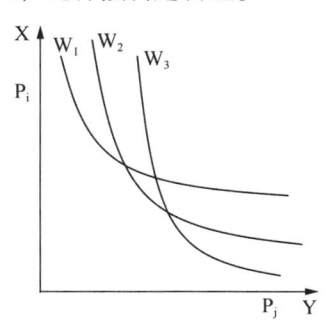

图 3-2 原则平衡的无差异曲线：非相对的具体重要性

G_i、G_j（抽象重要性）也适用前面通过干涉强度示范的三阶刻度，这样当两个具有不同抽象重要性的原则受到了不同强度的干涉时，我们就可以计算它们的相对分量了。例如，如果一个具有 s 级别抽象重要性的原则 P_i 受到了 l 级别的侵害，该干涉措施给具有 l 级别抽象重要性的原则 P_j 带来了 s 级别的满足，那么二者的相对重要性就是 $G_{i,j} = \dfrac{1 \times 4}{4 \times 1} = 1$。

以上解释了原则平衡需要考虑的实质性的要素，除此之外，还需要考虑一个认识论的要素，即我们对相关的干涉措施的认知上的确定性程度。阿列克西认为，干涉措施的认知可靠性也是原则平衡的一个组成部分，这被他特别地称为"第二平衡法则"，"对一个原则的侵害越严重，支持这一侵害的前提的确定性程度就必须越高"①。

原则的干涉措施的认知可靠程度可以分为三个级别，分别是"确定""似真"以及"无明显错误"，可以分别用字母 g、p 和 e 来表示，它们分别具有 2^0、2^{-1} 和 2^{-2} 之分量级别。在具体案件中，原则 P_i 和 P_j 的干涉措施的认知可靠性可以用 S_i 和 S_j 来表示。将它加入原则的相对的具体重要性公式之后，该公式就获得了最终的完整形态，表现为：

$$G_{i,j} = \dfrac{I_i \cdot G_i \cdot S_i}{I_j \cdot G_j \cdot S_j}$$

依照该公式，当 $G_{i,j} > 1$ 时，对原则 P_i 的侵害没有得到证立；

---

① ［德］罗伯特·阿列克西：《法：作为理性的制度化》，雷磊编译，中国法制出版社 2012 年版，第 173 页。

当 $G_{i,j} \leqslant 1$ 时，对原则 P_i 的侵害才得到证立。

第二节　原则的重要性的判断标准

上一节介绍的阿列克西的"分量公式"仅仅是分析意义上的，它有助于澄清，当我们进行"平衡"的时候，我们究竟在做什么。但仅仅知道此种分析性的"分量公式"不足以实际地进行平衡作业。"分量公式"仅仅告诉我们，在平衡原则时，为了判断冲突中双方原则的重要性需要考虑哪些因素。至于如何掌握这些因素的内容，这不是"分量公式"能够解决的。分量公式揭示了确定原则的重要性需要考虑的三类实质要素，包括原则的"干涉（侵害/满足）强度""抽象重要性"以及"认知可靠性"。下面将讨论它们的实质化问题，不过以下的讨论是不完整的。一方面，我们仅讨论其中的"干涉（侵害/满足）强度"和"抽象重要性"的实质化问题，这是因为，"认知可靠性"这个因素牵涉到较多的制度安排、职能分配等经验性方面的考量，不适合一般性地予以讨论。另一方面，就"干涉（侵害/满足）强度"和"抽象重要性"而言，以下的讨论也是不完全的。这是因为，二者彻底的实质化意味着针对特定个案给出具体的平衡结论，这种意义上的平衡的实质化缺少一般性，对于原则的平衡缺少指导意义。下面所讨论的实质化是"类型化"意义上的实质化，它介于抽象的、形式性的分量公式与案件的具体平衡结论之间，重点在于揭示原则的"干涉强度"和"抽象重要性"的判断标准。

一、原则的"干涉强度"的判断标准

原则平衡针对原则的冲突情境,它总是表现为某种(作为或不作为的)干涉行动为了实现(满足)一个原则而侵害另一个原则,该行动对两个原则都构成了干涉(满足/侵害)。某干涉行动对原则的满足程度和侵害程度的判断方式是相同的,干涉行动对原则的满足程度即为此行动使得该原则免受侵害的程度。原则的干涉强度是一个事实问题,在学理上人们对此存有共识,它的判断标准相对比较容易确定。大体可以从五个方面来考察行动对原则的干涉强度,即"干涉的力度""干涉的速度""干涉的几率""干涉的持续性"以及"干涉的效率"。[1] 行动对原则的干涉越有力、越快、几率越高、持续时间越长、效率越高,其干涉强度就越高。

(一)干涉的力度

"干涉的力度"考虑的是不同类型的干涉行动对同一个原则所产生的不同程度的效果。在其他条件不变的情况下,干涉行动对原则产生的效果越显著(严重),干涉强度就越高。例如,为了限制人们在网络平台上发表某种言论,可以采取警告、删除该言论甚至注销账号等多种干涉行动,其中删除特定言论的干涉力度强于警告,注销用户账号则强于删除特定言论。

(二)干涉的几率

"干涉的几率"考虑的是不同类型的干涉行动对同一个原则产

---

[1] Carlos Bernal Pulido, "On Alexy's Weight Formula", in Agustin Jose Menéndez (ed.), *Arguing Fundamental Rights*, Springer, 2006, p. 107.

生相同效果的概率。在其他条件不变的情况下，对于同一个效果而言，干涉行动产生该效果的概率越高，它对该原则的干涉强度就越高。例如，当国家为了确保交通安全而限制车速时，有一点是比较明确的，即只有完全禁止机动车上路行驶才可能百分之百地杜绝交通肇事。否则的话，不论做出何种限速规定，都不可能百分之百地避免交通事故的发生，通过限速来保障交通安全只能在"概率论"的意义上成立。对机动车行驶速度的限制越大，发生交通事故的几率越小，对"交通安全"这个原则的"满足"就越大。

（三）干涉的速度

"干涉的速度"考虑的是不同类型的干涉行动对同一个原则产生相同效果的生效时间。在其他条件不变的情况下，对于同一个效果而言，干涉行动用时越短，速度越快，它对该原则的干涉强度就越高。例如，国家出于国防安全的考虑禁止特定商品出口，一个即时生效的出口禁令比延时生效的出口禁令的速度更快，对于国防安全这个原则有着更高的干涉强度。一个延时 1 个月生效的出口禁令比延时 3 个月生效的出口禁令产生效果的速度更快，对于国防安全这个原则有着更高的干涉强度。

（四）干涉的持续性

"干涉的持续性"考虑的是不同类型的干涉行动对同一个原则所产生的相同效果的持续时间。在其他条件不变的情况下，干涉行动导致的效果持续的时间越长，该行动对原则的干涉强度就越高。例如，国家出于国防安全的考虑禁止特定商品出口，一个永久生效的出口禁令比在有限时间内生效的出口禁令的持续时间更长,对于国防安全这个原则有着更高的干涉强度。一个为期3个月的出口禁令比为期1个月的出口禁令持续时间更长,对于国防安全这个原则有着更高的干涉强度。

(五)干涉的效率

"干涉的效率"考虑的是不同类型的干涉行动为了对同一个原则产生的相同效果所花费的成本。在其他条件不变的情况下,对同一个效果而言,干涉行动的成本越小其效率越高,对原则的干涉强度越高。例如,当政府为了改善城市交通而修建高架桥时,在效果不变的前提下,建筑成本越低效率越高,建筑成本越高效率越低。

二、原则的"抽象重要性"的判断标准

(一)"原则"的性质

"干涉强度"是一个事实概念,我们可以通过对不同行为以及同一个行为的不同方面的"观察"来判断某行为对相关原则的"干涉强度"。"抽象重要性"则是一个价值概念,它的判断无法仅仅通过观察事实而得知。为了确定"抽象重要性"的内涵、区分不同程度的"抽象重要性",需要确立它的"价值标准",即"好"的标准。首先需要明确的是,原则是如何具有"价值"的?为此需要探究"什么是原则"。

在日常语言中,"原则"一词有多种含义:(1)它可能被用来指称某种刚性的、不容置疑的、不允许妥协的立场、主张等,例如"生命不容儿戏,这是一个原则问题"。(2)它也可能被用作

"总体上、大体上"意义上的形容词,例如"我们原则上同意你的看法"。(3)它被用来指称那些在内容上比较重要、基本、抽象的规范,例如个人信息保护中的"知情同意原则"。

长久以来法学对"原则"的理解主要是在上述第三种意义上进行的,例如,民法中所谓"诚实信用原则""公平原则""公序良俗原则",刑法中所谓"罪刑法定原则""罪责刑相适应原则",采取的都是"原则"的此种语义。① 作为平衡之对象的"原则"则不同于此种意义上的"原则",依照德国法学家阿列克西的定义,它指的是"尽力(最大化地)实现之命令",它因此不同于以"应该做(不做)某事"为内容的"规则"。② 平衡语境中的"原则"指的是"某种利益(价值)构成了人们负担某种义务的理由",或者说,平衡语境中的"原则"规定的不是应该"做或不做某种行为",而是应该"追求或不追求某种目标"。平衡语境中的"原则"不过就是"利益"(价值)的规范性意义。与此相应,原则的价值就体现为作为其承载的理由的"利益"的价值,判断原则的"抽象重要性",实质上就是判断作为人们负担义务的理由的利益的"抽象重要性"。

(二)利益的抽象重要性的判断标准

利益的"抽象重要性"中的"重要性"指的是利益的价值分

---

① 除此之外,"原则"还有一些特殊用法,例如,在美国法学家德沃金那里,"原则"被用来特指那些以保护个人权利为内容的规范,以区别于"政策","政策"特指那些以保护公共利益为内容的规范。Ronald Dworkin, *Taking Rights Seriously*, Harvard University Press, 1977, p. 90.
② 参见[德]罗伯特·阿列克西:《法:作为理性的制度化》,雷磊编译,中国法制出版社2012年版,第132页。

量，利益的"抽象重要性"中的"抽象"指的是脱离于具体的平衡语境。利益的"抽象重要性"主要有两个判断标准：（1）某种利益对个人的"好生活"的贡献度（核心判准）；（2）某种利益的分量是否得到其他利益的强化（强化判准）。①

1. 利益的抽象重要性的核心判准

判断利益的抽象重要性的核心标准在于，某种利益对于个人的"好生活"的贡献度，为了明确这个标准，首先需要解释"好生活"的概念。"好生活"是人类永恒的伦理追求，什么是"好生活"？在思想史上有不同的答案。在2000多年前的希腊城邦时代，柏拉图认为，"好生活"是一种"混合的生活"，② 它包含诸多有价值的要素，这些要素之间有着严格的等级位阶关系。它们分为五个等级：第一位值得拥有的东西是"尺度或恰当"；第二位是"合比例、美和完善"；第三位是"理性和理智"；第四位是"知识、技艺和正确意见"；第五位是"无痛苦的快乐"。这个定义中的好生活的价值要素以及它们的等级关系，无疑有着浓重的时代印记，不足以作为理解好生活的一般概念框架。对于理解好生活的一般意义而言，这个定义最有价值的部分是它提示的好生活的"混合"特征与"模式"特征。所有关于好生活的构想都需要将二者考虑在内，可以将它们分别称为好生活的内容要素与形式要素，在一般意义上，好生活就是这两类要素的结合。③ 一方面，好生活

---

① Jan Sieckmann, *The Logic of Autonomy: Law, Morality and Autonomous Reasoning*, Hart Publishing, 2012, p. 100. 类似的观点另可参见 Joel Feinberg, *Harm to Others*, Oxford University Press, 1984, p. 204.
② 参见［古希腊］柏拉图：《柏拉图全集》（第3卷），王晓朝译，人民出版社2003年版，第191、260页。
③ William K. Frankena, *Ethics*, Prentice-Hall, 1973, p. 92.

包含诸多有价值的活动和体验，例如生命、健康、快乐、知识、审美、美德、友谊、正直、权力、自由、安全、猎奇、名望。就此而论，个人的好生活表现为这些有价值的活动和体验。另一方面，这些活动和体验不可避免地存在着冲突，无法在同等程度上被最大化实现。因此，除了有价值的活动和体验，每一个个体的美好生活都必须包含某种"模式"或"形式"，依此来协调这些活动和体验之间的权重关系，个人生活据此方能获得一个好的整体形态。综合好生活的这两个要素，可以将好生活界定为依照某种生活模式组织起来的有价值的活动和体验的总和。

上述定义解释了好生活的普遍特征，需要进一步解释的是，哪些活动和体验值得追求，何种生活模式是好的？就此而论，好生活的观念是一个历史地变化着的观念，不同时期、不同地域的人们对此有不同理解。特别是在生活模式的选择上，古代社会与现代社会有很大差异。相比于整体主义、价值一元论的古代社会，在尊重个人自主、承认价值多元的现代社会里，并不存在整齐划一的美好生活模式，"人类的目标是多样的，它们并不都是可以公度的，而且它们相互间往往处于永久的敌对状态"[1]，好的生活模式在相当程度上从属于个体的主观判断。在现代社会中，对于同一套价值，不同的个体对于它们的关系和位阶常有不同理解。有些人重视生活的和平与安全，有些人偏重冒险与猎奇；有些人在意物质享乐，有些人则注重卓越和德性；等等。[2] 在现代社会中，好生活模式的多样性并不被视为"堕落""无序"，而是被人们普

---

[1] ［英］以赛亚·伯林：《自由论》，胡传胜译，译林出版社2011年版，第220页。
[2] William K. Frankena, *Ethics*, Prentice-Hall, 1973, p. 93.

遍接受为好生活的常态，好生活的观念在现代社会中个性化、多元化了。在现代社会背景下，好生活是依照个体自主选择的生活模式组织起来的有价值的活动和体验的总和。

　　好生活观念在现代社会的个性化、多元化是一个普遍事实，其自主化程度在不同社会中则有不同表现，好生活的模式形成在某些社会"非常自由"，在有些社会则"没那么自由"。应该在多大程度上把生活模式的选择交由个体决定，不同理论家有不同观点。① 此问题的讨论无疑具有重要的理论和实践意义，但对于这里所欲考察的利益的抽象重要性来讲，无须考虑好生活观念的这些细致区分和争论，只需要在总体上把握它的"自主性"特征即可（以下所说的好生活，均特指此种意义上的好生活）。

　　基于上述"好生活"之观念，一种利益想要具有抽象重要性，要么它构成"好生活"的内容要素，要么它构成"好生活"的模式要素（对于现代社会的好生活观念来讲，好的生活模式就是自由的生活模式）。构成好生活的模式的"自由"（自己决定过什么样的生活）无疑是重要的，并且它的价值是客观的，并不因个人的喜好而改变。或许有人认为，由他人来决定自己的生活模式是更好的，"不自由"是好的，"自由"是坏的。这种看法或许能够在特定情况下得到支持，但无法在一般的意义上得到证成。我们很难想象，为什么在一般的意义上"不自由"是一种价值。就好生活的内容要素来讲，它们中的一些具有明显的主观性，如果没有被特定个人选择的话，它们就不会成为个人的好生活的内容要素，这表现为通常被我们称为"人生理想"的那些利益。例如，

---

① Joseph Raz, *The Morality of Freedom*, Oxford University Press, 1986, Ch. 5.

如果我个人并不想成为一名飞行员,那么"成为一名飞行员"对我而言就不意味着一种"好生活"。在好生活的内容要素中,并不是所有的内容要素都是主观的,有些内容要素具有客观性,例如活着、身体完整。说这些内容要素的价值是客观的,是因为在其他条件不变的情况下,一个人如果失去了生命或者身体残疾,总是意味着生活变得不好。相比之下,在其他条件不变的情况下,某种人生理想无法实现并不必然意味着个人生活变得不好,个人生活是否会因此变得不好,这取决于相关主体是否对该人生理想有着特殊的喜好。

出于简化论述的考虑,我们可以把好生活的要素分成主观和客观两类,主观要素表现为一系列可能的人生理想,客观要素表现为实现各种人生理想所需要的基础条件。利益的抽象重要性的认定标准是,要么某种利益构成了个人的人生理想,要么某种利益构成了人们实现各类人生理想所需要的条件。满足了此种条件,相关利益便具有抽象重要性。① 依照这个判断标准,对个人的好生活而言,具有抽象重要性的利益有两种类型。一种是"理想利益",即人们可能具有的各种人生理想,例如写一篇论文、发明某项专利、促进社会公平、家庭和睦、传宗接代、陶冶情操、职务晋升、赚大钱、剪纸、看一场电影。另一种是"基础利益",即实现各种人生理想共同需要的条件,例如活着、没有残疾、免于疾病、精神安宁、维持体面生活所需的财产、基本的自由、良好的社会声誉、个人的隐私、可容忍的生活环境。

基础利益对个人的好生活具有"通用性",理想利益对个人的

---

① Joel Feinberg, *Harm to Others*, Oxford University Press, 1984, p. 37.

好生活则具有"个殊性"。这意味着这两类利益在重要程度上不同,基础利益具有超过理想利益的重要性。在通常情况下,基础利益中的任何一种具体利益受损后,都会为个人所可能享有的生活带来负面影响。例如,失去生命意味着个人失去了过任何好生活的可能性,自由被剥夺后,个人的绝大部分人生理想都失去了实现之可能性。理想利益受到损害后并不会对个人的好生活产生如此严重的影响,在各种人生理想之间没有必然的关联,某种人生理想无法实现并不意味着其他人生理想也无法实现。例如,某人因为政敌的倾轧而无法升职,这并不妨碍他追求其他的人生理想,他可以下海经商、从事学术研究等等。

不论是基础利益还是理想利益,其内容都是多样的,这就有了对不同的基础利益和不同的理想利益进行分量上的排序的必要性。基础利益在价值上具有客观性,不同的基础利益的分量存在着一定的客观的排序,可以依照不同的基础利益的重要性大体上将它们排序为:(1)活着;(2)身体完整、健康;(3)基本的自由;(4)必要的财产……不同的基础利益之间的重要性排序并非绝对的、固定不变的,该排序具有社会文化依赖性。例如,在欧洲"隐私"被认为具有超过"自由"的重要性,但在美国情况则相反,"自由"的分量超过"隐私"。[①] 理想利益的价值是主观的,不同的人生理想的重要性排序也是主观的,它因人而异,没有客观的标准。每个人都有很多人生理想,很难想象某人只有一个人生理想或者完全没有人生理想。每个人可能具有的诸多人生理想

[①] Julian Rivers, "Proportionality, Discretion and the Second Law of Balancing", in George Pavlakos (ed.), *Law, Rights and Discourse*, Hart Publishing, 2007, p. 179.

的种类不见得是重合的,例如,有人将获得"政治权力"作为人生理想,但有的人明确地拒绝此种人生理想。即便人们碰巧有着相同种类的人生理想,不同的人对这些理想的重要性排序也是不同的。例如,甲乙二人都有"发家致富"与"繁育后代"这两个人生理想,对甲而言,"发家致富"比"繁育后代"更重要,但对乙而言,"繁育后代"比"发家致富"更重要。

2. 利益的抽象重要性的强化判准

不同的利益之间具有联动性,满足某种利益的同时也往往会促进其他利益,间接得到满足的利益对前一个利益的分量会起到强化作用。经过此种利益的强化,被强化的利益的分量可能会产生变化。① 其他利益的强化作用对不同类型的利益的意义是不同的,对于那些基础利益而言,由于它们自身已经具有很高的抽象重要性,按照边际效益递减原理,其他利益的强化并不会明显改变其抽象重要性。例如,国家通过设立警察系统保护个人的身体完整免受侵犯,这在保护每个人的身体完整的同时,也保护了社会整体的安全、和平与秩序,后一种利益会对前一种身体完整之利益起到加持作用。但由于身体完整自身的重要性已经很高,此种加持对提高它的抽象重要性的意义并不明显。

---

① 在德国宪法教义学传统中,宪法基本权利条款通过保护个人的利益而间接保护公共利益这种现象,被称为基本权利规范的双重属性,"保护个人的利益"体现了基本权利规范的"主观"属性,或者说它对于个人而言的意义,"保护公共利益"则体现了基本权利规范的"客观"属性,或者说它对于集体而言的意义。"如果一个证立立足于基本权利规范对于某个个体、其生活状况、利益及自由的意义,那么这个证立就是主观的。如果它以基本权利规范对于整体,即共同体利益或集体利益的意义为基础,那么它就是客观的。"[德]罗伯特·阿列克西:《法·理性·商谈:法哲学研究》,朱光、雷磊译,中国法制出版社 2011 年版,第 269 页。国内学者关于基本权利规范的双重性质的研究,可参见张翔:《基本权利的双重性质》,《法学研究》2005 年第 3 期,第 21—36 页。

相比之下,理想利益由于抽象重要性较低,其他利益对它们的强化作用更为明显。有些理想利益因为受到其他利益的强化,其重要性会提升到基础利益的层次。当然,此种提升并不是简单的算数相加,① 如果说某种理想利益自身的抽象分量是"轻(1)",为其分量提供加持的利益的分量是"重(4)",加持之后的理想利益并不会获得"1+4"之分量,而是大体上停留在"4"这个级别。

最明显的也最常见的例子就是理想利益中那些超出基本自由范围之外的自由,以及超出体面生活所需范围的财产。从个人的好生活的角度看,基本自由以外的理想利益意义上的自由(例如在微信上发布一条朋友圈的自由)在分量上远远达不到基础利益具有的重要性。在当代的民主政体的国家中,自由利益的重要性被提升到基础利益的程度,主要的考虑就是,通过保障它们能够保护重要的公共利益。英国思想家密尔在阐发自由的价值时,一个主要的着眼点就是自由的公益价值。"禁止一种意见的表达,其独有的罪恶之处在于,他是对包括当代人与后代人在内的全人类的剥夺;并且这种剥夺对那些不同意这种意见的人,比持有这种意见的人甚至更大。""必须进一步说明,人类中的先进者总是或多或少有益于那些未进者——即向那些不渴求自由,也不稀罕自由之助益的人点明,如果允许他人利用自由而不加以阻挠,他们也会在某些不难理解的方式下获得回报。"② 以"言论自由"为

---

① Jan Sieckmann, *The Logic of Autonomy: Law, Morality and Autonomous Reasoning*, Hart Publishing, 2012, p. 102.
② [英]约翰·穆勒:《论自由》,孟凡礼译,广西师范大学出版社 2011 年版,第 18、75 页。

例，言论自由自身基本上属于理想利益的范畴，它对于个人的好生活的意义是比较小的。对于某些人来讲它或许构成其重要的人生理想，但对于某些人（或许是多数人）来讲，能否自由地表达言论并不重要，他们并不将其理解为一种"生活的必需品"，甚至也不会将其理解为重要的人生理想。不过，保障言论自由可以在社会范围内塑造相对自由宽容的文化氛围，可以促进信息的流通、有效地维护民主制度，这些是更为重要的利益，在这些利益的加持之下，言论自由的重要性被提升到基础利益的层次。德国联邦宪法法院在"吕特"（Lüth）案的判决中正是在这种意义上阐发了言论自由的重要性："盖自由表达意见之基本权利系最崇高之诸项人权中对人格之最直接体现者也（《人权宣言》第 11 条'人类最宝贵的权利之一'）。对一自由民主之国家秩序而言，此权利直为基要也。盖因其使得持续之精神争议与意见斗争成为可能，而后者系维系上述秩序之生命要素。某种意义上，此权利系一切自由之基础：'几乎其他所有自由形态之根源与必要条件'。"① 保证基本的体面生活的财产属于基础利益的范畴（当然在法律中一般将其称为"最低生活保障"），超出基本生活所需的财产则属于理想利益的范畴，其重要性大大降低。但考虑到保护此类财产可以为人们的经济行为提供动机，从而提高经济效率，并且还可以保证交易安全、优化资源配置，此种财产的重要性因此被提升到基础利益的水平。②

---

① 陈戈、柳建龙等：《德国联邦宪法法院典型判例研究：基本权利篇》，法律出版社 2015 年版，第 166 页。
② Morris R. Cohen, "Property and Sovereignty", *The Cornell Law Quarterly*, Vol. 13, p. 8 (1927).

第四章 平衡的理性根据

在第三章中,我们解释了"平衡"这种方法的内涵,分别讨论了平衡的形式意义以及实质意义。平衡的形式意义是指平衡这种方法在不同的平衡语境中所呈现出来的其自身具有的一般意义。平衡的实质意义则是指在运用平衡方法时所必须考虑的原则的重要性判断以及权利的特性等实质性因素。本章将进一步讨论"平衡"的理性根据,试图论证"平衡"作为一种解决实践问题的方法的合理性。讨论此问题的必要性在于,如果"平衡"这种解决实践问题的方法自身体现的不过是非理性的直觉,那么不论基本权利和公共利益的性质是什么,通过平衡来解决它们的冲突都将缺少理性根据。尽管上一章我们通过对平衡的性质、内容和结构的解释,在一定程度上展现了平衡作为一种理性方法的特征,但仍有一个根本的问题有待回答:既然平衡是为了解决价值(原则)冲突,那么不同的价值之比较何以可能呢?这个问题是平衡面临的基本的方法论问题。这个问题自身存在一些模糊之处,例如,人们经常将价值的"比较"问题与价值的"通约"问题混在一起,因此在着手解决此问题之前需要先对此问题进行澄清,这是本章第一节的任务。异质价值之间的比较只有基于某种法律/道德视角才是可能的,第二节将基于英国法学家麦考密克(Neil MacComick)提出的"斯密式绝对律令"来回答价值的可比较性问题。

第一节　平衡的方法论问题

本节的论述目的是澄清平衡的方法论问题，澄清平衡所面临的"异质价值的不可比较性"这个指责的确切含义。为了展现这个问题的真正性质，需要做两方面的澄清：其一，澄清"平衡"的经济学意义与非经济学意义的区别；其二，澄清价值的"不可通约性"与"不可比较性"的区别。

一、价值平衡与经济学平衡

从语词的使用上来看，"平衡"与"成本-收益分析"经常被互换使用，当人们（包括政府、法院在内）出于保护（促进）某种更为重要的目标（例如防控新冠疫情）而牺牲不太重要的利益（例如要求人们在公共场所必须佩戴口罩）时，我们既可以将这个决策过程说成是"平衡"，即通过平衡不同利益而做出要求人们在公共场所必须佩戴口罩的决定，也可以将这个决策过程说成是"成本-收益分析"，即通过付出较小的社会成本而获得较大的社会收益。"平衡"与"成本-收益分析"此种语言使用上的可互换性是无可厚非的，我们这里打算区分的并不是二者在语言使用上的差别，并不意图指定在某些场合只能使用"平衡"这个语词，而在另一些场合只能使用"成本-收益分析"这个语词。有必要区分的是"平衡"与"成本-收益分析"的经济学意义与前文指出的

"价值平衡",做此区分的必要性在于,"平衡"与"成本-收益分析"这两个词,特别是其中的"成本-收益分析",经常被人们在经济学的意义上使用,人们甚至将它们的经济学意义视为它们唯一的意义,认为谈论"平衡"和"成本-收益分析",必定是在经济学的意义上谈论。有论者认为,如果人们不愿意承认这一点,不过反映了人们因为对经济学的偏见而来的智识上的不坦诚。① 但实际上,不论是"平衡"还是"成本-收益分析"都具有经济学以外的意义,当我们谈论"基本权利与公共利益的平衡"的时候,其中的"平衡"恰恰是平衡的非经济学意义,即价值平衡。如果未能将平衡的这两种意义区分清楚,误将平衡的经济学意义混同于其非经济学意义,甚至将平衡的经济学意义视为平衡的唯一意义,那么我们在讨论平衡这种方法的理性基础之初便会因为"对象错误"而走错方向,不可能进行有意义的讨论。

(一)平衡的经济学意义

平衡的经济学意义反映在"成本-收益分析"的一种特殊含义上,"在政策分析或法经济学中,成本收益分析的核心思路,是运用统一的尺度,权衡待审查的法律规则或政策举措可能导致的各类有利和不利后果(即成本或收益),并在此基础上,比较待审查举措与其他可能的替代性举措,判断何者有助于促成社会福利最优"②。经济学意义上的成本收益分析体现的是效率这个价值理念,"依照通常的理解,成本收益分析的目的在于将分配议题剥离出

---

① 参见戴昕、张永健:《比例原则还是成本收益分析》,《中外法学》2018 年第 6 期,第 1527 页。
② 戴昕、张永健:《比例原则还是成本收益分析》,《中外法学》2018 年第 6 期,第 1525 页。

去，仅留下效率议题，这样一来行动者就可以仅仅基于效率来对其规划进行评价"①。在这种意义上，"成本收益分析可以被理解为提供了一个度量效率的思维框架"②。

效率作为一种价值，指的是相关行动方案带来了最多的善品和服务这种状态。不论是个人的事务安排还是社会的公共政策，都可以从效率的角度进行评判。关于公共政策的效率判断，经济学理论提供了两种评判标准，一个是帕累托标准，另一个是卡尔多-希克斯标准。③ 经济学意义上的成本收益分析具体指的就是其中的卡尔多-希克斯标准。④

帕累托标准的含义是，如果某公共政策在没有降低其他社会成员的生活境况的前提下改善了至少一个社会成员的生活境况，该公共政策便为社会带来了更多的善品和服务，相对于其实施前的社会状况它是有效率的公共政策。能够满足帕累托标准的公共政策较为有限，所有那些以损害部分社会成员为代价来换取另一部分社会成员受益的公共政策都不可能通过它的检验，而大多数公共政策都属于此种成本-收益类型。⑤ 为了弥补帕累托标准的此种不足，经济学家又提出了卡尔多-希克斯标准来识别那些有效率的成本-收益型公共政策。"在现实世界中几乎不可能满足帕累托

---

① Matthew D. Adler and Eric A. Posner, "Rethinking Cost-Benefit Analysis", *The Yale Law Journal*, Vol. 109, p. 186 (1999).
② Anthony E. Boardman, David H. Greenberg, Aidan R. Vining, and David L. Weimer, *Cost-Benefit Analysis: Concepts and Practice*, Prentice Hall, 2011, p. 27.
③ Klaus Mathis, *Efficiency Instead of Justice: Searching for the Philosophical Foundations of the Economic Analysis of Law*, Springer, 2009, pp. 33, 38.
④ Matthew D. Adler and Eric A. Posner, "Rethinking Cost-Benefit Analysis", *The Yale Law Journal*, Vol. 109, p. 177 (1999).
⑤ 参见［美］罗伯特·考特、托马斯·尤伦：《法和经济学》，史晋川、董雪兵等译，格致出版社·上海三联书店·上海人民出版社2010年版，第39页。

更优存在的条件……在事实上,当一位经济学家在谈论自由贸易、竞争、污染控制或某些其他政策或关于世界的状况的效率时,他十有八九说的是卡尔多-希克斯效率。"① 依照卡尔多-希克斯标准,对于一个成本-收益型公共政策,如果受益的社会成员对其受益的赋值比受损的社会成员对其损失的赋值更高,那么该公共政策为社会带来了更多的善品和服务,相比于其实施前的社会状况它是有效率的公共政策。

依照卡尔多-希克斯标准,不同社会成员对其受益或损失的"赋值"有着共同的度量尺度,即主体的支付(接受)意愿。② 受益和损失的赋值大小具体表现为,受益者愿意支付多少钱来获得相关利益,受损者得到多少钱才愿意接受相关损失。卡尔多-希克斯标准基于此种支付(接受)意愿来比较成本和收益的大小,进而判断相关公共政策效率的有无。假设甲乙二人合资修建水坝,此计划会使甲和乙得到更多的电力供应,但会减少乙的捕鱼收获。甲和乙对其多得到的电力供应的支付意愿均为 100 元,乙对其减少的渔获的接受意愿是 120 元,水坝的建筑成本是 70 元。就甲乙二人这个小团体而言,修建水坝的收益(100 元+100 元=200 元)大于成本(120 元+70 元=190 元)。依照卡尔多-希克斯标准,相比于不修建水坝,修建水坝是一项有效率的公共政策。

(二)价值平衡与卡尔多-希克斯标准的区别

价值平衡与卡尔多-希克斯标准在实践推理模式上同属一类,

---

① [美]理查德·波斯纳:《法律的经济学分析》,蒋兆康译,法律出版社 2012 年版,第 17 页。
② 参见[美]理查德·波斯纳:《法律的经济学分析》,蒋兆康译,法律出版社 2012 年版,第 14 页。

二者都通过比较正反理由的分量来得出结论,都不同于那种基于规则的逻辑演绎来得出结论的实践推理模式。但这只是它们在形式上的相似性,它们在实质上是不同的。这首先体现在它们对实践问题的认知差异上,同一个实践问题在二者的视域内会呈现出不同的样貌。对于行政机关为了避免遮挡历史建筑拆除甲加盖的两层楼房这样的决定,价值平衡将其理解为"损害一种价值,实现另一种价值",卡尔多-希克斯标准则将其理解为"付出成本,取得收益"。

卡尔多-希克斯标准中的"成本"和"收益"是主体相关的概念,成本和收益一定是某个主体的成本和收益,甲的成本不是乙的成本,甲的收益也不是乙的收益。并且付出成本的与取得收益的一定是同一个主体,不存在"甲付出自己的成本取得乙的收益"这种可能性,只可能是"甲付出自己的成本取得自己的收益"。因公共政策受损的和受益的是不同的社会成员,因此具体的社会成员不可能是与公共政策相关的成本和收益的主体,在卡尔多-希克斯标准的视域下,成本和收益的主体是人格化的"社会"。[1] 对于相关实践问题,卡尔多-希克斯标准总是从社会这个主体的视角出发予以考虑,"而不考虑它所带来的收益或成本究竟落在哪些个人身上"[2]。受益与受损的具体个人被理解为社会这个主体的器官,不论哪些个人受损都是社会支付成本,不管哪些个人受益都是社会取得收益。基于此种视角,拆除加盖建筑对甲的损害是社会付出的成本,避免历史建筑被遮挡则是社会取得的收益。相比之下,

---

[1] Ronald Dworkin, *A Matter of Principle*, Oxford University Press, 1985, p. 245.
[2] Arnold C. Harbenger, "Three Basic Postulates for Applied Welfare Economics: An Interpretive Essay", *Journal of Economic Literature*, Vol. 9, p. 785 (1971).

平衡性检验中的"价值"并不是一个主体相关的概念，价值的承载物可以区分"你的、我的"，但价值没有"你的、我的"之分。例如，一栋楼房是甲的财产，它不属于乙，但这不意味着它仅对甲有价值，对于乙它也有价值。在平衡性检验眼中，"损害一种价值，实现另一种价值"的"行政机关"只是引发价值冲突的行动的主体，并非这两种价值的主体。从主体的角度看，该描述的意思是，"行政机关这个主体的行动损害一种价值，实现另一种价值"。这就不同于卡尔多-希克斯标准眼中的"付出成本，取得收益"，它的意思是，"社会这个主体付出自己的成本，取得自己的收益"。

价值平衡预设了价值冲突的存在。对于拆除加盖建筑案，在价值平衡眼中，甲的楼房与历史建筑体现了两种不同的价值，二者没有共同的度量单位。行政机关的拆除决定引发了这两种价值的冲突，"损害一种价值，实现另一种价值"。在平衡性检验眼中，摆在它面前的问题是，如何通过比较这两种没有共同度量标准的价值的分量，来判断行政机关的决定是否达到了价值平衡这个合理性基准。卡尔多-希克斯标准的价值理念是效率，在它的眼中，并不存在价值冲突这回事。[①] 对于拆除加盖建筑案，甲的楼房被拆除这个成本与历史建筑免受遮挡这个收益的分量都以"金钱"（支付、接受意愿）作为度量尺度，它们的区别仅在于量的大小。用更形象的说法来表述的话，在卡尔多-希克斯标准眼中，历史建筑与甲的楼房相当于社会拥有的"两摞金钱"，行政机关通过拆掉甲

---

① Matthew D. Adler and Eric A. Posner, "Rethinking Cost-Benefit Analysis", *The Yale Law Journal*, Vol. 109, p. 176 (1999).

的两层楼房来避免历史建筑被遮挡，这相当于社会这个主体减少自己的一摞金钱的数量，增加自己的另一摞金钱的数量。在卡尔多-希克斯标准眼中，摆在它面前的问题是，社会这个主体的此种行动是否增加了自己的金钱总量，即是否有效率。

卡尔多-希克斯标准在比较相关事态涉及的成本和收益的大小的时候，以相关社会成员的支付（接受）意愿作为它们共同的度量单位。由其使用的度量单位所决定，该标准的运用有三个显著特点。第一，相关社会成员对于其受益和受损的支付（接受）意愿（他们愿意支付或接受的金钱的数量）是相关公共政策的收益和成本的大小的决定性因素。相关社会成员愿意支付或接受的金钱的数额越大，收益或成本也就越大。在拆除加盖建筑案中，如果甲对被拆除两层楼房的接受意愿是 1000 万元，那么相关公共政策的成本就是 1000 万元，如果甲对被拆除两层楼房的接受意愿是 10 万元，那么相关公共政策的成本就是 10 万元。第二，卡尔多-希克斯标准的有效运作依赖于这样一个前提，即关于社会成员的受益或损失的价格已经存在较为成熟的交易市场，如果不存在此种交易市场，那么将很难准确判断社会成员的支付（接受）意愿。① 在拆除加盖建筑案中，关于甲的楼房这样的私人建筑存在着成熟的交易市场，可以参照市场价格认定甲对被拆除两层楼房的接受意愿。但关于历史建筑则不存在成熟的交易市场，因此很难准确判断公众对历史建筑免受遮挡的支付意愿。第三，社会成员对其受益或损失的支付（接受）意愿不完全取决于市场价格，还

---

① Klaus Mathis, *Efficiency Instead of Justice: Searching for the Philosophical Foundations of the Economic Analysis of Law*, Springer, 2009, p. 44.

受到自身的支付（接受）能力的影响，① 相关社会成员的支付（接受）能力因此成为计算公共政策的成本或收益时需要考虑的一个因素。社会成员的支付（接受）能力直接体现在他们拥有的金钱数量上（富裕或贫穷），由于金钱对个人的边际效益递减，越富裕的社会成员越愿意为某种受益付出更多的金钱，越贫穷的社会成员越愿意为某种损失接受更少的金钱。在拆除加盖建筑案中，甲越穷困，就是愿意为其楼房被拆除接受更少的金钱，相关公众整体越富裕，就越愿意为历史建筑免受遮挡支付更多的金钱。

价值平衡的比较对象是相冲突的价值，在确定价值的分量的时候，它承认价值多元，认为不同的价值之间没有统一的度量尺度，不同的价值有不同的客观性质，不受个人的主观感受影响。它不会使用支付（接受）意愿这样的主观赋值来确定价值的分量，相关社会成员愿意为其受益或损失支付（接受）多少钱，这与他们的受益和损失所体现的价值的分量没有直接对应关系。与此相应，价值平衡的运作不依赖于交易市场的存在，相关社会成员的经济状况也不会直接影响它关于价值分量的判断。它在判断价值的分量时主要考虑两方面因素：其一，不同的价值就其客观性质而具有的重要性；其二，相关行动对价值的实现或损害程度。② 在拆除加盖建筑案中，平衡性检验将拆除甲的楼房理解为损害财产价值，它会考虑财产价值的抽象重要性，以及基于对财产价值的性质的认知，确定拆除行动在本案中对财产价值的损害程度，最

---

① Klaus Mathis, *Efficiency Instead of Justice: Searching for the Philosophical Foundations of the Economic Analysis of Law*, Springer, 2009, p. 46.
② 参见［德］罗伯特·阿列克西：《法：作为理性的制度化》，雷磊编译，中国法制出版社 2012 年版，第 156—165 页。

后结合这两个因素判断本案中财产价值的具体分量。就其中的损害程度的判断来讲，鉴于财产对于私人的价值主要体现在它的"私使用性"上，① 即私人通过对财产的排他性支配来型塑其个人生活，在判断拆除行动对财产价值的损害强度时需要考虑的一个因素是，甲被拆除的建筑的用途。如果被拆除的建筑是甲的住宅，由于住宅与个人对其生活的自我型塑的关系更密切，它的"私使用性"更强，拆除行动对财产价值的损害强度也就较高；如果被拆除的建筑是甲拥有的商铺，由于商铺与个人对其生活的自我型塑的关系不够密切，它的"私使用性"较弱，拆除行动对财产价值的损害强度也就较低。相比之下，卡尔多-希克斯标准对于住宅被拆与商铺被拆这两种情况的相对分量可能会得出相反的结论。如果商铺的市场价格远远大于住宅，相关主体很可能会在商铺被拆的情况中显露出更强的接受意愿（要求得到更多的金钱），而在住宅被拆的情况中表现出更弱的接受意愿（要求得到更少的金钱）。

二、平衡的"不可通约性"批评

"价值平衡"预设了"价值多元"，"价值平衡"的问题意识在于解决不同价值之间的冲突，它通过对不同价值进行比较，来为价值冲突提供解决方案。此种意义上的"平衡"面临的最主要的方法论批评可被概括为"不可通约性"批评。

"不可通约性"或者说"不可公度性"（Incommensurability）

---

① 参见张翔：《财产权的社会义务》，《中国社会科学》2012年第9期，第107页。

自身是一个比较有争议的概念,为了便于讨论,这里先提出一个人们都会接受的"不可通约性"的"最小定义"。对于两个以上的事物(价值、善品、权利、原则等),如果不存在可以适用于它们的共同的度量尺度,那么这些事物就是不可通约的,或者说,它们具有不可通约性。[1]

"不可通约性"是平衡面临的最重要的方法论质疑,这个质疑的论据是,既然通过平衡解决原则冲突这种做法预设了对冲突中的不同原则的比较,并且不存在可以适用于这些原则的共同的度量尺度,那么此种通过平衡而得到的结论不过是非理性的结论,其反映的不过是从事平衡的人(法官等)的全然主观的选择。批评者甚至认为,鉴于平衡的非理性,所谓平衡反映的其实是伪装后的"司法决断主义",不过是"法官说了算"的一个更为体面的说法。

"不可通约性"批评并不是仅仅针对"基本权利与公共利益的平衡",实际上这个批评在一般的价值理论讨论中已经存在了很多年。英国学者菲尼斯在1983年出版的《伦理学基础》一书中就专门讨论了价值的不可通约性问题。菲尼斯认为:"存在着很多基本的人类的善,它们都是不可通约的基本的善,彼此不可以还原……一个人如果决定采取某种行动……那就意味着他放弃了无数有价值的其他行动的机会。"[2] 依照菲尼斯,基本的善只有在满足如下两个条件的前提下才是可通约的:"(1)人类有某种单一

---

[1] Virgílio Afonso Da Silva, "Comparing the Incommensurable: Constitutional Principles, Balancing and Rational Decision", *Oxford Journal of Legal Studies*, Vol. 31, No. 31, p. 278 (2011).

[2] John Finnis, *Fundamentals of Ethics*, Oxford University Press, 1983, p. 66.

的、非常明确的目标或功能……或者（2）人们事实上的追求的不同目标有某些共同的要素，例如，'欲望的满足'。"① 他认为，只有那种反人类的狂热分子才会认为人类的发展进步只有一种道路或者只应该追求一个目标，并且在人类追求的不同目标中并不存在共同要素，因此对于不同的基本善，不存在理性选择的可能性。换句话说，"不可通约性"导致了理性选择的不可能性。菲尼斯对平衡的上述批评可以被分别概括为，平衡的"不可操作性"和平衡的"无意义性"。"不可操作"指的是没有办法决定被平衡的不同价值的具体分量，不同的基本价值之间不可比较，因此任何平衡不同善的企图都不可操作。② "无意义性"是指，在缺乏共同度量尺度的前提下比较不同的基本善，这就好比比较"一页纸的尺寸"与"一本书的重量"，这样的比较是无意义的。

英国学者拉兹（Joseph Raz）在1986年的《自由的道德》一书中也表达了与菲尼斯类似的看法，他以职业选择为例来展示不同的基本善之间的"不可通约性"。假设某人必须在两种职业之间进行选择，一个是成为一名律师，另一个是成为一名单簧管演奏家。"这两个职业他都很适合，在这两个职业中他都能取得成功。"③ 假设任何一个职业都不比另一个职业更好，那么"无需论证的是，在这种情况中它们是不可通约的"④。由于对拉兹而言，"不可通约性"意味着"不可比较性"（incomparability），我们不可能比较这两个职业的优劣，更准确地说，无法理性地比较二者。

---

① John Finnis, *Fundamentals of Ethics*, Oxford University Press, 1983, p. 113.
② John Finnis, *Fundamentals of Ethics*, Oxford University Press, 1983, p. 87.
③ Joseph Raz, *The Morality of Freedom*, Oxford University Press, 1986, p. 332.
④ Joseph Raz, *The Morality of Freedom*, Oxford University Press, 1986, p. 322.

如果两个选项不可通约，任何一个选项都无法击败另一个。在两个无法被击败的选项之间，没有理性比较的存在空间，只存在着主体的独立意志的运用空间。如果该主体选择了其中的一个职业，那么这种选择必定是无关理性的，只是体现了"意志"的决断。

德国哲学家哈贝马斯（Jürgen Habermas）在1992年的《在事实与规范之间：关于法律和民主法治国的商谈理论》一书中严厉地批评了基本权利的平衡论。哈贝马斯对"平衡基本权利"的批评分为两个方面。一方面是基于基本权利的"防火墙"性质的批评。在哈贝马斯看来，平衡意味着把基本权利价值化，让包括基本权利在内的不同价值在同一个天平上竞争，通过价值排序（相对重要性）来决定何者胜出。但这样一来，"如果冲突案子中所有理由均可具有政策性论据性质的话，那么，法律商谈中那堵由义务论的法律规范观和法律原则观所建立起来的防火墙，就崩溃了"[①]。另一方面是基于平衡的"非理性"的批评，在这一点上他的看法与菲尼斯和拉兹是类似的。哈贝马斯认为，平衡自身是非理性的。"因为这种排序缺少合理标准，所以，权衡的工作或者是任意地进行的，或者是根据熟悉的标准和序列而非反思地进行的。"[②]

1987年，美国宪法学家阿列尼科夫（Alexander Aleinikoff）发表了颇具影响力的《平衡时代的宪法》一文。在这篇文章里他认为，美国宪法裁判中使用的"平衡"方法实质上建立在法官个人的主观偏好基础之上。所谓"平衡"其实相当于一个"黑箱"，其

---

① ［德］哈贝马斯：《在事实与规范之间：关于法律和民主法治国的商谈理论》，童世骏译，生活·读书·新知三联书店2003年版，第319页。
② ［德］哈贝马斯：《在事实与规范之间：关于法律和民主法治国的商谈理论》，童世骏译，生活·读书·新知三联书店2003年版，第320页。

中不同的原则、价值的分量以一种外人无法得知的方式被决定。阿列尼科夫认为，法官在缺少共同的度量单位的基础上平衡不同的原则和利益，这就好比在不知道比较标准的前提下比较"苹果"与"橘子"哪个更好。① 1988 年，美国最高法院大法官斯卡利亚（Antonin Gregory Scalia）在一份判决意见书中批评了司法裁判中的"平衡"方法。他认为平衡作为一种方法完全是任意的，当人们主张通过平衡来解决规范冲突时，就好比在试图做这样的判断，即"一条线段是否比一块石头的重量更长"②。斯卡利亚对平衡的看法与菲尼斯如出一辙，可以被视为菲尼斯的观点的法学版本。

平衡预设了价值多元，在承认价值多元的前提下，也就是在承认存在着多种不同的基本的价值（善）的前提下，价值的"不可通约性"自然是存在的，或者说，"不可通约性"是"价值多元"的定义性要素。如伯林所言："人类的目标是多样的，它们并不都是可以公度的，而且它们相互间往往处于永久的敌对状态。"③ 如果一方面主张存在着不同的基本价值，另一方面又认为这些价值之间可以通约替代，这将是一个自相矛盾的说法。对于所有支持"平衡"的论者来讲，价值的"不可通约性"是其必须支持的前提。"不可通约性"自身并不构成平衡的挑战，它是平衡的前提。之所以会有论者认为"不可通约性"构成了对"平衡"的否定。他们真正的看法在于，"不可通约"意味着"不可比较"，如果不同的价值之间是不可比较的，平衡自然也就是非理性的了。

---

① Alexander Aleinikoff, "Constitutional Law in the Age of Balancing", *The Yale Law Journal*, Vol. 96, p. 972（1987）.
② *Bendix Autolite Corp. v. Midwesco Enterprises, Inc.*, 486 U. S. 888, 897（1988）.
③ ［英］以赛亚·伯林：《自由论》，胡传胜译，译林出版社 2011 年版，第 220 页。

例如,英国法学家拉兹正是用"不可比较"来定义"不可通约":"如果 A 与 B 中的任何一个都不比另一个更好,并且二者也不是同样好,A 与 B 便是不可通约的。"① 当面对两个未被废止的行动选项时,没有理性发挥作用的空间以及进行价值比较的空间,能够依靠的只有相关决策者自身的"意志",即他想要什么。② 有鉴于此,问题关键在于,"不可通约"是否真的蕴含着"不可比较"。如果答案是肯定的话,"不可通约"便真的构成了平衡的决定性的否定论据,如果答案是否定的,"不可通约"自身便不构成对平衡的否定。③

三、"不可通约"与"不可比较"

菲尼斯与斯卡利亚在论证"不可通约"与"不可比较"的内在关联时举了类似的例子,菲尼斯举的是"一页纸的尺寸与一本书的重量",斯卡利亚举的是"一条线段的长度与一块石头的重量"。"尺寸"与"重量",或者"长度"与"重量",都是不同的

---

① Joseph Raz, *The Morality of Freedom*, Oxford University Press, 1986, p. 322. 国内学者梁上上也持有此种看法,用"不可比较"来定义"不可通约",并因此将平衡的可能性建立在"意志"的基础之上。参见梁上上:《异质利益衡量的公度性难题及其求解》,《政法论坛》2014 年第 4 期,第 6 页。
② Joseph Raz, *Engaging Reason: On the Theory of Value and Action*, Oxford University Press, 1999, p. 65.
③ 从目前关于"平衡"的理性根据的辩论来看,不论是支持者还是反对者,有很多都未能准确地提出问题。他们经常在等同"不可通约"与"不可比较"的前提下来论证或否定平衡的理性基础,辩论的焦点就在于价值可否通约(公度)。国内学者基于此种"等同"的讨论,可参见陈林林:《方法论上的盲目飞行——利益法学方法之评析》,《浙江社会科学》2004 年第 9 期,第 63 页;雷磊:《为权衡理论辩护》,《政法论丛》2018 年第 2 期,第 29 页。

度量单位,度量单位上的不同意味着通过这些度量尺度表现出来的不同的比较项也是不可比较的。这个论证的问题在于,他们所举的例子,不论是"一页纸的尺寸与一本书的重量",还是"一条线段的长度与一块石头的重量","长度""尺寸""重量"都是事物的事实特征,它们都是关于事物"是什么"的尺度,比较它们意味着混淆了不同的概念。没有人可以合理地认为"长度""重量""面积""体积""颜色""气味"这些关于"是"的度量单位是可以互换的。① 更准确地讲,依照牛津大学现任法理学教授张美路(Ruth Chang)的看法,"一页纸的尺寸与一本书的重量"这类情况并不是"不可比较"(incomparability),而是属于"无关比较"或"非比较"(non-comparability)之情形,它们确实是存在的,但与"不可比较"无关。② 我们都会同意,权利与公共利益,自由与秩序,它们并不是事物的事实特征,它们的度量单位(不论是什么)也不是关于事物的"是什么"的单位,而是关于"多么好"的单位,因此将"平衡权利与公共利益"类比于比较"一页纸的尺寸与一本书的重量",这种类比自身就是错误的。菲尼斯和斯卡利亚的这个论证并没有解释为什么"不可通约"蕴含着"不可比较"。

美国的法学家沃尔德伦(Jeremy Waldron)将"不可通约性"分为两种类型,一种是强的不可通约性,一种是弱的不可通约性。所谓"强不可通约性"指的是,"既不是 A 比 B 更有分量,也不是

---

① Frederick Schauer, "Commensurability and Its Constitutional Consequences", *Hastings Law Journal*, Vol. 45, p. 786 (1994).
② Ruth Chang, "Introduction", in Ruth Chang (ed.), *Incommensurability, Incomparability, and Practical Reason*, Harvard University Press, 1997, p. 29.

B比A更有分量，也不是A与B有着同等分量"①。所谓"弱不可通约性"指的是，"在A与B之间存在着一种价值次序，我们并不对二者进行量化平衡，总是偏好A，哪怕B展现了很重要的价值，而A仅展现了很小的价值"②。依照这个分类，并不是所有类型的不可通约性都蕴含着不可比较性，只有"强不可通约性"才蕴含着不可比较，"弱不可通约性"与可比较是兼容的。

沃尔德伦的主张如果是成立的，那意味着他提供了一种基于"不可通约"来比较不同价值的可能路径。他的这个观点是值得重视的，这是因为这种观点关联着两个在哲学和法学中分别有着重大影响力的观点，即美国哲学家罗尔斯（John Rawls）提出的价值之间的"词序式次序"③，与美国法学家德沃金（Ronald Dworkin）提出的权利的"王牌"观④。德沃金的权利的"王牌"观是罗尔斯的价值的"词序式次序"的法学版本。沃尔德伦所说的"弱不可通约性"实际上在权利等平衡对象之间确立了一种阶层次序，或者说词序式次序。在这种意义上，在权利冲突或者权利与公共利益冲突的情形中，冲突双方中的一方总是优先于另一方。例如，当言论自由与社会文化冲突时，言论自由总是胜出；⑤ 当基本自由与其他自由或者公共利益冲突时，基本自由总是胜出。⑥ 如果不可

---

① Jeremy Waldron, "Fake Incommensurability: A Response to Professor Schauer", *Hastings Law Journal*, Vol. 45, p. 815 (1994).
② Jeremy Waldron, "Fake Incommensurability: A Response to Professor Schauer", *Hastings Law Journal*, Vol. 45, p. 816 (1994).
③ John Rawls, *A Theory of Justice*, Cambridge University Press, 1971, p. 42.
④ Ronald Dworkin, *Taking Rights Seriously*, Harvard University Press, 1977, p. 273.
⑤ Ronald Dworkin, *Taking Rights Seriously*, Harvard University Press, 1977, pp. 274 – 278.
⑥ John Rawls, *Political Liberalism*, Columbia University Press, 1993, p. 294.

通约的价值只可能通过词序式的方式来平衡,那意味着在法学中必须接受权利的"王牌"观念。

沃尔德伦的这种观点存在明显的概念上的混淆,即便可以将他所说的"词序式次序"称为"平衡",但这种"平衡"也不是我们这里所讨论的"平衡"。这种"词序式次序"是脱离语境的,它在冲突的各项事物之间确立了一种绝对的优先关系。而我们所讨论的"基本权利与公共利益的平衡"意义上的"平衡"则恰恰相反,它是一种有条件的、依赖语境的平衡,这种平衡需要考虑具体情境中的冲突项的"具体重要性"。实际上,作为"词序式次序"这一概念的提出者,罗尔斯自己还特意划清了"词序式次序"与"平衡"的界限。"序列式的次序全然避免了对原则的平衡。次序中在先的原则相对于在后的原则具有一种绝对的分量,不允许有任何例外。"[1] 有鉴于此,沃尔德伦通过"弱不可通约性"来论证"不可通约性"与"可比较性"相容的企图完全失败了。

相比于沃尔德伦这个不成功的论证,美国哲学家威廉斯(Bernard Williams)对"不可通约"与"不可比较"的关系的解释更为可取。他认为,所谓"不可通约"指的是在两个价值之间没有共同的度量单位。所谓"不可比较"指的是不可能理性地判断两个价值的分量关系。"不可通约"与"不可比较"并不是同义语,也不是一个蕴含着另一个。[2] 威廉斯的这个看法是值得认同的,如此看来"不可通约"便不构成平衡的方法论挑战。真正挑战平衡的方法论根基的是"不可比较性"这个指责,尽管人们事

---

[1] John Rawls, *A Theory of Justice*, Cambridge University Press, 1971, p. 43.
[2] Bernard Williams, *Moral Luck: Philosophical Papers 1973–1980*, Cambridge University Press, 1981, p. 77.

实上经常在不同价值之间做出选择,但这类选择如何可能是基于理性做出的呢?

第二节 价值比较的理性根据

上一节澄清了平衡的方法论问题,"不可通约性"构成了平衡的前提,从"不可通约性"中并不能自然推出"不可比较性",因此"不可通约性"并不构成对平衡的理性根据的挑战。真正挑战平衡的理性根据的是"不可比较性"这个批评,即不同类型的价值之间的理性比较何以可能?

一、价值的可比较性与实践理性

德国法学家阿列克西认为,比较不可通约项的可能性并不在于找到这两个比较项的共同的价值尺度,实际上并不存在这样的共同的价值尺度。价值比较的关键在于基于某种"共同的比较点",此种不同价值之间的共同的比较点可以被称为"视角"(point of view)。如果价值比较出现在道德领域、在道德问题上显现出来,我们需要的就是"道德的视角"(the moral point of view)。如果价值比较出现在法律领域、在法律问题上显现出来,我们需要的就是"法律的视角"(the legal point of view)。[1] 我们所讨论的"基本权利与公共利益的平衡"是一个法律议题,因此需要展示比

---

[1] Robert Alexy, "The Reasonableness of Law", in Giorgio Bongiovanni, Giovanni Sartor, and Chiara Valentini (eds.), *Reasonableness and Law*, Springer, 2009, p. 11.

较二者的"法律的视角"。但由于"法律的视角"是"道德的视角"的制度化形式,因此,根本的问题在于,平衡基本权利与公共利益的道德的视角是什么。

关于"视角"在异质价值比较中发挥作用的方式,我们可以通过一个例子来展现。"玩游戏"与"背英语单词"代表着两种不同的价值,对于特定个人而言,同一时间只能从事这两个活动之一,只能选择实现其中的一个价值。在这种意义上个人面临着一种价值冲突情境,为了解决这个价值冲突,我们需要一种个人生活的观念的视角,也就是说"你想要过何种人生"。"你想要过何种人生"构成了"玩游戏"与"背英语单词"的"共同的比较点",需要考虑的是这两种活动对于这个人的生活观念而言所具有的抽象重要性,这样才能实现对这两种不同的价值的比较。当然冲突情境也需要考虑在内,这会影响到二者的具体重要性。例如,在英语考试之前"背英语单词"将具有更高的具体重要性。我们所讨论的"基本权利与公共利益的平衡"并不是一个个人生活的问题,它是一个公共生活问题。对于公共生活而言,也就是当价值比较发生在人与人之间的时候,为了比较不同的价值,需要一种"道德的视角",需要一种公共生活的观念,即"我们想要过何种共同生活"。

以"(个人或公共)生活观念"作为不同价值比较的基点,这将"价值比较的理性基础问题"聚焦在"(个人或公共)生活观念"的合理性上,我们如何在承认价值多元的前提下形成一种理性的"(个人或公共)生活观念"呢?这在根本上是一个"实践理性何以可能"的问题。

二、实践理性的可能性：先验与经验

人的实践活动包含内外两个方面，即内部的实践推理过程以及外部的执行行为。准确来讲，实践是否具有合理性，指的是实践推理是否体现了人的理性、能否予以理性地评判。典型的实践推理包含三个环节[①]：第一，设定目标，例如"赶火车"；第二，确定手段，例如"火车还有 15 分钟开车，只有跑步前进才能及时赶到"；最后，得出结论，例如"现在应该跑步前往火车站"。其中的第二个环节涉及手段与目的的因果关系的认定，人们普遍承认，在目标已定的前提下，存在着客观的检验标准来判断手段能否实现目标，在这个环节上是有理性可言的。争议出现在第一个环节上，是否存在能够判断目标自身好坏的客观标准?[②] 如果有，人的实践就是一个可以理性地考察的对象；如果没有，那么理性只能发挥从属性的认定手段的功能，整体来讲，实践与理性无关。

在思想史上，英国哲学家大卫·休谟为这个问题给出了一个否定的答案。在他看来，人的实践推理的第一环节由感性所决定，在目标的认定上不存在客观、普遍的标准，主观、感性的因素构成了推动整个实践推理的动力。人的理性只具有认知功能，这个功能在实践推理的第二个环节才会被用到，被用来认定达到预定目的的手段。因此，"理性是并且也应该是情感的奴隶，除了服务和服从情感之外，再不能有任何其他的职务"[③]。

[①] Georg Henrik von Wright, *The Varieties of Goodness*, The Humanities Press, 1963, p. 161.
[②] 参见徐向东编：《实践理性》，浙江大学出版社 2011 年版，"编者导言"。
[③] ［英］休谟：《人性论》（下），关文运译，商务印书馆 1980 年版，第 453 页。

在社会生活中，推动某种实践活动的动机往往是多样的。以写一本学术著作为例，存在着多种多样的动机：赚取稿酬、自我满足、寻求真理、获得学术声誉、传播知识、提升所在单位的影响力……在这些动机中，什么样的动机为写书提供了正当性，从而不仅能用它来说明写书的原因，更能以其作为写作的正当化理由？[1] 对此，不同的人有不同的看法。有人可能认为只有金钱才构成写书的动力，有人可能更注重获得知识，有人可能更注重学术声誉……同一种实践活动存在多种动机，人们在评判这些动机是否正当时经常出现分歧，这似乎证明休谟的判断是正确的。动机是行动的缘由，针对某种动机可以理性地构想贯彻它的方法、步骤，其自身却不属于理性能够掌控的领域，属于理性不入之地。

英国法学家麦考密克认为，实践中动机具有多样性，人们对正当动机的看法不一，这些是无法否认的事实，但这并不能证明理性的失败，相反，该现象恰恰证明了理性在实践中发挥着作用。[2] 不同的人在争辩某种行动的正当化理由时，首先要理解对方提出的主张的意思，而理解对方的意思必然预设了一个前提：对方是一个理性的主体。如果认为对方是一个非理性的人（一个疯子），那么在另一方看来他的想法就是不可理喻的，与他争辩没有意义，因此他们之间就不可能有什么"分歧"。所谓把对手当作理

---

[1] "理由"有两种类型：一种是说明性的，用来解释做某事的原因；另一种则是正当化意义上的，用来解释为什么应该做某事。James Lenman, "Reasons for Action: Justification vs. Explanation", http://plato.stanford.edu/entries/reasons-just-vs-expl/2013-4-2. 下文出现的"理由"，如无特殊说明，均指正当化理由。

[2] Neil MacCormick, *Practical Reason in Law and Morality*, Oxford University Press, 2009, pp. 8-9.

性主体的意思是，尽管不同意对手的观点，但知道对手自认为他的看法才是正当的、有说服力的。双方因此都不否认存在着判定行动正当与否的理由，但在理由的内容是什么这一点上有分歧，各有各的理解。借用罗尔斯对"概念"与"观念"所做的区分，① 人们在存在实践理性这一点上有着共同的概念，但是观念不同，因此导致分歧与争辩。如果否认实践理性的存在，就没有办法解释为何会出现争辩。

主体在为行动设定目标、寻找理由的时候，不论自己是否意识到，其中总是包含着理性的运用。但也要承认，人的实践中包含诸多人的意志以外的因素，一个人的家庭背景、成长经历、所属阶层、教育水平、运气等等这些因素都在影响着人的实践行动，例如，对于一个想创业的大学生来讲，他能够做什么不仅取决于他的意志，同时也受到他的家庭出身的影响。自己的家庭是否富有，将极大地影响他的创业规模与方式。有一类理论因此认为，真正决定实践的是人的意志以外的其他因素，例如幼儿时期的性心理、人所隶属的社会阶层等。在这种理论看来，理性在确定目标方面仅仅起到一种装饰作用，把非理性的因素装扮成理性的，所谓"理性能够主导实践"不过是一种"虚假意识"。

我们并不否认性心理、阶级归属等外在因素对行动的影响，但认为这些影响不能被过分夸大。主导人的实践的，是人的自我反思与批判，外在因素可能限定了理性发挥作用的范围与程度，却无法替代理性。② 还是以写书为例，写一本书可能需要几个月甚

---

① John Rawls, *A Theory of Justice*, Cambridge University Press, 1971, p. 4.
② Neil MacCormick, *Practical Reason in Law and Morality*, Oxford University Press, 2009, p. 10.

至几年，其间会因为各种各样的事件被打断：吃喝拉撒睡、工作、上课、陪伴家人、会晤朋友、与同行交流、休假……写书这个行动因此被分割成诸多行为片段，是什么保证了这些行为片段之间的连续性呢？对此，诉诸幼儿期的性心理或者所属阶层的意识形态毫无解释力，只有从理性的角度才能解释。把这些行为碎片串联起来的，是作者的反思、自我批判（"我要写一本推论严谨、环环相扣的著作"）。离开了这个，要么书无法写完，在某一个点上可能中断，要么完成的作品只是缺少内在关联的杂烩。

实践理性不仅在它被人的行动必然预设的意义上是可能的，① 还体现在行动理由的内容上，理由在内容上是客观的，因此能够予以理性的检视、评判。主张理由的客观性并不意味着理由是一种独立于主体、与人的主观意愿无关的客体，不可否认，理由与主体有着不可分割的内在关联。理由首先表现为某种事实，但又不仅仅是事实，它总是包含着特定主体在特定情境下对该事实的评价。例如，"存在着火车这种交通运输工具"是一个事实，单凭该事实不足以正当化任何行动，只有当特定主体在特定情形下认为"火车值得乘坐"（"我要坐火车"）的时候，"存在着火车这种交通运输工具"才可能成为主体采取相关行动（"现在跑步前往火车站"）的正当化理由。并非所有人在所有时候都有坐火车的愿望，对于不想坐火车的人来讲，"存在着火车这种交通运输工具"就构不成采取相关行动的理由。这个例子表明了理由的相对

---

① 麦考密克自己并未明言，但实际上他前面对实践理性的论证采取了一种"先验论证"的形式，即从现实、经验性的行动与交往开始，把"理性"作为这些交往、行动得以可能的先验条件推论出来。关于先验论证，参见［德］罗伯特·阿列克西：《法·理性·商谈》，朱光、雷磊译，中国法制出版社2011年版，第126—128页。

性，麦考密克认为，承认理由的相对性与主张理由的客观性并没有矛盾。在他看来，理由的客观性指的是理由具有普遍接受性，理由尽管因人而异，但至少对于所有处于相同情境的人来讲都是可接受的。① 某些人之所以想要坐火车，可能是因为他们考虑到，与其他交通工具相比，火车的性价比最高。相应地，对于所有打算出行且想兼顾运行速度与经济成本的人来讲，坐火车都是一种可接受的行动理由。在这种意义上，理由具有了普遍接受性。

需承认，理由在这种意义上具有的普遍接受性（客观性）很微弱，过于不确定，过于依赖于主体意志以外的其他因素。例如，一个经济宽裕的出行者很可能选择乘坐飞机而不选火车，一个有恐高症的人尽管很富有且行程紧迫，但仍然会选择坐火车而不是飞机。如果说理由在内容上的客观性仅仅体现在"所有处于相同情境的人都能接受"，很难说这体现了理性在形成理由中的作用，似乎反倒证明了麦考密克批评过的那种把人的实践归因于心理、社会阶层、经济状况等意志外因素的理论。

理由的客观性不仅仅体现在"所有处于相同情境的人都能接受"上，还体现在它们与终极价值的内在关联上。在社会生活中存在着一些能够被所有人接受的终极价值，例如生命、健康、知识、友谊、休闲娱乐等。② 一个人可以不用手机、不会开车、不会跳舞，却不能不在乎生命、知识、友谊，具体的、依赖于情境的

---

① Neil MacCormick, *Practical Reason in Law and Morality*, Oxford University Press, 2009, p. 18.
② Neil MacCormick, *Practical Reason in Law and Morality*, Oxford University Press, 2009, p. 36.

理由属于这些终极价值在具体情境中的"应用",或者说属于主体从特定情境出发对终极价值的具体诠释结果。① 例如,为了恢复健康,甲打算去上海某医院治疗,乙则打算去北京某医院,甲选择乘飞机,乙选择坐火车,甲驾车前往机场,乙乘公交前往火车站。以例子所表述的内容为限,甲乙二人形成了两套不同的行动理由序列(去北京/去上海、乘飞机/坐火车、驾车/乘公交)。以第一个层次的行动理由为例,甲乙选择不同的医院可能是考虑到不同医院的专长、治疗费用、知名度、路途远近……但这些环境要素之所会被考虑,说到底还是在健康这个终极价值的促动下实现的,要不是为了健康,他们根本没必要考虑这些因素,二人各自的理由在性质上是健康这个终极价值在各自不同的实践情境中的应用结果。正是通过与此类似的方式,社会生活中的诸终极价值把客观性传递给具体的行动理由,确保了它们在依赖于情境的同时又可以被理性地考察。

三、实践理性的原则:斯密式绝对律令

人的实践包括了两大领域:规划自己的生活;与他人相处。在这两个领域中都经常出现理由的冲突。在个人生活领域,例如,大学毕业生在选择职业时,一个职业收入高,另一个职业则专业对口,如何取舍?在人际关系领域,例如,当面对一个好奇的询问者时,是否应当坦诚地告诉他你并不想说的事情真相?如果承

---

① Neil MacCormick, *Practical Reason in Law and Morality*, Oxford University Press, 2009, p. 25.

认实践理性的可能性，将理性运用于实践将带来什么样的行动原则？

个人的生活规划属于个人自由的领域，在这个领域内并没有严格意义上的对错之分，但也不意味着怎么做都行。一个总的原则是，应尽可能地规划一个好的生活。具体来讲，每个人应独立自主地在通盘考虑各种行动理由的基础上得出行动准则，并尽可能与过去已有的成就、做法、信念以及未来的目标相协调，以实现生活总体上的融贯。① 这个领域的实践理性并不体现在最终的结论上，例如选择专业对口的职业，而是体现在规划方式上——自主地反思、权衡。除此之外，自己的生活规划还与如何对待他人有关。在规划生活时，有一个边界不能逾越，即不能通过对他人犯错来为自己谋取利益。在这种意义上，"不能对他人犯错"为个人生活的"自由领域"划定了范围，构成一种"边界约束"。② 正确与错误之分依赖于相应的规范，对于刚才举过的那个人际交往的例子，通常的道德规范已经提供了答案，"除特殊情况（如事关隐私）外，不得撒谎"。规范在社会生活中表现为不同的形态，除了道德规范之外，还有体育规则、社团规章、宗教戒律、法律规范等，这些规范涵盖了人际交往的不同领域。从理性出发探究人际关系的行动原则，目的不是通过搜罗这些规范了解"正""误"的具体表现，而是要思考这样一个问题：衡量这些社会规范自身是否具有正当性的原则是什么？

---

① Neil MacCormick, *Practical Reason in Law and Morality*, Oxford University Press, 2009, pp. 166–168.
② 参见［美］罗伯特·诺奇克：《无政府、国家与乌托邦》，姚大志译，中国社会科学出版社2008年版，第35页。

在思想史上，康德的"绝对律令"为这个问题给出了一个答案——"应当这样行动，就好像你的行动准则通过你的意志成为普遍的自然法则"①，实际存在的社会规范所要求的内容只有通过它的检验才具有正当性。绝对律令的出发点是康德的人性观念，在康德看来，人的意志受到各种欲望、倾向、需求的影响，这体现了人的动物性，就此而论，人与动物并无实质差别，使人区别于动物的是人的意志自由，这表现为人具有通过反思对这些感性要素予以驾驭的能力。② 表面上人的行动由各种感性动机所引起，但之所以按照某个动机去行动，则是人的反思所指定的。在这个意义上，人的意志自由才是行动的真正原因，其自身却不是由任何事件所引起，是一种没有原因的原因。考虑到意志自由的这个特点，相应地，适合于人性的行动法则一定是普遍的，不包含任何感性因素，不依赖于具体的动机和环境。就此而论，该法则与自然法则（如万有引力定律）有着相同的性质。只有能够被每一个人自由地同意的理想规范才具有这种普遍化特征，因而能够被所有人意愿为适用于所有人的法则。

康德的这个思路作为一种批判已有社会实践的理想很有激励性，但由于它完全回避了人的感性动机，在作用于现实生活的时候缺少解释力。③ 在真实社会生活中，人的正当性观念总是与感性

---

① ［德］康德：《道德形而上学原理》，苗力田译，上海人民出版社2005年版，第40页。译文参酌邓晓芒教授的相关研究有所修改，参见邓晓芒：《康德〈道德形而上学奠基〉句读》（上），人民出版社2012年版，第422—425页。
② 参见［美］克里斯蒂娜·科尔斯戈德：《规范性的来源》，杨顺利译，上海译文出版社2010年版，第101、110—111页。
③ Neil MacCormick, *Practical Reason in Law and Morality*, Oxford University Press, 2009, p. 56.

相伴，例如，当人们声称"盗窃是错误的行为"的时候，总是伴随着对盗窃行为的愤恨、蔑视以及对受害人的同情，并不会仅仅想到"盗窃是无法普遍化的行为"。人的意志自由尽管是无法否认的，但仅从可普遍化这单一方面来论证正当性，对实际生活中的人来讲是一个过于理想化的要求。

在解释行为的正当性原则时，苏格兰经济学家亚当·斯密（Adam Smith）从人的情感入手提供了一种与康德不同的论证思路。在他看来，人对自己（以及通过移情对他人）受到的影响会产生快乐、痛苦等情感，并进一步对引起或回应这些感觉的相关行为产生赞许或否定的情感，赞许或否定这类情感为人提供了做出道德判断的能力。所谓道德上正当的行为就是被赞许的行为，错误的行为就是被否定的行为。不过，完全依赖个人情感难以保证道德判断的客观性，人的自然情感使人难免更偏爱自己以及与己相熟之人，难以做到对所有人一视同仁。而且，由于个人知识的有限性，实际生活中的人对相关情形中的各类因素的掌握可能不准确，这也会影响道德判断的客观性。例如，听信媒体的片面报道将会使人对相关事件得出错误的道德判断。客观的道德判断需要摒除这些因素，这就要求每个人在做出道德判断时要暂时从自我中抽离，构想一个不偏不倚、资讯充足的旁观者，从他的视角出发判断相关行为的正误。① "不偏不倚、资讯充足的旁观者"无疑是一个理想中人，但这个理想有其现实的感性根基。在斯密看来，每个人都有一种与他人共同生活的社会性情感，从而不愿

---

① 参见［英］亚当·斯密：《道德情操论》，谢宗林译，中央编译出版社2008年版，第156页。

意自己的判断仅仅体现了自己的偏好，而是希望他人也能赞同自己的意见。"不偏不倚、资讯充足的旁观者"作出的判断正是每一个人都能同意的判断，因此，每一个人都有动力去培育从这种理想的旁观者视角出发作出判断的能力。

斯密基于人的情感中的社会性倾向推导出了"不偏不倚、资讯充足的旁观者"这个检测标准，用它来过滤个人在判断行为正误时所产生的原始感觉，过滤之后的判断才是真正的道德判断。要注意的是，"不偏不倚、资讯充足的旁观者"作出的判断虽然具有普遍接受性，也因此每一个打算过社会生活的人都有理由采纳这个视角，但它的普遍性局限于已有的社会文化的范围之内，它自身不具有批判功能。一个社会的是非观念随着时间的流逝经常出现变化，这种变化超出了"不偏不倚的旁观者"所能掌控的范围，属于自然的演进过程。麦考密克认为，这正是斯密的缺陷所在，它是斯密的情感主义必然会导致的结果，[1] 与康德一样，斯密对人性的理解也是片面的。

情感与自治（意志自由）是人性中不可或缺的两个方面，真正的"人性法则"需要同时兼顾这两个方面。行动的正当性原则一方面应该具有绝对的普遍性，另一方面又需要包含与情境相关的人的情感。为此，麦考密克将康德的绝对律令与斯密的理想观察者论证结合起来，将其称为"斯密式绝对律令"：

> 尽可能充分地体会身处某事件（或关系）之中或受其影

---

[1] Neil MacCormick, *Practical Reason in Law and Morality*, Oxford University Press, 2009, p. 60.

响者的感受，无偏私地形成一种判断正误的准则。该判准需要能够被所有致力于维护这样一种相互信任的人所接受，即形成一种适用于他们的界分臧否的共同标准。结合相关事件（或关系）做出与该判准相一致的行动。①

作为一个行动的正当性原则，斯密式绝对律令有三个特点。第一，在结构上它囊括了由"感觉""判断""决定""执行"所构成的实践整体。按照它的要求，在处理实践问题时，需要注意：（1）考虑实践情境中相关人等的感性动机，这是进行实践推论的起点与动因；（2）在充分地掌握信息并不偏不倚的基础上作出判断；（3）该判断需要能够被共同体成员普遍接受，从而使其在性质上相当于普遍的行动原则在具体情形中的适用；（4）在具体问题情境中执行由此得出的决定。第二，在内容上它兼顾了正当行动的普遍性与特殊性。作为一种做出正当行动的实践程序，它具有普遍适用性，不受具体社会环境的影响。在结论上，也就是它所要求的具体行动上，它没有预先设定永恒、普遍的内容。什么样的要求会得到共同体成员的普遍接受，是因时空背景的差异而不同的。例如，在归还欠款这件事上，中国古代社会普遍接受父债子偿，而现代社会则认为责任自负。第三，在方法论上它以"判断"为中心。这是一个现实的视角，契合人们解决道德问题时的实际状态。人的实践不是发生在真空中，实践中任何一个决定都不可能"从零开始"。在面对某个具体道德问题的时候，例如应

---

① Neil MacCormick, *Practical Reason in Law and Morality*, Oxford University Press, 2009, p. 64.

否告诉对方事情的真相,我们总是要同时考虑两件事情,一是自己或他人过去对于该类问题所做的判断、所接受的原则,二是自己关于当下个案所做的无偏私的判断,"被所有致力于维护这样一种相互信任的人接受"要求实践者将这两方面考虑相协调。

"斯密式绝对律令"吸收了相当一部分情感主义内容,强调感性动机、社会环境的重要意义,它同时也保留了康德理论的核心内容——自治。① 外在的社会压力(他人的建议、过去实践所形成的先例与原则等)是行动者作出决定时必须考虑的要素,但这不要求行动者必须予以遵从,最终的决定取决于行动者的自我反思。如果有必要,先前存在的这些先例、规则和原则可以被修正甚至废弃。需承认,在某些社会中可能存在较多的压制性因素,例如经济上普遍贫困、政治上专制、文化上充斥着盲从和迷信,这些因素为一个人自主地作出决定设置了难以克服的障碍,此时依照该律令行动对主体来讲是一个较高的要求。但只要仍然承认"生活在一个合理(fair)、真实的共识大行其道的共同体之中"② 是一个值得信奉的理想,就有理由接受"斯密式绝对律令"。需要改变的不是斯密式绝对律令,而是设置障碍的社会条件。

四、小结

依照"斯密式绝对律令",价值冲突情境中各方价值的"分量

---

① Neil MacCormick, *Practical Reason in Law and Morality*, Oxford University Press, 2009, p. 66.
② Neil MacCormick, *Practical Reason in Law and Morality*, Oxford University Press, 2009, p. 68.

的分配",根本上是通过一个"推理程序"来实现的,即"借由亚当·斯密的'无偏颇的观察者'程序"①。依照此种程序,价值的分量这样得到理性的断定,即"实践推理者在满足'无偏颇'以及'资讯充足'的前提下,同情地或移情地回应价值冲突情境中所涉及的人的感受"②。麦考密克提出的这种"无偏颇的观察者程序",是一种典型的"一人程序"。除此之外,还有"商谈理论"这样的实践理性的"多人程序"。此种程序的要点在于,"有效的只是所有可能的相关者作为合理商谈的参与者有可能同意的那些行动规范"③。但正如商谈理论的代表人物阿列克西自己所承认的,实践理性的这两种不同的版本并无实质差别,"角色互换"构成了二者共同的核心,它们的区别仅在于如何实现此种"角色互换"。④ 在斯密看来,"在所有这一类的场合,旁观者和主要当事人间,如果要在情感上有某一程度的对应调和,则旁观者首先必须尽可能努力把他自己置于当事人的情境中,用心体会当事人可能感受到的每一个苦恼的细节。他必须把他同伴的全盘处境,包括这处境中所有最琐细的情节,当作是他自己的处境;并且努力使他赖以产生同情感的那种处境转换的想象工作,尽可能做到分毫

---

① Neil MacCormick, *Rhetoric and the Rule of Law*, Oxford University Press, 2005, p. 168.
② Neil MacCormick, *Rhetoric and the Rule of Law*, Oxford University Press, 2005, p. 186.
③ [德]哈贝马斯:《在事实与规范之间:关于法律和民主法治国的商谈理论》,童世骏译,生活·读书·新知三联书店2003年版,第132页。商谈理论的创立者是哈贝马斯,本章前面提到了,哈贝马斯自己是反对"平衡"的,他认为"平衡"缺少理性基础。但阿列克西却基于商谈理论得出了相反的结论,他认为商谈理论可以为平衡提供一个理性的基础。
④ Robert Alexy, "The Reasonableness of Law", in Giorgio Bongiovanni, Giovanni Sartor, and Chiara Valentini (eds.), *Reasonableness and Law*, Springer, 2009, p. 11.

不差的地步"①。依照商谈理论,"每一个做出一个这样一种规范性陈述的人,即该陈述预设了一个带有满足他人的利益的特定结果的规则,即使在'做出该规范性陈述的人处于他人的位置上'这种假设的情境中,他也必须能够接受这些结果"②。

---

① [英]亚当·斯密:《道德情操论》,谢宗林译,中央编译出版社2008年版,第19页。
② Robert Alexy, *A Theory of Legal Argumentation*, Oxford University Press, 1976, p. 203.

第五章　平衡的宪法制度化模式

"平衡"不仅是一种法哲学理念,也是一种司法实践。作为司法实践的平衡是作为理念的平衡的制度化形式,或者说它是平衡在司法实践中的现实表现。作为理念的平衡是统一的,之前我们所讨论的基本上都是理念层面的平衡,但作为司法实践的平衡则是多样的。从目前各国的宪法实践来看,平衡主要呈现为两种制度化模式,一种是以德国为代表的"适用性-个案式平衡",另一种是以美国为代表的"定义性-类型化平衡"。这两种平衡模式都由两个要素构成,平衡的德国模式包含了"适用性"与"个案式"这两个要素,平衡的美国模式包含了"定义性"与"类型化"这两个要素。这两种模式各自包含的两个要素之间有着密切关联,解释其中的一个特征难以避免地会涉及另一个特征,例如,为了解释美国模式中的"定义性"特征,需要联系它的"类型化"特征。但为了更好地说明平衡的德美模式之差异,本章将分别对比说明这两种模式各自的两个特征。第一节将对比说明这两种模式中的"适用性"特征与"定义性"特征的区别。第二节将聚焦于平衡的美国模式的"类型化"特征,来说明这两种模式中的"个案式"特征与"类型化"特征的区别。第三节将分析平衡的德国模式和美国模式的成因,并从中获得构建我国的平衡模式的启示。

第一节 适用性平衡与定义性平衡

"适用性平衡"与"定义性平衡"这个分类的标准是:平衡在司法实践中的功能。"适用性平衡"指的是通过平衡来适用已有的基本权利规范,以此来创制新的可用于当下个案的规范。"定义性平衡"指的是通过平衡来定义已有规范中的相关概念的含义,以此来适用已有规范来解决当下个案。

一、适用性平衡

在欧洲、加拿大、以色列等国家地区,宪法审查分为两个主要阶段:第一,确认基本权利是否受到了政府行为的侵犯;第二,确定该种侵犯是否合理,由此得出合宪或违宪的结论。政府行为的合理性取决于它是否符合比例原则,一般认为,比例原则包含三个子原则:适当性原则、必要性原则和平衡性原则。其中,平衡处于核心位置,[1] 适当性与必要性是平衡性原则适用的前提条件。适当性和必要性都是一种工具合理性判断,基于经验事实考察政府限制基本权利的措施是否实现其目标的合适手段。平衡性则是一种价值合理性判断,判断特定案件中基本权利与政府目标的"相对重要性"。如果限制措施并非达成目标的适当或必要手段,则说明系争案件中的政府目标并没有和基本权利发生真正的

---

[1] Alec Stone Sweet and Jud Mathews, "Proportionality Balancing and Global Constitutionalism", *Columbia Journal of Transnational Law*, Vol. 47, p. 163 (2008).

冲突，相关行为是一种（全部或部分）缺少正当价值支持之行为，不可能通过平衡性检验。在此种意义上，适当性与必要性可被视为平衡性的前置步骤，它们是平衡性的特殊表现形式。①

在比例原则的适用中，平衡性阶段因涉及价值判断最易引起争议，对此，德国宪法法院自 1958 年的"吕特"案以降，② 在其半个多世纪的运作中，形成了相对成熟的评判标准。吕特（Erich Lüth）原为德国汉堡自由汉萨州州长兼州政府新闻发言人，1950 年 9 月 20 日他以汉堡新闻俱乐部主席身份出席"德国电影周"开幕式。在面向电影制片人和发行人致辞时，他对电影导演哈兰（Veit Harlan）进行了道德谴责。哈兰是纳粹德国时期的当红导演，拍摄过《犹太人苏斯》等反犹影片。吕特认为不应该将哈兰作为德国电影的代表人物，如若不然将无从挽回德国电影于纳粹期间所丧失的道德声誉。在该言论受到哈兰所在的电影公司的质疑之后，吕特又通过在媒体上发表公开信的方式号召公众抵制哈兰拍摄的电影。州法院以"违反公序良俗"为由判决吕特败诉，其后吕特提起宪法诉愿。该案涉及的一个关键争议点是，吕特发表号召公众抵制哈兰拍摄的电影的言论是否违背了公序良俗。宪法法院认为，"公序良俗"并不是一个僵死的标准，"而系'正直之人'观念中之法律同胞进行社会交往时合乎事宜之内容"③。为了判断吕特的此种言论是否违背公序良俗，需要平衡两种价值，一种是

---

① Vicki C. Jackson, "Constitutional Law in an Age of Proportionality", *The Yale Law Journal*, Vol. 124, p. 3094（2015）.
② 参见张翔主编：《德国宪法案例选释》（第 1 辑），法律出版社 2012 年版，第 20 页。
③ 陈戈、柳建龙等：《德国联邦宪法法院典型判例研究：基本权利篇》，法律出版社 2015 年版，第 170 页。

言论自由的价值,另一种是"自由发展人格"之价值,需要考虑吕特发表此种言论的重要性,以及哈兰因此言论而受损的"自由发展人格"的重要性。作为平衡的结果,宪法法院认为,在此案中言论自由具有更高的重要性,判决吕特胜诉。

在1973年的"雷巴赫"(Lebach)案中①,德国宪法法院较为完整地展示了"平衡"基本权利的价值推理过程。雷巴赫因协助抢劫军火、杀害和重伤了数名战士而被判有期徒刑6年。在他即将刑满出狱时,电视台将当时的犯罪经过制作成新闻报道,该报道披露了他的姓名、照片以及同性恋倾向。雷巴赫要求州法院禁止电视台的报道,但是州的地区与上诉法院都根据《基本法》第5条所保障的言论与新闻自由驳回了其诉求。雷巴赫向宪法法院提出了申诉,宣称电视台的此项报道侵犯了其受《基本法》第2条保护的自由发展人格的权利。宪法法院在平衡了该权利与言论自由的基础上,禁止电视台重播此项犯罪报道。

法院确认了电视台的报道对人格权的侵害,认为本案涉及广播自由与人格自由之间的冲突,其判决推理主要有四个步骤:(1)披露被告姓名和照片的罪行公开报道,必然构成对其私人内在领域的严重侵犯。(2)公众应获得罪行的完全信息,罪行构成了现代历史的一部分,对其报道乃是媒体的典型任务。(3)广播自由和人格自由都位于《基本法》的自由民主秩序的基本层面,其中任何一个都不能在原则上宣称处于优越地位。在发生冲突时,法院应根据案件性质及其特殊情形来决定何种利益需要做出让步。

---

① 参见张翔主编:《德国宪法案例选释》(第2辑),法律出版社2016年版,第49页。

对于现行罪行之报道，一般来讲，接受信息的公共利益具有更高的重要性。但在超越现行事件的报道之上，公众接受现存信息的利益已经获得满足，那么罪犯"不受干扰"的权利就变得更为重要。（4）关于现行事件的合法报道何时失去其现时效力，决定性的准则是，和已经公开的信息相比，有关报道是否有可能对罪犯造成新的附加伤害。如果报道危及罪犯重返社会，且不再受到"公众获得现行事件的信息"之利益的支持，那么电视报道就不得重播。

适用性平衡作为基本权利的适用法则，具有很强的个案关联性，法官在运用此种方法时主要关注个案的相关因素。① 从逻辑上看，平衡是比例原则的最后一步，但实际上审查机构未必严格遵循这个顺序。例如，加拿大的合宪性审查经常将"平衡"融入适当性和必要性的考察步骤中。② 在加拿大的"奥库安"（Aucoin）案中，警察因为车牌违法让驾驶员奥库安停车接受检查，在盘问的过程中发现奥库安饮酒过量，违反了相关法律。警察在写传票期间将奥库安安置在警车的后座，出于安全原因，对他进行了搜身检查，发现他携带了违禁药品。双方当事人和法庭都承认警察最初采取的扣留行为是合法的，该案的焦点是，让驾驶员待在警车后座的扣留行为是否属于警察权的合法行使。加拿大法院认为，这不是一个是否有扣留权的问题，而是警察是否正当地行使了扣留权。对驾驶员进行搜身并将其置于警车后座，这是对原告自由

---

① Vicki C. Jackson, "Constitutional Law in an Age of Proportionality", *The Yale Law Journal*, Vol. 124, p. 3094 (2015).
② 参见汤德宗：《违宪审查基准体系建构初探——"阶层式比例原则"构想》，载廖福特主编：《宪法解释之理论与实务》（六），台北"中央研究院"法律学研究所筹备处2009年版，第27页。

的严重限制,考虑到之前原告的错误仅仅是两个轻微的交通违规行为,警察的行为并非"合理必要"。所以,这种搜身和扣留不合宪。该案判决中强调的"合理必要"明显不是严格意义上的"必要性",它同时体现了价值平衡。警察的行为之所以被认为并非"合理必要",一个很重要的理由是,原告的过错是轻微的,其重要性不足以证立警察采取的严重限制人身自由之措施。

在上述司法实践中,平衡方法并不是用来定义基本权利规范中的相关概念的含义,它不是用来澄清已有的基本权利规范"到底规定了什么"的方法。平衡是已有基本权利规范的适用方法,已有的基本权利规范是平衡的适用对象。相关的基本权利规范也并不是司法判决的直接依据,基本权利规范通过与法律承认的与其相竞争的其他规范性理由(公共利益等)进行平衡而形成的新的规范才是判决的直接规范依据。

二、定义性平衡

相比于德国的"适用性平衡",美国的"定义性平衡"是一种相对独立的审查方法。它仅适用于一部分宪法基本权利案件,并非基本权利裁判的主要方法,且常常受到质疑。[1] 从表现形式上看,或者说从美国法院的"自我理解"上看,美国法院在基本权利案件中使用的"定义性平衡"并不是一种创制新规范的方法,而是对已有的基本权利规范的解释方法。法官的判决依据并不是

---

[1] Laurent B. Frantz, "The First Amendment in the Balance", *The Yale Law Journal*, Vol. 71, p. 1424 (1962).

被创制出来的新的规范,通过平衡不同利益对已有的基本权利规范的解释才是判决的依据。定义性平衡有以下三个主要特征。

第一,美国的合宪性审查大都没有将权利的范围问题和权利的限制问题分开考虑,而是将二者合一。当美国法官或学者说"基本权利受到了侵犯"的时候,往往不是案件分析的开始,而是在阐明案件的结论。在相关案件中,出于基本权利的重要性的考虑,当只有某种迫切的政府利益才能证明限制它的正当性的时候,审理案件的法官或之后的其他法官会试图将这一理由提炼出来,使之成为一条可以被遵循的规则,将其适用于当下和以后的类似案件。例如,"如果政府行为处于警察权的正当范围之内,那么基本权利就没有受到侵犯",言论自由领域的"清楚与现存的危险",美国宪法第十四修正案所保护的基本权利案件中的"紧迫重大的公共利益",种族歧视案件中的"政府的非法意图"。

在一些适用严格审查的案件中,定义性平衡被用于识别政府行为的目标是否属于"迫切的公共利益",进而确定相关基本权利的保护范围。[1] 一旦满足这一要求,政府行为将被认为是必要的,并没有侵犯基本权利,基本权利并不包含禁止此种政府行为之内容。马歇尔(John Marshall)大法官认为:"当法院面对触及基本权利的立法归类时,'迫切的公共利益'是对法院必须从事的'平衡个人权利和公共利益之艰巨任务'的一个简化的描述。"[2] 在涉及政府是否存在非法动机的司法审查中,定义性平衡常被用于检测政府行为目的是否合法,以此来表明政府并没有试图无正当理

---

[1] Aharon Barak, *Proportionality: Constitutional Rights and Their Limitations*, Cambridge University Press, 2012, p. 546.
[2] *Richardson v. Ramirez*, 418 U. S. 24, 78 (1974) (Marshall, J., dissenting).

由地保护某一特定群体或者对某种重要权利施加负担。例如,当政府基于种族考虑进行区别对待、禁止特定言论时,或者政府的规制措施对州际贸易产生歧视性影响时,如果政府行为追求的目的与其造成的损害之间明显失衡,这表明政府声称的行为目的是虚假的,真正的立法动机是种族偏见、对特定内容言论的敌意以及地方保护主义。

第二,定义性平衡主要是用来检验规则的适用条件,法院在适用定义性平衡时,其思考重心往往不是个案中政府行为的合理性,而是将个案行为类型化,像立法者那样去思考,以确定该行为是否属于合法运用政府权力的行为。以警察权的行便为例,美国法院认为,如果政府行为处于警察的自由裁量的范围之内,针对个人权利的政府行为便为合理,因此没有侵犯基本权利。在所有涉及警察权对基本权施加负担的领域,这即是一条规则。在考虑政府行为是否属于警察权合法范围的时候,定义性平衡方法有时会作为检验方法被使用。这一特点在"阿特沃特"(Atwater v. City of Lago Vista)案中得到了充分的展现。尽管该案的案情与加拿大的"奥库安"案相似,都是对于警察行为正当性的"平衡"式审查,但美国法院考量的明显不是个案中的具体行为,而是将警察权的行使作为一般性的规则要素来进行解读。

在本案中,阿特沃特开车载着孩子在社区附近行驶的时候,交通警察看到她和孩子没有系安全带,因此将其拦停。在逮捕阿特沃特的时候,警察没有批准她提出的"将孩子托邻居照管"这个要求,警察把她们带到警局。其间,阿特沃特的手被铐在背后,她被安置在警车后座,没有系安全带。大约过了一个小时,她付了50美元的罚款之后被释放,回到社区后发现她的车已经被拖走。

她要求政府赔偿她因为被拘捕而受到的损失（孩子的医疗费、拖车费等）。法院承认，警察在逮捕过程中存在不必要的羞辱性和蔑视性举动，并且认为，就该案的具体情况来说，原告方的主张比被告方更有理由获得支持。但是，法院并不认为警察行为违反了美国宪法第十四修正案的正当程序原则。法院的理由是，该案中的警察行为并没有超出警察权的合法范围。法院将"警察行为"作为一个类型来考虑，而不是单独考虑本案中的警察行为。法院认为，无论是从历史的角度，还是从政府功能的角度，对于任何具有侵犯可能性的嫌疑人，警察都享有自由裁量权以决定是否对其进行逮捕。如果要求警察熟知刑法典的细节要求，预先判断嫌疑人可能受到的指控，这将会对警察系统施加过重的负担。"为了防止这一领域每个自由裁量权的行使都转化为一个诉讼的危险，'要求政府以敏感的方式平衡个案情况'并不是对第十四修正案的负责任的解读。"①

第三，美国法院的定义性平衡更多地体现了政策性考虑，聚焦于社会净得利益的总量，这不同于适用性平衡的个案价值平衡。② 定义性平衡的社会效果取向在"美国诉李"（United States v. Lee）案中体现得尤为明显。③ 该案中被上诉人的职业是农民和木匠，他是一个名为"旧秩序阿米什人"的教派成员。他认为缴纳保险税违背阿米什教义，当他雇佣了一些阿米什人在他的农场和

---

① Atwater v. City of Lago Vista, 532 U. S. 347 (2001).
② Vicki C. Jackson, "Constitutional Law in an Age of Proportionality", The Yale Law Journal, Vol. 124, p. 3099 (2015); Jacco Bomhoff, Balancing Constitutional Rights: The Origins and Meanings of Postwar Legal Discourse, Cambridge University Press, 2013, pp. 191–203.
③ United States v. Lee, 455 U. S. 252 (1982).

木匠铺工作时,他没有从雇员那里扣留社会保险税以及缴纳雇主应负担的社会保险税。应美国国内收入署的要求,他缴纳了部分保险税,然后以侵犯宗教自由为名在联邦地区法院提起诉讼。地区法院判决缴纳保险税的法案违宪,最高法院推翻了这一判决。最高法院认为,被上诉人信仰的阿米什宗教与社会保险法所规定的义务之间存在冲突,但不是所有对宗教的限制都是违宪的。如果政府对宗教自由施加的负担对于实现紧迫的公共利益具有实质重要性,那么这种负担就是合理的。社会保障制度是全国性的制度,它以社会保险为手段用多种方式为它的参加者提供利益,成本由雇主和雇员分担。该制度服务于公共利益,是目前美国最大型的国内政府计划,每个月大约支出 110 亿美元给 3600 万美国人。该制度要求其覆盖的雇主和雇员强制缴纳保险税,这种强制缴纳对于保险制度的维系必不可少。普遍的自由缴纳保费制度将会损害社会保障制度的有效性,全国性的社会保障制度和自愿参与相矛盾。社会公益性保险制度的性质和税收很相似,如果允许作为雇主的被上诉人因为其宗教信仰不交社会保险税,那么保险制度根本无法运作。

即使对于人格价值明显的基本权利,美国法院也偏爱后果式考虑和成本效益分析。在"普莱勒诉多伊"(Plyler v. Doe)案中[1],撰写多数意见的布伦南(William Joseph Brennan)法官认为,"非法移民"不属于可疑分类,受教育也不是基本权利,但对于授权当地学区拒绝未注册的外来孩子享受免费公共教育的法律,

---

[1] 参见张千帆、朱应平、魏晓阳:《比较宪法——案例与评析》,中国人民大学出版社 2011 年版,第 659—660 页。

不可适用"最低理性"标准审查。该法给相关儿童的人生规划带来了巨大的困难,"非法"这一耻辱性标记将会伴随他们的余生。拒绝给予这些孩子以基本的教育机会,同时也否认他们生活在美国的文明制度结构中的能力,消除了他们以最基本的方式为美国做出贡献的现实可能性。在决定这部法律的合理性的时候,需要合理地考虑它对美国和那些无辜孩子带来的成本。鉴于代价如此巨大,这部法律进行的区别对待不合乎理性,除非它实现了国家的某些重要目标,但该法未能证明这一点,因此该法违反了宪法平等保护条款。在"杨诉哈珀"(Young v. Harper)案中①,法院认为,精神病人享有身体活动的自由以及合理的非拘束性住宿条件的基本权利。但国家在运营这类符合专业技术标准的机构上的利益,胜过任何病人保有其身体自由方面的利益,因此,只要此类限制在确保安全和提供必要治疗方面是必要的,这类限制就是合宪的。

第二节 个案式平衡与类型化平衡

人们通常认为,在当下的全球宪法实践中,美国的合宪性审查具有特殊性,这被称为"美国例外"。② 但实际上,与欧陆的合宪性审查一样,在美国的合宪性审查中,"平衡"作为一种重要的方法也被广泛运用,只不过美国的"平衡"有着不同于欧陆的表现形式。美国的"平衡"的特殊性除了体现为上一节讲到的"适

---

① *Young v. Harper*, 520 U. S. 143 (1997).
② Moshe Cohen-Eliya & Iddo Porat, "The Hidden Foreign Law Debate in Heller: The Proportionality Approach in American Constitutional Law", *San Diego Law Review*, Vol. 46, p. 367 (2009).

用性"之外,更明显地体现在它的"类型化"特点上,可以将其简称为"类型化平衡"。在以德国为代表的欧陆宪法实践中,平衡的适用主要表现为"逐个个案"的形式,可以将其简称为"个案式平衡"。德国代表的"个案式平衡"更接近"平衡"的本质,这也就是我们在之前的几章中所讨论的那种意义上的"平衡",因此不需要再作强调。美国的"类型化平衡"则相对更为复杂一些,需要特别地予以阐明。

一、"洛克纳"案:类型化平衡的缘起

美国在 1868 年制定了宪法第十四修正案,其第 1 款规定:"任何一州,都不得制定或实施限制合众国公民的特权或豁免权的法律;不经正当法律程序,不得剥夺任何人的生命、自由或财产;在州管辖范围内,也不得拒绝给予任何人以平等法律保护。"该条文引发的一个争议在于,州的"警察权"的界限是什么。在之后的一些判决中,美国法院试图界定州的警察权的边界。在 1885 年的"芭比诉康奈利"(*Barbie v. Conneley*)案中,法院认为:"警察权的行使可能会给一些人带来更多的负担,但是警察权不能对任何人施加不平等和不必要的限制,而是应该在给个人带来尽可能小的不便的情况下促进公共利益。"① 在 1887 年的"马格勒诉堪萨斯州"(*Mugler v. Kansas*)案中,法院又进一步指出,警察权的运用必须与其所欲实现的目的具有"实质性关联"。"如果一部以保护公众健康、公共道德或公共安全为目的的法律同它的目标之间

---

① *Barbie v. Conneley*, 113 U. S. 27, 31 (1885).

缺乏真实、实质上的联系,或本身就是对受基本法律保障之权利的侵害,法院有义务对此进行裁判,并在此适用宪法。"① 出现在法院意见中的"实质性关联""不必要的限制""尽可能小的不便"这些表述,可以被视为平衡方法的类型化运用的初步形态。

1905 年的"洛克纳诉纽约州"(Lochner v. New York)案是一个里程碑式的案件,此案的判决标志着美国法院开始明确地、充分地通过平衡来审查政府行为的必要性。1895 年纽约州通过了《糕点店法案》,该法案规定,糕点店雇员的工作时间不得超过每天 10 小时或者一周累计 60 小时。此法案的立法理由在于,超时工作违背了实质性正当程序所保护的合同自由。纽约州认为,该法案规定的内容处于州警察权的正当范围之内。② 此案的争议焦点在于,此种限制糕点店雇员工作时间的法律是否促进了公共健康和安全以及在多大程度上促进了公共健康和安全。法院认为:"仅仅声称法案促进公共健康并不必然使得法案有效。对于一个侵犯了个人主宰其自身的一般自由和劳动力方面的合同自由的法案,如果要证明其正当性,就要证明作为达到目的的手段的法律规定与目的之间有着更为直接的关系,并且目的本身必须是适当的和正当的。"③ "任何不合理的、不必要的和任意的对个人权利的侵犯都将被宣布为无效。"④

---

① [美]阿兰·艾德斯、克里斯托弗·梅:《美国宪法:个人权利案例与解析》,项焱译,商务印书馆 2014 年版,第 70 页。
② 纽约州并没有将这一法案作为劳动法来辩护,这一点也是当时原告、被告、多数意见和少数意见法官的共识。相关法官的意见参见 Lochner v. New York, 198 U. S. 45, 57 (1905)。
③ Lochner v. New York, 198 U. S. 45, 57–58 (1905).
④ Lochner v. New York, 198 U. S. 45, 56 (1905).

首先，法院基于相关的经验调查证据来确定"限制工作时间"（手段）与"保护面包师的健康"（目的）之间的关联程度。法院认为，没有理由认为糕点行业本身的不健康程度达到了需要立法者干涉劳动权和个人缔约权的程度。统计数据显示，尽管糕点行业比某些行业更不健康，但它也比很多其他行业更加健康。法院指出，几乎所有职业都在某种程度上影响雇员的健康，例如，大城市中的很多建筑在一天之中很少有阳光照射进来，当雇员们在这种建筑中超时工作时，相关职业因此都可以被视为损害了他们的健康。如果不论在任何意义上促进了健康的法律都是有效的，那么法律就可以禁止律师、银行职员和其他任何职业者缔结每天工作时间超过 10 小时的雇佣合同。有鉴于此，某种限制合同自由的立法如果想要有效，仅仅以相关职业损害雇员的健康为由是不够的。其次，法院又考察了《糕点店法案》中"限制工作时间"与"促进健康"之间的关联程度。法院认为，《糕点店法案》已经通过对糕点店相关设施的规定保障了雇员的健康。例如，该法案规定了糕点店必须设置合适的洗手间，其排污、水暖、高度、材质必须满足一定的标准，并且规定指派专门的政府官员来监督这些标准的落实情况。对于保障雇员的健康而言，除了这些规定以外，再对雇员的工作时间进行限制是不必要的，"限制工作时间"因此并不是一个正确、合理和公平的条款。正是由于"限制工作时间"与"促进健康"之间缺少实质性关系，法院认为，该法案的制定出于错误的动机，缺少正当目的。"很明显，限制工时对工人的健康没有实质性影响，法案中限制工时的这部分规定同工人的健康之间没有直接关联，无法证明该规定是以促进健康为目的。在我们看来，它真正的目的和动机仅仅是对私人领域的雇主和雇员之间的关系进行规制,这种雇主和雇员的关系对于任何意义上的道德或者任何真正的和实质意义上的工人健康都不构成威胁。"[1]

在"洛克纳"案中,法院表面上只是做了一个事实判断,即"限制工作时间"与"促进健康"之间不具有实质性关联,但实际上这个判断是一种基于平衡的价值判断。所谓"实质性关联"并不仅仅是一个事实问题,法院并不是基于事实上二者缺少关联作出此种判断的。究其实质,法院作出"缺少实质性关联"这个判断的理由在于:个人的缔约自由具有较高重要性,限制工作时间尽管对雇员健康有一定的促进作用,但此种促进作用的重要性达不到为此牺牲合同自由的程度。美国法院的此种做法与第一节中我们介绍过的"奥库安"案中加拿大法院的做法类似,都是将"平衡"这种价值判断伪装成"必要性"这种事实判断。

自"洛克纳"案以降,对于那些涉及工作场所、工资标准和其他经济事务的案件,法院一般都采用与"洛克纳"案相似的思路来处理。20世纪30年代中期出现的"大萧条"改变了此种局面,在1934年的"内比亚诉纽约州"(Nebbia v. New York)案中,法院在审查合同自由的规制措施时,其态度变得更为谦抑。"这些政策是否明智,通过制定法律来实施它们是否是充分的、有效的,法院对这些问题没有能力亦无授权进行处理……虽然法院可能就法律规定提出异议,但除非它超出了立法权的权限范围,否则不得就此宣告其无效。"[2] 在"西海岸旅馆公司诉帕里什"(West Coast Hotel Co. v. Parrish)案中,法院则明确主张,缔约自由并不

---

[1] Lochner v. New York, 198 U. S. 45, 64 (1905).
[2] [美] 阿兰·艾德斯、克里斯托弗·梅:《美国宪法:个人权利案例与解析》,项焱译,商务印书馆2014年版,第75页。

具有"基本权利"之地位。首席大法官休斯(Charles Evans Hughes)认为:"宪法并未提及缔约自由。它强调自由,并避免在正当程序之外剥夺自由……一部规章如果与其主题有理性的联系并为公共利益服务,就符合正当程序……即便政策的恰当性问题存在争议且其效力有待考量,但立法机关获得的正是进行这类判断的权力。"①

在1938年的"美国诉卡洛琳产品公司"(*United States v. Carolene Products Co.*)案中,法院明确区分了经济类权利与其他基本权利,并决定对涉及经济类权利的案件只需要适用合理性审查标准。在该案中,联邦通过立法规定,非乳制品公司被排除在州际贸易之外,诉愿人认为该法案违反了宪法中的正当程序条款。非乳制品公司主张,此项联邦法律降低了其产品价值,因而侵犯了他们与其他州的消费者之间的缔约自由。法院认为,规制贸易的法律如果是立法者依据其掌握的知识和经验所进行的理性判断的结果,那么它就符合实质性正当程序的要求。立法者并不需要证明他们的立法目的,也不需要证明该立法与相关目的之间存在关联。"甚至在缺乏这些支撑之时,仍将假设存在着那些足以支持该立法的事实……当立法判断遭受质询时……争议点就在于是否有为人知悉或可以合理推断的事实依据用以支撑该判断。"②

在该案的"第四注脚"中,斯通(Harlan Fiske Stone)大法官认为,宪法未明确列举的自由和权利也适用合理性审查标准,更

---

① [美]阿兰·艾德斯、克里斯托弗·梅:《美国宪法:个人权利案例与解析》,项焱译,商务印书馆2014年版,第76页。
② [美]阿兰·艾德斯、克里斯托弗·梅:《美国宪法:个人权利案例与解析》,项焱译,商务印书馆2014年版,第78页。

为严格的审查标准仅适用于下列三种情形：（1）相关立法限制了宪法明确列举的权利；（2）相关立法限制了能够为废止不适当的法律提供机会的政治程序，例如立法限制了选举权；（3）相关立法的限制以"隔离且孤立的少数人"为对象。从美国合宪性审查制度的后续发展来看，斯通法官对不同审查方法的适用范围的此种区分开启了平衡的类型化运用之进程。①

二、"三重审查标准"：类型化平衡的展开

在"美国诉卡洛琳产品公司"案之后的75年的时间里，美国最高法院针对不同类型的案件逐渐发展出不同的审查标准：（1）合理性审查；（2）严格审查；（3）中等程度审查。②

（一）合理性审查

合理性审查标准的适用范围包括：涉及工作场所、贸易和经济类事务的案件，多数未被宪法明确列举的基本权利案件。合理性审查标准要求，只要相关法律有一个正当目的，并且立法部门有可能考虑过实现这个目的的手段，那么不论这个目的是否是立法者实际上想要实现的目的，也不论该法律是否真的能够实现这个目的，这个法律都是合宪的。③ 在"威廉姆森诉李氏眼镜公司"（*Williamson v. Lee Optical Co.*）案中，俄克拉何马州的一项法律规

---

① 参见林来梵主编：《宪法审查的原理与技术》，法律出版社2009年版，第280页。
② 参见杨登杰：《执中行权的宪法比例原则：兼与美国多元审查基准比较》，《中外法学》2015年第2期，第373页。
③ 参见［美］阿兰·艾德斯、克里斯托弗·梅：《美国宪法：个人权利案例与解析》，项焱译，商务印书馆2014年版，第69页。

定，只有得到州政府批准的眼科医生和验光师才可以为他人配制眼镜，人们必须得到医生的处方才能配制眼镜。那些没有获得批准的眼镜技师以该法律违反正当程序条款为由提起诉讼，美国最高法院则基于合理性审查标准肯定了该立法的合宪性。法院认为，该法律规定只有获得处方才能配制眼镜，这是为了敦促人们经常去医院检查眼睛，从而减少罹患眼部疾病的几率。这个目的是正当的，该法律也能够实现此目的，因此该法案符合正当程序的要求。此案中的道格拉斯大法官在多数意见书中阐释了合理性审查标准的要旨："法律不必在每一个方面都与目标保持一致才能合宪，满足这一点就足够了，即如果眼前有一个需要改善的状况，而特定的政府措施有可能是改善此状况的理性选择。"[1] 在"西海岸旅馆公司诉帕里什"案中，法院适用了合理性审查标准，"即便政策的恰当性存在争议且其效力有待考量，但立法机关获得的正是进行这类判断的权力"[2]。

合理性审查看起来仅相当于比例原则中的目的正当性审查和适当性审查，它考虑的似乎只是政府目的的正当性问题，以及政府行为与该目的的关联性问题。合理性审查并不考察政府行为对于实现相关目的的必要性，也不考虑政府行为损害的价值与其目的之间的相对重要性。但需要特别注意的是，合理性审查是一个独立的标准，它并不是"必要性"和"平衡"考量的前置步骤。合理性审查作为一种合宪性审查技术，它相当于将某些类型的基本权利贴上了"无需平衡"之标签。对于这些基本权利，不论它

---

[1] *Williamson v. Lee Optical Co.*, 348 U.S. 483, 488 (1955).
[2] ［美］阿兰·艾德斯、克里斯托弗·梅：《美国宪法：个人权利案例与解析》，项焱译，商务印书馆2014年版，第76页。

们受到政府多么严重的限制,不论政府通过限制它们所欲实现的公共目标的重要性如何,法院都不会试图去平衡它们,法院需要考虑的只是政府目的的正当性以及政府行为与目的之间的适当性。

法院之所以对社会经济领域的立法如此尊重,原因在于,社会经济领域的立法主要是为了解决当下出现的、即时性的社会经济问题,例如行业补贴、关税调整、薪酬控制。确定这些目标有赖于对社会整体状况的综合把握,立法机关作为民意汇聚机关最适合做此类工作,法院作为一种专业性的、精英性的机构并不适合过分介入此类事务。法院在此类案件中给予立法机构以充分的裁量空间,此种裁量空间的赋予是因为法院认为自己难以对此类案件涉及的价值权衡问题进行充分的判断,转而接受立法机关所做的平衡。

(二)严格审查

严格审查的适用范围包括:与美国宪法第一修正案相关的案件(言论自由、信仰自由等);宪法没有明确列举的那些"基本的"权利(旅行自由、结婚自由、养育自由、身体完整等);与美国宪法第十四修正案的平等保护条款有关的案件(例如以种族为标准的立法归类)。严格审查标准的适用条件是,政府行为给相关基本权利造成了"实质性的负担"。只有在满足如下条件时,政府的行为才能通过严格审查:(1)政府的目的必须是"紧迫的政府利益";(2)政府的行为"恰当地契合"该目的。

在严格审查的上述适用条件与要素中,"实质性的负担"与"紧迫的政府利益"这两个标准明显体现了平衡之运用。严格审查设定了"实质的性负担"这个适用前提，使得政府对基本权利的微小侵害被排除在审查之外，这相当于提前进行了平衡。如果政府行为对基本权利的影响很小，不论政府追求的是何种目的，不论该目的的重要性如何，只要它是正当的，那么它的重要性都被认为足以证立基本权利受到的侵害。以美国宪法第十四修正案中的迁徙权为例，在美国的司法实践中，并不是所有涉嫌歧视移民的法律都会经受严格审查，那些偶尔出现或者并不重要的区别对待并不被视为侵犯迁徙权，只有当州政府对移民的歧视足够严重时，法院才会对其进行严格审查。① 基于类似的理由，在"扎布洛茨基诉里德赫尔"（*Zablocki v. Redhail*）案中，法院认为，没有明显地干涉结婚自由的规制措施不应该受到过于严格的审查。② 法院在"索思纳诉爱荷华州"（*Sosna v. Iowa*）案中表示，限制结婚年龄、设定离婚等待期这类措施不适用严格审查。③ 严格审查要求政府行为必须是为了"紧迫的政府利益"，美国法院实际上并没有提出有效区分"紧迫的政府利益"的标准，④ 但这并不是我们关注的重点。需要注意的是，"紧迫的政府利益"这个标准意味着法院在运用价值平衡，即政府对个人权利的限制越严重，所欲实现的目标的重要性就应该越大。

严格审查中的"恰当契合"标准意味着，政府行为不仅能够实现"紧迫的政府利益"，并且二者之间的契合程度要高于其他任

---

① 参见［美］阿兰·艾德斯、克里斯托弗·梅：《美国宪法：个人权利案例与解析》，项焱译，商务印书馆2014年版，第344页。
② *Zablocki v. Redhail*, 434 U. S. 386（1978）.
③ *Sosna v. Iowa*, 419 U. S. 393（1975）.
④ 参见［美］阿兰·艾德斯、克里斯托弗·梅：《美国宪法：个人权利案例与解析》，项焱译，商务印书馆2014年版，第252页。

何手段。如果存在着其他能够更好地实现政府的紧迫利益的手段，该政府行为便没有满足"恰当契合"标准。① 1963 年的"舍伯特诉弗纳"（*Sherbert v. Verner*）案涉及政府限制宗教信仰自由的合宪性问题，② 在此案中，法院提出了所谓"舍伯特检验"（Sherbert Test）。"舍伯特检验"包含两个判断步骤。首先，检验政府是否给公民个人的宗教信仰自由施加了负担。其次，检验政府对宗教信仰自由施加的负担是否合宪。这又包含两个具体判断标准：（1）政府追求的目的是紧迫的，足以证明其为公民施加负担的正当性。（2）不存在其他既能够实现该政府目的又能够避免侵害的手段。所谓"恰当契合"大体上相当于德国式比例原则中的必要性（最小侵害）原则，不同的是，美国的"恰当契合"并不是单纯的事实判断，价值判断和利益平衡经常隐藏其中。例如，在"美国诉李"案中③，李是一个名为"旧秩序阿米什人"的教派成员，当他雇佣了一些阿米什人在他的农场和木匠铺工作时，他拒绝为雇员缴纳社会保险，认为缴纳社会保险违背"旧秩序阿米什人"教派的教义。美国最高法院认为，社会保险是全国性的制度，该制度服务于公共利益，该制度要求相关雇主和雇员必须缴纳保险，此种强制缴纳义务是维系保险制度所必需的。社会公益性的保险制度的性质和国家的税收制度是类似的，如果允许雇主因为其宗教信仰不交社会保险，这会使得该社会保险制度无法运作。在该案中，法院在认定"强制缴纳保险"与"社会保险制度"之

---

① 参见［美］阿兰·艾德斯、克里斯托弗·梅：《美国宪法：个人权利案例与解析》，项焱译，商务印书馆 2014 年版，第 253 页。
② *Sherbert v. Verner*, 374 U. S. 398 (1963).
③ *United States v. Lee*, 455 U. S. 252 (1982).

间存在着"恰当契合"的时候,它考虑的不仅是政府目的的真实性和强制缴纳保险的必要性,还考虑了如果允许以宗教信仰为理由不缴纳保费所将导致的严重后果,即摧毁社会保险制度,这样法院就将价值权衡纳入了"恰当契合"之中。"杨诉哈珀"案涉及国家运营的精神病院对病人的限制措施的合宪性问题,[①] 法院认为此种限制措施有其正当目的,并且与此目的"恰当契合"。法院在作出这个判断时所考虑的不仅是此种措施对于"确保安全和提供治疗"的必要性,更重要的是,法院认为国家在"确保安全和提供治疗"上享有的利益的重要性胜过了病人保有其身体自由方面的利益。这也同样印证了,"恰当契合"中包含着价值平衡要素。

(三) 中等程度审查

中等程度审查在严厉程度上介于合理性审查与严格审查之间,它的主要适用范围包括:对性别和非婚生子女的立法分类;针对商业言论、表现行为的规制;以及对发表言论的时间、地点或方式的规制。中等程度审查要求政府的行为需要满足三个条件:(1) 政府的行为具有"重要且合理的目标";(2) 政府必须证明其"目的的真实性";(3) 政府的行为与其目的"实质相关"。

中等程度审查的"平衡"属性首先体现在它的"重要且合理的目标"这个标准上,"重要且合理的目标"包含了价值判断和平衡的成分,即如果政府对基本权利的限制并不是为了实现某种重要且合理的目的,该限制当然不具有正当性。中等程度审查所要

[①] *Young v. Harper*, 520 U. S. 143 (1997).

求的"重要且合理的目标"在分量上低于严格审查中的"紧迫的政府利益",这是因为,它所适用的那些基本权利要比严格审查适用的那些基本权利的分量更低。很明显,中等程度审查适用的"基于性别、非婚生子女身份的分类"在重要性上低于严格审查适用的"基于种族、国籍的分类",中等程度审查适用的"对言论的时间、地点和方式的限制"在重要性上也低于严格审查适用的"对言论自由内容的限制"。由此观之,中等程度审查同样体现了"政府对个人权利的限制越严重,所欲实现的目标的重要性就应该越大"这个平衡法则。

中等程度审查中的"实质相关"意味着,政府行为必须是实现目的的必要手段。中等程度审查中的"实质相关"和严格审查中的"恰当契合"并没有实质上的差别,同样蕴含着价值平衡要素。或许正是因为这一点,有学者认为,中等程度审查在近些年变得越来越严格,尽管它尚未达到法院在那些涉及种族和国籍的案件中采用的标准的严格程度。[1]

中等程度审查体现了对政府的权威的尊重,它对政府权威的尊重程度低于合理性审查,但高于严格审查。例如,在"图安诉移民与规划服务中心"(*Tuan Ahn Nguyen v. Immigration and Naturalization Service*)案中,法院认为,《移民与规划法》对当事人施加的歧视性负担的目的是防止欺诈行为以及维系亲子关系,施加此种负担是实现此政府目的的最小侵害手段。法院认为,在孩子出生时就可以认定母亲的身份,但父亲的身份认定与此不同,需

---

[1] 参见[美]阿兰·艾德斯、克里斯托弗·梅:《美国宪法:个人权利案例与解析》,项焱译,商务印书馆2014年版,第291页。

要区别对待。至于区别对待措施的具体设计,法院并不要求立法机关达到严格的科学意义上的准确性。法院的此种做法的原因在于,在传统上,对于移民和归化方面的事务,法院都依从立法机关的做法。①

(四)类型化平衡的其他形式

上述美国的三重审查标准分别对应着不同类型的宪法诉讼,但它们没有囊括所有的宪法诉讼类型。在其他宪法诉讼中,法院也可能使用平衡原则来判断政府行为的合宪性。例如,在"马修斯诉埃尔德里奇"(*Mathews v. Eldridge*)案中,法院认为,为了确定应否要求政府为利益受到影响的个人举行听证会,以及要求政府以何种形式举行听证会时,需要考虑三个因素:(1)相关政府行为对个人利益的侵害程度;(2)如果存在着其他的程序可供选择,这些程序产生错误的风险;(3)举行听证会对政府行政效率的影响。这一方法又被称为"马修斯诉埃尔德里奇检验"。② 这个判断标准同时涉及了比例原则中的必要性原则和平衡原则,是一个包含了必要性的平衡检验。

三、类型化平衡引发的争议

美国的合宪性的三重审查标准各有其适用的宪法诉讼领域,看起来彼此界限明确,但由于这三种审查标准的内容较为抽象,

---

① 参见[美]阿兰·艾德斯、克里斯托弗·梅:《美国宪法:个人权利案例与解析》,项焱译,商务印书馆2014年版,第295页。
② 参见[美]阿兰·艾德斯、克里斯托弗·梅:《美国宪法:个人权利案例与解析》,项焱译,商务印书馆2014年版,第210页。

均包含着价值判断的成分,不同的法官对它们的含义经常产生分歧。在"美国诉弗吉尼亚州"(United States v. Virginia)案中,斯卡利亚(Antonin Scalia)法官认为,本案本应适用中等程度审查,但由于金斯伯格(Ruth Bader Ginsburg)法官要求政府提供"极具说服力的证明",从而将其变成了严格审查。① 在"劳伦斯诉得克萨斯州"(Lawrence v. Texas)案中,法院基于合理性审查标准判决一部有关鸡奸的法案违宪,斯卡利亚法官认为,此案中多数意见采用的所谓"合理性审查"根本不是合理性审查。② 在"格鲁特诉博林杰"(Grutter v. Bollinger)案中③,奥康纳(Sandra Day O'Connor)法官基于严格审查标准判决一项平权行动法案合宪,肯尼迪(Anthony M. Kennedy)法官认为,奥康纳法官在判决中对州政府的决定过分依从,因而并没有准确地贯彻严格审查的意旨。

  三重审查标准彼此之间的连贯性和适用上的一致性也引发了争议。有的学者认为,在一些所谓适用合理性审查标准的案件中,法官实际使用的却是某种比合理性审查标准更加严格的审查标准。④ 有的学者认为,在美国的合宪审查实践中实际上存在着七个层次的审查标准。⑤ 还有一些学者认为,由于缺少适用上的一致性,合宪性审查的标准体系有崩溃之虞。⑥ 布莱克曼(Harry

---

① United States v. Virginia, 518 U. S. 515, 534 (1996).
② Lawrence v. Texas, 539 U. S. 558, 594 (2003).
③ Grutter v. Bollinger, 539 U. S. 306 (2003).
④ G. L. Pettinga, "Rational Basis with Bite: Intermediate Scrutiny by Any Other Name", Indiana Law Journal, Vol. 62, p. 779 (1986).
⑤ R. Kelso, "United States Standards of Review Versus the International Standard of Proportionality: Congruence and Symmetry", Ohio Northern University Law Review, Vol. 39, pp. 467–477 (2013).
⑥ Calvin Massey, "The New Formalism: Requiem for Tiered Scrutiny?", University of Pennsylvania Journal of Constitutional Law, Vol. 6, p. 945 (2004).

Blackmun）法官在一份判决中说道："我一直对法院使用'紧迫的利益''最小侵害手段'这类简单的词语作为审查标准感到紧张不安,我从来没有能够充分地理解'紧迫的州利益'的含义,如果它意味着'极为有说服力的'或'不可能被超越的'平衡过程,检验标准仅仅是在宣称一个不可避免的结果,那么检验标准本身根本就不存在。并且,对于我来说,'最小侵害手段'是一个'滑坡谬误',也是一个法院已经预先选定了它想要达到的结果的信号。在几乎任何情况下,法官都能够找到些限制性更小的手段,使他可以凭此推翻立法。"①

鉴于三重审查标准引发的上述问题与困境,布雷耶（Stephen Breyer）大法官提出了一个新的合宪性审查标准,这被他称为"自由平衡检验"（free standing balancing test）。"在这些情况下,法院已经仔细审查了法律对那些利益的影响,但不是用一种已经有效预设了违宪性的简单检验,而是平衡那些利益。在实践中那意味着,法律为了追求给一些人带来好处的立法效果,以一种不合比例的方式给任何个人施加了负担（这是可能的,但不是必然的,因为存在着一个明显更优的、限制更小的手段）。"② 究其实质,布雷耶法官提出的这个审查标准就是德国传统的比例原则。事实上,布雷耶法官也确实明确表示过,在很多宪法领域,应该基于政府行为的"合比例性"来进行司法审查。③ 在"哥伦比亚特区诉赫勒"（District of Columbia v. Heller）案中,最高法院判决华盛顿特

---

① *Illinois State Board of Elections v. Socialist Workers Party*, 440 U. S. 173, 188 (1979).
② *Nixon (Attorney General of Missouri) v. Shrink Missouri Government PAC*, 528 U. S. 377, 402 (2000) (Breyer, J., concurring).
③ Stephen Breyer, *Active Liberty: Interpreting Our Democratic Constitution*, Alfred A. Knopf, 2005, p. 49.

区关于禁止持有枪支的法令违宪,法院认为该法案违反了美国宪法第二修正案所保护的公民的持枪自由。布雷耶法官表达了不同意见,他认为本案不该适用严格审查标准,而应该采用"自由利益平衡检验",即需要探究"法律在追求某种公共利益时,是否给个人的利益施加了不合比例的负担"。代表多数意见的斯卡利亚法官则认为:"我们从未听说应该运用一个自由利益平衡的方法来决定宪法明确列举的权利的核心内容。这项明确列举的权利出自政府之手,由第三政府部门逐个案件地确定该权利是否值得保护。完全建立在法官对其有用性的评估基础上的宪法保障根本就不是宪法保障。基本权利的内容和范围在人们制定它的时候就是确定的,无论将来的立法者或法官是否认为那个范围太宽了。"[1] 多数意见并没有指明在此案中到底应该采用什么审查标准,但法院认为,本案肯定不适用合理性审查标准。法院认为,不可否认的是,美国宪法第二修正案规定的持枪的权利有其限度,有一些限制是合宪的,例如,禁止携带隐藏的凶器,禁止重罪犯和精神病人持枪,或者禁止在学校、政府大楼这类敏感地点持枪。但不论采用何种审查标准,一般性的持枪禁令都无法通过审查。

尽管最高法院的多数法官反对布雷耶法官提出的"自由利益平衡"审查标准,但多数法官承认,美国宪法第二修正案所列举的持枪自由是一种有限的权利,过去有过、将来也会有对持枪的规制措施通过合宪性审查。这就意味着,多数法官反对的不是平衡,他们反对的是平衡的一种特殊模式(德国式的平衡),他们接受的则是平衡的另外一种模式,即类型化的平衡。

---

[1] *District of Columbia v. Heller*, 554 U. S. 625 (2008).

四、类型化平衡与个案式平衡的差异

美国法院认为,依据案件涉及的基本权利类型的差异以及基本权利被侵害程度的不同,法院应该给立法者留下不同的裁量空间。留给立法者的裁量空间越大,法院的判断余地便越小,审查标准也越宽松;反过来,留给立法者的裁量空间越小,法院的判断余地便越大,审查标准也就趋向严格。通过为不同类型的案件设定不同的审查标准,可以为合宪性审查提供一个相对明确的指引,可以减少合宪性审查中的不确定性和主观性。具体而言,相比于德国的个案式平衡,在类型化的审查标准的适用过程中,美国法院对目的正当性、必要性和平衡的考量呈现出一些独有的特点。

首先,美国法院在进行类型化平衡时比较关注立法目的的正当性。德国法院一般只是将目的正当性作为司法审查的一个起点,法院很少会聚焦于立法目的的真实性。宪法只要没有明确禁止某种立法目的,该目的便被认为具有正当性,在德国的宪法实践中,很少有立法因为其目的不正当而被宣告违宪。相比较之下,美国法院对立法目的有着更高的关注程度,甚至可以说,美国的三重审查标准实质上就是对立法目的进行的三种不同强度的审查。在合理性审查中,是否存在正当的立法目的是审查的关键点,一旦法院确认存在一个正当的政府目的,并且该立法可以实现该目的,那么立法就是合宪的。严格审查标准要求,政府行为必须以"紧迫的政府利益"为目的,法院会因为法律所欲实现的政府利益不具有"紧迫性"而宣布法律违宪。中等程度审查标准要求政府行为必须有"重要且合理"的目的,并且要求政府证明该目的是真实存在的。

其次,美国的类型化审查最倚重的是立法的必要性审查。在德国式比例原则审查中,法院最为倚重的则是平衡阶段的审查,大多数被宣告违宪的立法都是因为其没有通过平衡阶段的审查。在美国的类型化审查标准中,并不存在德国这样的明确的平衡审查阶段。除了合理性审查之外,严格审查和中等程度审查都将必要性审查作为审查的最后阶段,大多数被宣告违宪的立法都是因为它们没有通过必要性审查。

在审查政府行为的必要性时,德国法院通常将"最小限制手段"理解为在相同程度上实现立法目的且对公民基本权利限制最小的手段。只有当存在着那种既能够在相同程度上实现立法目的又更少地侵犯基本权利的措施的时候,相关立法才会判定为"不必要"。如果尽管存在着对公民基本权利更小的侵害手段,但法院无法断定该手段能否在同样程度上实现立法目的时,法院则会尊重立法者的判断,将原立法措施视为必要的。美国法院对"必要性"的理解并非如此,它比较看重的是"最小侵害"这个要素,而不太在意该手段能否在同样程度上实现立法目的。在这个意义上,美国法院进行的必要性审查是比较宽泛的,没有德国法院那么严谨。相比于原立法措施,替代性手段如果对公民的基本权利侵害更小,哪怕它对立法目的的实现程度要小于原立法,美国法院也可能会认为原立法"不必要"。

在美国的合宪性审查中出现的这种对"必要性"的不严谨的理解和运用,隐藏着法院对基本权利和政府目标之间的价值平衡,即法院在替代性手段减少的对基本权利损害与原立法措施更多地实现的立法目标之间进行了权衡取舍。如果法院认为，原立法措施相比于替代性措施能够更多实现的那部分立法目标在重要性上大于替代性措施能够减少的对基本权利的损害的价值，它就会得出结论说，原立法措施是必要的。反过来，如果法院认为，原立法措施相比于替代性措施能够更多实现的那部分立法目标在重要性上小于替代性措施能够减少的对基本权利的损害的价值，它就会得出结论说，立法措施是不必要的。这样看来，美国的"必要性审查"并不完全是必要性审查，它将价值平衡融入其中。

最后，平衡在美国合宪性审查中的运用经常被隐藏起来。德国宪法法院在合宪性审查中最看重的是"平衡"阶段，但在美国的类型化的审查标准中并不存在明确的平衡审查阶段，如前所述，平衡审查实际上被部分融入目的正当性审查或必要性审查之中。可以将其分为三种情况：(1) 基于"平衡"划分不同的审查类型，也就是说，法院根据基本权利的重要性和被侵害的程度，来要求政府目标必须具备相应程度的重要性和迫切性；(2) 通过"平衡"来确认"紧迫的政府利益"或"重要且合理的政府利益"之有无；(3) 在必要性审查阶段进行价值平衡。在这三种情况中，法院都没有明确地基于"平衡"来判断法案的合宪性。在第一种情形和第二种情形中，平衡不是判断相关立法合宪与否的直接依据，而只是区分不同审查类型的理由或者解释相关法律概念的方法。在第三种情形中，平衡则隐藏于必要性审查之中，在法官的论述说理中，基本看不到价值平衡的明确运用。

第三节 平衡的德美模式的成因及其启示

一、平衡的德美模式的成因

探究某种现象的成因,这主要是一个经验层面的研究。经验层面的研究的特点在于,它难以穷尽所有相关因素。因此这一部分我们只是试图提炼概括平衡的德美模式的比较主要的促成因素,并不意味着它们的成因仅限于下文列举出来的这些。

(一)"适用性-个案式"平衡的成因

1. 法律观

在德国法律理论的发展脉络中,德国式平衡先后受到概念法学和价值法学的影响,日益形成其高度形式化、注重价值分析的特征。

由萨维尼(Friedrich Carl von Savigny)开创的概念法学是德国19世纪主流的法律理论,受自然科学的影响,概念法学强调法律的逻辑性、法律规则的系统化。就像三角形一边的长度可以从另外两边的长度推演出来一样,从已知的法律规则中可以推导出法律缺失的规则。① 一些法律科学主义者将法律科学与化学做类比,在化学的逻辑中,物质可以从基本元素中合成出来,新的法律规则也可以从法律的基本规则中推演出来。② 概念法学与平衡之间没有直接关系,

---

① Mattias Reimann, "Nineteenth Century German Legal Science", *Boston College Law Review*, Vol. 31, pp. 876–883 (1990).
② Moshe Cohen-Eliya Iddo Porat, *Proportionality and Constitutional Culture*, Cambridge University Press, 2013, p. 30.

甚至可以说"平衡"理念的产生就是为了反对概念法学，二者的关联是间接意义上的。尽管概念法学具体的、实质性的主张被放弃了，但概念法学注重逻辑性、系统化之精神气质却保留了下来，并对平衡理念在德国法律实践和法学理论中的展开产生了重要影响。

德国式平衡的直接的法律理论渊源是脱胎自利益法学的价值法学。利益法学是德国19世纪的反形式主义运动，通过将法律视为以平衡相互冲突的利益为目的的专门领域，反对私法中的形式主义和概念主义。① 由于其范围主要限于私法领域，利益法学对公法领域没有产生太大影响。在利益法学的基础上，价值法学将法律的评价标准从利益中分离出来。"单纯的利益评价可以决定个别的争端，但独立来看它仍只是单纯的权力宣示，无法真正从内在去解决争执或拘束个人。……对此，还需要一个较深层的基础，以便将规范从单纯的权力宣示中提升出来；这个深层基础就是与正义理念的关联——它长久以来就已被视为人类存在的最高价值。"② 韦斯特曼（Westermann）是促使利益法学转向价值法学的代表人物，他将宪法视为"规范化的自然法"和"具体化的正义理念"。他认为，任何超越时空的评价标准都是值得怀疑的，在不同的时代与不同的文化中，评价标准应该有所不同，这些不同正是正义理念在特定情况下的"具体化"，而宪法就是这样一个最实用的客观评价标准。③ 这一思想是德国基本权利的客观价值理论的

---

① James E. Harget and Steohen Wallace, "The German Free Law Movement as the Source for American Legal Realism", *Virginia Law Review*, Vol. 73, p. 399 (1987).
② 吴从周：《概念法学、利益法学与价值法学：探索一部民法方法论的演变史》，中国法制出版社2011年版，第397页。
③ 参见吴从周：《概念法学、利益法学与价值法学：探索一部民法方法论的演变史》，中国法制出版社2011年版，第402页。

重要思想渊源,为人们在宪法领域从事价值分析、进行价值平衡奠定了理论基础。

在成文法律体系的背景下,平衡在德国法中的展开受到概念法学注重形式和逻辑的滋养以及价值法学抽离于利益的评价标准的熏陶。在适用内容上,以宪法体系内的价值秩序为参照,德国式平衡逐步发展成形式化程度较高、以价值分析为特征的主导性审查方法。

2. 权利观

德国《基本法》制定于1949年,在世界反法西斯战争胜利的背景下,基本人权的内容已经逐渐从以消极人权为主,过渡到消极权利和积极权利并重的阶段。这一时期各国制定的宪法基本上已不再将人权视为"神圣不可侵犯",并且大都规定了受教育权、社会权等以政府负担积极义务为特征的第二代人权。德国《基本法》明确规定了基本权的限制条款,第2条第1款规定:"人人有自由发展其人格之权利,但以不侵害他人之权利或不违反宪法秩序或道德规范者为限。"第2条第2款规定:"人人有生命与身体之不可侵犯权。个人之自由不可侵犯。此等权利唯根据法律始得干预之。"第5条第1款规定:"人人有以语言、文字及图画自由表示及传布其意见之权利,并有自一般公开之来源接受知识而不受阻碍之权利。出版自由及广播与电影之报道自由应保障之。检查制度不得设置。……此等权利,得依一般法律之规定、保护少年之法规及因个人名誉之权利,加以限制。"第19条第1款和第2款还对限制本身设置了条件:"凡基本权利依本基本法规定得以法律限制者,该法律应具有一般性,且不得仅适用于特定事件,除此该法律并应具体列举其条文指出其所限制之基本权利。""基本权利之实质内容绝不能受侵害。"

限制条款的存在,使法官更愿意将基本权的内容问题和限制问题分开考虑,在进行合宪性审查时,法官先考虑系争案件中的基本权利是否受到侵犯,然后再考虑该种侵犯是否具备正当理由。如果一项基本权可以因为重要的公共利益或其他基本权利而受到正当的限制,这意味着,基本权的实现程度可能因具体情况的不同而不同,系争基本权利只是宪法所保护的一种价值,而非全部。每一种宪法价值都有可能在具体的案件中证明自己被保护的正当性和优先性。"吕特"案是基本权利领域的标志性案件,法院将基本权利的地位提升至整体法律体系的顶端,它不仅仅是个人的权利,还是客观的原则,效力及于整个法律领域。基本权利的内容既包括消极自由,也包括积极自由,范围十分广泛。基本权利和利益之间界限模糊,几乎所有的利益都被纳入基本权利的保护范围之内。德国宪法判决已经确认了骑马的基本权利、喂鸽子的基本权利等等,这些在美国宪法理论和实践中都是不可想象的。由于基本权利保护范围广,它与政府目标或其他基本权利的冲突可能性也大大增加。对这些冲突进行协调通常是立法机关的责任,宪法、宪法法院的使命不是为限制基本权利的立法举措制造困难,而是要求立法上的限制需要有足够的论证理由,以使其与个人自治和尊严的一般性原则相协调。[①] 也就是说,在将基本权利视为客观价值的德国模式下,基本权利有一个价值核心——人性尊严,当冲突发生时,人性尊严等宪法体系内的价值可作为权衡的参照标准。[②]

[①] Dieter Grimm, "Proportionality in Canada and German Constitutional Jurisprudence", *University of Toronto Law Journal*, Vol. 57, p. 383 (2007).
[②] Moshe Cohen-Eliya Iddo Porat, "The Hidden Foreign Law Debate in *Heller*: The Proportionality Approach in American Constitutional Law", *San Diego Law Review*, Vol. 46, p. 394 (2009).

由于将基本权利和公共利益都视为某种要求最大化实现的价值目标,当两者相互冲突时,必然遵循比例原则。或者说,比例原则内含于基本权利和公共利益的原则性质之中。① 因此,不难理解,在此种基本权利观念下,作为比例原则最后一个环节的"平衡"成为基本权利诉讼的主导性审查方法。

德国的宪法文本、宪法文化使得德国的宪法实践并不倾向于把基本权利视为封闭的、预定的"规则",基本权利的保护、合宪性审查展开的重点并不在于解释基本权利的内涵。它更倾向于将基本权利视为开放的、动态发展的"原则",审查的重点在于限制措施是否得到证立,即能否通过"平衡"之检验。平衡由此成为基本权利的"适用"方法,而不是基本权利的"解释"方法,通过"适用"基本权利而得到的具体的、新的规范便是"平衡"的最终产物,并成为合宪性审查的最终依据。此外,基本权利一旦主要被理解为"原则",这就意味着,它在相当程度上具有"先于限制"的特点,对于基本权利的限制问题,基本权利自身并不能够提供完整的答案,最终的结论需要结合限制之理由,在平衡二者的基础上才能做出。当基本权利被视为"先于限制"的时候,基本权利与限制理由之间的平衡也就总是基于个案的,不能脱离个案"无条件地"预先平衡基本权利与公共利益等限制理由,否则的话就算不上"平衡"。② 这就很自然地促使德国的"平衡"具有"个案相关"之特点。

---

① Robert Alexy, *A Theory of Constitutional Rights*, translated by Julian Rivers, Oxford University Press, 2002, p. 66.
② Virglio Afonso Da Silva, "Comparing the Incommensurable: Constitutional Principles, Balancing and Rational Decision", *Oxford Journal of Legal Studies*, Vol. 31, No. 2, p. 281 (2011).

3. 国家观

正如有论者所言:"平衡不仅仅是个案中寻求正义的方法,在这一观念背后矗立着一个有关'国家'的基础性概念。"[①] 德国《基本法》制定于"二战"之后,尽管当时有学者为德国的宪制开出了"政治中立"与"消极人权"相结合的美国式药方,但是这一方案并没有被接受。原因在于,一方面,中立的、消极的政府无法完成重振民族精神的任务;另一方面,它与德国传统的政治理念并不相符。德国传统的政治国家观念遵循的亚里士多德主义和黑格尔主义的进路,在这一传统下,国家不仅仅是个人的聚合体,而是有着共同价值目标的有机组织,这个组织分享共同的价值观,共同努力来实现这些目标。[②] 德国《基本法》中的社会国家条款即体现了这一有机国家的理念。《基本法》第 20 条第 1 款规定:"德意志联邦共和国为民主、社会之联邦国家。"第 28 条第 1 款规定:"各邦之宪法秩序应符合本基本法所定之共和、民主及社会法治国原则。"社会国家原则是德国宪法的重要原则之一,它"以提供社会福利政策、追求正义为鹄的,故是一种朝向国家政策方针,表明国家要利用立法方式来达成的国家生存目的,因此社会国乃有别于资本主义国家或是社会主义国家的一种较温和、中庸的国家形式"[③]。在此背景下,德国宪法所勾勒的个人并不是孤立的、原子式的个体,而是作为共同体成员的个体,他们不仅分

[①] Jacco Bomhoff, "Balancing, the Global and the Local: Judicial Balancing as a Problematic Topic in Comparative (Constitutional) Law", *Hastings International and Comparative Law Review*, Vol. 31, No. 2 (2008).
[②] Donald P. Kommers, *The Constitutional Jurisprudence of the Federal Republic of Germany*, Duke University Press, 2012, p. 45.
[③] 陈新民:《德国公法学基础理论》,法律出版社 2010 年版,第 102 页。

享共同体价值观，还对共同体负有忠诚义务，具有较强的社群主义倾向。德国宪法法院在 1954 年的一个判决中写道："基本法中的人的思想不是孤立自主的个体；基本法已经在个人与社会的紧张关系中做出了选择，在没有触及个人内在价值的情况下，个体与共同体相关联并受共同体限制。"①

在如此强调人际合作和国家共同目标的宪法观念下，国家的各个机构承担更多的积极责任，被给予了更高程度的信任。宪法法院作为政府机构之一，同样有自己需要积极实现的价值目标。法院有义务在具体的案件中阐明宪法的抽象价值，在宪法法院刚成立不久，它就在一个案件的判决中表达了宪法被一个客观价值秩序所主宰之观念。法院将人的尊严视为德国社会的最高价值，这个价值在德国《基本法》中是绝对的，它建构了德国宪法的阿基米德支点。② 当法院行使权力的时候，通常不会受到僭越立法权的质疑。因为"在立法机关和法院之间并不存在先定的区分，此区分并非宪法必须体现的，宪法解释者也不是说不管宪法如何规定都必须贯彻此区分不可。不仅如此，宪法法院不可避免地会穿越法律和政治的界限"③。基本权利的适用与解释是宪法法院的职责所在，不会被视为对立法领域的不当侵犯。尽管法院承认，比例原则的运用要给立法者留下裁量空间，但是由于适用性平衡以

---

① Moshe Cohen-Eliya Iddo Porat, "The Hidden Foreign Law Debate in Heller: The Proportionality Approach in American Constitutional Law", *San Diego Law Review*, Vol. 46, p. 390, n. 89 (2009).
② Moshe Cohen-Eliya Iddo Porat, "The Hidden Foreign Law Debate in Heller: The Proportionality Approach in American Constitutional Law", *San Diego Law Review*, Vol. 46, p. 391 (2009).
③ Donald P. Kommers and Russell A. Miller, *The Constitutional Jurisprudence of the Federal Republic of Germany*, Duke University Press, 2012, p. 65.

价值为参照，又是一种高度依赖情境特点的"个案式"衡量，它本身就不可能建立在立法权和司法权严格区分的基础之上。①

总之，德国《基本法》蕴含着"有机国家"观念，国家的各个组成部分彼此信任和合作，共同努力实现《基本法》的价值目标。宪法法院所承担的正是阐释和平衡这些价值的任务，这些观念和制度背景为"适用性-个案式"平衡提供了政治文化上的支撑。

(二) "定义性-类型化" 平衡的成因

1. 法律观

在法学理论上，美国法院采取的"平衡"方法是对19世纪的法律形式主义的反动。在19世纪晚期，哈佛大学法学院的院长朗戴尔（Christopher Langdell）是美国法律形式主义的旗手，他受到德国法律科学运动的影响，试图在美国建立可以媲美于自然科学的法学理论体系。② 朗戴尔认为，理想的法律具备以下特征：(1) 法律具有高度的确定性，依据法律可以确定地得出结论，法官个人的自由裁量权被压缩在最小范围之内；(2) 法律具有高度的体系性，所有的法律规则都立基于一套逻辑一贯、数量有限的抽象原则；(3) 法律具有高度的自治性，法律与社会、政治和道德相隔离，免受它们的影响。朗戴尔强调，法律与其他领域之间，以及法律内部的不同领域之间有着明确的界限；权利具有绝对性，

---

① Henk Botha, "Rights, Limitations, and the (Im) Possibility of Self-Government", in Henk Botha, Andre Van Der Walt & Jahan Der Walt (eds.), *Rights and Democracy in a Transformative Constitution*, Sun Press, 2003, p. 13.

② Thomas C. Grey, "Langdell's Orthodoxy", *University of Pittsburgh Law Review*, Vol. 45, p. 9 (1983).

并不因具体情况的改变而改变；权利的内涵取决于它的概念界定，与其社会功能无关。在法律形式主义者看来，所谓司法判决就是以抽象的法律原则或规则为依据进行的逻辑演绎过程，并不涉及法官的价值判断。

进入20世纪以后，朗戴尔的法律形式主义受到了"法律进步运动"的有力挑战，反形式主义运动的核心思想之一便是"平衡"理念。① 美国法学家霍姆斯（Oliver Wendell Holmes）认为，法律的内涵并不是从抽象原则中推导出来的，法律是实现社会目标的工具，不同的社会利益的冲突和平衡才是法律真正的塑造力量。② 在"哈得逊县自来水公司诉麦卡特"（Hudson County Water Co. v. McCarter）案中，霍姆斯说："所有的权利都宣称自己是绝对的，然而事实上，它们全部都被政策性原则或其他权利所限制。当到达一个点的时候，它才强大到可以立于不败之地。基于公共利益限制个人财产权，这是州警察权的一部分，相互冲突的利益的界限不能由任何一般性的标准预先确定，而只能在平衡的基础上作出（或帮助作出）决定。"③ 卡多佐（Benjamin Nathan Cardozo）和庞德也倡导利益平衡方法，卡多佐主张，司法裁判"在很大程度上必定取决于将因此得到推进或损害的诸多社会利益的相对重要性或相对价值"④。庞德则将法律视为"满足、修复、协调、调整

---

① Moshe Cohen-Eliya and Iddo Porat, *Proportionality and Constitutional Culture*, Cambridge University Press, 2013, p. 34.
② Oliver W. Holmes, "The Path of the Law", *Harvard Law Review*, Vol. 10, pp. 457, 465 (1897).
③ *Hudson County Water Co. v. McCarter*, 209 U. S. 349, 355 (1908).
④ [美] 本杰明·卡多佐：《司法过程的性质》，苏力译，商务印书馆1998年版，第69页。

相互重叠和经常冲突的主张和要求的一种尝试"①。"法学家所能做的是……尽可能保障所有社会利益,维持它们之间的平衡或和谐,此平衡或和谐需要能够与保障所有社会利益相容。"② 此外,以詹姆士(William James)和杜威(John Dewey)为代表的美国实用主义思潮也为"平衡"提供了智识土壤。③ 实用主义认为,真理是社会构造物,一个观念的真理性的基础并不在于它的形而上学论证,而在于它对人类事务的有用性,"真理"就存在于对现实利益的平衡和确认之中。

2. 权利观

美国是现代成文宪法的发源地,早在1787年其宪法便已成型。起初在美国的宪法文本中并没有关于公民基本权利的规定。在那个时代,流行的基本权利观念是洛克式消极权利观念。美国的制宪者认为,所谓基本权利都是消极防卫意义上的权利,保障该种消极权利的最好办法就是控制国家的权力,只要将国家权力控制好,公民的基本权利自然就得到了保障,因此美国早期宪法的立法重点在于划分和规范联邦和州的权力。尽管美国在之后的200余年间不断地以"宪法修正案"的形式为宪法补充了诸多基本权利条款,但它对基本权利性质的理解却没有发生根本的变化,仍主要将其理解为消极权利。相比于现今世界上其他国家的宪法,美国宪法修正案规定的基本权利的数量是较少的,主要内容限于生

---

① Roscoe Pound, "A Survey of Social Interests", *Harvard Law Review*, Vol. 57, No. 1, p. 4 (1943).
② [美] 罗斯科·庞德:《法哲学导论》,于柏华译,商务印书馆2020年版,第42页。
③ 参见 [美] 罗伯特·萨默斯:《美国实用工具主义法学》,柯华庆译,中国法制出版社2010年版,第14页。

命、自由和财产这些洛克式的消极性权利。相比于世界上的其他国家,美国的宪法以及相应的判例体系在"二战"之前便已定型,"二战"之后在全世界范围内出现的立宪运动以及相应的对基本权利的新的理解对美国宪法的影响很有限。18世纪的基本权利观念在美国的宪法实践中一直保有旺盛的生命力,直至今日,基本权利仍主要被视为防御国家公权力侵犯的"王牌"。

美国宪法权利条款的消极、"王牌"性质明显体现在它的文本表述方式上,美国宪法在规定基本权利时往往使用极为明确和绝对的语言,没有"基本权利受到……限制"之类的表述。例如,美国宪法第三修正案规定:"在和平时期,未经房主同意,士兵不得驻扎在任何住宅;除依法律规定的方式,战时也不得驻扎。"美国宪法第四修正案规定:"人民的人身、住宅、文件和财物不受无理搜查和扣押的权利,不得侵犯。除依据可信的理由,以宣誓或代宣誓言保证,并详细说明搜查地点和扣押的人或物,不得发出搜查和扣押状。"美国宪法第八修正案规定:"不得要求过多的保释金,不得处以过重的罚金,不得施加残酷和非常规的刑罚。"美国宪法中基本权利的此种表述方式决定了,法官在适用宪法保护基本权利的时候,工作重心在于解释相关宪法条款,政府的相关行为合宪与否,就取决于解释的结果,取决于该政府行为是否"侵犯"了基本权利。基本权利在美国宪法中的"刚性"表述使得基本权利好似制宪者就公民与国家的关系得出的一系列最终结论,它的丰富内容就隐藏在宪法的条文字义之中,等待法官去"发现"它们。正是由于美国宪法文本的特殊表述方式,在美国的合宪性审查实践中,法院一直重视"宪法原意",受到"原旨主义"的强烈影响。① 在此种合宪性审查模式下,"基本权利受到的限制是否正当"与"基本权利是否受到了侵犯"在性质上并无区别,它们是用不同方式表述的同一个问题。在美国法院看来,如果对基本权利的限制是正当的,基本权利便没有受到侵犯,反过来,如果国家对基本权利的限制是不正当的,基本权利就受到侵犯。

基于基本权利的"限制"与"侵犯"的二合一式理解,美国的宪法适用者们并不认为在基本权利与公共利益之间存在真正的冲突。所谓基本权利与公共利益的冲突只是表面现象,如果政府权力的行使是正当的,它就不可能侵犯基本权利。在美国法院眼中,"平衡"是用来判断政府权力行使的正当性有无(或者说澄清基本权利的确切含义)的解释方法,它并不是处理基本权利与公共利益冲突的方法。并且作为一种解释方法,它只是诸多宪法解释方法之一,并不具有普遍意义和决定意义。此外,由于宪法中的基本权利被视为具有前瞻性、一般性的"结论",法官们在通过平衡解释宪法文本的时候,倾向于对其进行类型化解释,以此来确保宪法条文的可预见性和一般性。对于美国法官来讲,很难接受其解释结果仅能适用于当下个案。既然宪法文本已经明确展示了基本权利为公权力"划界"之功能,如果基本权利为公权力划定的界限是因个案而异的,此种"界限"实际上相当于不存在。尽管美国法院并不否认基本权利的内涵存在着不确定性,但为了贯彻宪法赋予基本权利的"为公权力划界"之使命,此种不确定性必须被控制在一定范围之内,法院的"平衡"必须是类型化的,

---

① 参见[美]约翰·哈特·伊利:《民主与不信任:司法审查的一个理论》,张卓明译,法律出版社2018年版,第54页。

必须总结提炼出基本权利超出个案的、更为一般的内涵。

3. 国家观

美国政治体制的思想基础是洛克式的"中立政府"和"个人自由",① 它的源头最早可以追溯到 1620 年的《五月花号公约》。《五月花号公约》的签署者是一群在英国受到宗教迫害的新教徒,他们不远万里来到美洲大陆寻求信仰自由,将对于精神自由的高度重视直接体现在美国宪法文本之中。美国宪法第一修正案规定:"禁止美国国会制定任何法律以确立国教;妨碍宗教信仰自由;剥夺言论自由;侵犯新闻自由与集会自由;干扰或禁止向政府请愿的权利。"为了确保公民的自由,需要控制权力:一方面在联邦与州之间进行纵向的分权,另一方面在立法、行政与司法机关之间进行横向的分权。政府的权力需要在各种价值立场之间保持中立,这样才能保证人民获得"自由与幸福"。美国法学家富勒(Lon Fuller)为美国宪法的"价值中立"的理由作了解读:"我们应该抗拒诱惑,不能让规范实体事项的宪法条文充塞于整部宪法当中……诸如此类的尝试都是愚鲁莽撞地妄想在今天来解决未来的问题。潜藏在这种尝试背后的更深层的危险是,它们会削弱美国宪法本身的道德力量。"② 富勒揭示的美国宪法的这个精神对美国的司法审查实践的影响是很深远的,在"洛克纳诉纽约州"案中,霍姆斯法官提出了著名的反对意见,他反对带着明显价值倾向解读宪法。霍姆斯认为,"第十四修正案并未使赫伯特·斯宾塞先生

---

① Moshe Cohen-Eliya and Iddo Porat, *Proportionality and Constitutional Culture*, Cambridge University Press, 2013, p. 56.
② Lon Fuller, "American Legal Philosophy at Mid-Century", *Journal of Legal Education*, Vol. 6, p. 463 (1954).

的《社会静力学》成为立法",宪法是由持有不同价值观念的人们共同制定的,它并不倾向于任何特定的经济理念,无论是自由主义经济理念还是家长主义经济理念,宪法都一视同仁。① 在1989年的焚烧国旗案中,布伦南(William Joseph Brennan)法官撰写了多数意见书,其中他特别强调:"在第一修正案中有一项基本原则,即政府不得因社会发现某种观念本身令人生厌或不合人意,就去禁止人们表达这种观念。"②

如前所述,美国宪法中的基本权利条款在表述上非常抽象,且经常采取"限制公权力"的模式。例如,美国宪法第五修正案规定:"无论何人,除非根据大陪审团的报告或起诉书,不受死罪或其他重罪的审判,但发生在陆、海军中的案件,或战时或国家危急时发生在服现役的民兵团中的案件除外。任何人不得因同一犯罪行为而两次遭受生命或身体的危害。在任何刑事案件中,不得强迫任何人自证其罪;未经正当法律程序,不得剥夺任何人的生命、自由或财产。非经公平补偿,私有财产不得充为公用。"此种表述方式也正是美国的政体理念在宪法中的表现,正如美国宪法学家伊利(John Hart Ely)所言:"使得美国宪法负有盛名的是,事实上也使得美国本身负有盛名的是一套统治的程序,而不是一种处于统治地位的意识形态。"③ 有鉴于此,美国宪法并没有为解决价值判断问题提供足够的空间,这个问题被认为应该主要由立法机关来解决,在立法中人们通过价值选择完成"自我立法"。相

---

① *Lochner v. New York*, 198 U. S. 45 (1905).
② 参见张千帆、朱应平、魏晓阳:《比较宪法——案例与评析》,中国人民大学出版社2011年版,第743页。
③ [美]约翰·哈特·伊利:《民主与不信任:司法审查的一个理论》,张卓明译,法律出版社2018年版,第149页。

比于欧陆国家,"民主"在美国更受重视,甚至有论者认为,美国的合宪性审查制度尽管表面上看起来是对民主立法的拘束,但实际上它最终仍然立基于民主,只不过这是一种更高层次的民主,即"人民的自我立法"。①

美国的政治理念珍视个人自由、怀疑客观价值,这导致了美国在政治架构上特别注意防范政府权力的滥用。此种"不信任"所针对的不仅是立法权力和行政权力,也包括司法权力。在此种政治体制内,法院在行使司法审查权时特别注意区分司法权和其他政府权力的界限,并尽可能地避免陷入价值判断的泥潭,有时甚至会彻底地否定"平衡"的必要性,从而表达对其他权力部门的尊重。在"哥伦比亚特区诉赫勒"案中,法院在多数意见中表达了对"平衡"的疑虑:"我们从未听说应该运用一个自由利益平衡的方法来决定宪法明确列举的权利的核心内容。这项明确列举的权利出自政府之手,由第三政府部门逐个案件地确定该权利是否值得保护。完全建立在法官对其有用性的评估基础上的宪法保障根本就不是宪法保障。基本权利的内容和范围在人们制定它的时候就是确定的,无论将来的立法者或法官是否认为那个范围太宽了。"② 法院多数意见不接受"自由利益平衡",体现了美国人对过于直白的"司法造法"的担忧。"美国法律制度在其对司法造法的依赖程度上在全世界是独一无二的,我们的司法立法不仅比今天世界上其他国家都多,而且比历史上其他国家都多。然而并没有一群负责规划的人曾审慎考虑和认真决定法官

---

① Jed Rubenfeld, "Commentary, Unilateralism and Constitutionalism", *New York University Law Review*, Vol. 79, No. 6, pp. 1971, 2000 (2004).
② *District of Columbia v. Heller*, 625 U. S. 570 (2008).

应该制定这么多的、包括政策在内的美国法律。"① 相比之下，类型化的司法审查将法官的价值判断与平衡隐藏在一个个具体的规则的适用当中，这使得它成为美国法官更少争议的、更为稳妥的选择。此外，类型化的审查方法能够有效地限缩法官的裁量空间，② 明显提高了司法审查结果的可预见性。例如，相关案件一旦适用严格审查标准，基本上都意味着法院会得出政府违宪之结论，而相关案件如果适用宽松审查标准，审查结论一般都是政府行为合宪。

斯通法官在"洛克纳"案中书写的"第四注脚"是美国宪法审查的三重标准的开端，它的重要性在于，它从程序的角度提供了划分司法权和立法权的标准，即根据民主程序失灵的可能性来区分司法介入立法的程度，依此来区分法院对政府权力的不同审查强度。此种程序主义的司法审查路径在相当程度上摆脱了"司法僭越立法"之批评，获得了美国宪法理论界的支持和实务界的普遍接受。宽松审查将政府行为的实质正当性的判断在相当程度上交给立法机关，而严格审查则主要由司法机关来判断政府行为的正当性。越是宪法明确列举的权利、越是可能在民主制度运作中被忽略和压制的权利，其内涵越是应该由司法机关来把握。越是适合民主程序决定的公共目标和公共政策等问题，则越应该由立法者来判断。从根本上说，区分三重宪法审查的基本目标之一

---

① Kenneth Culp Davis, " Judicial, Legislative, and Administrative Lawmaking: A Proposed Research Service for the Supreme Court", *Minnesota Law Review*, Vol. 71, p. 1 (1986).
② Aharon Barak, *Proportionality: Constitutional Rights and Their Limitations*, translated by Doron Kalir, Cambridge University Press, 2012, pp. 542 – 547.

就是,在三权分立的联邦制背景下,划定司法权介入立法权的限度。例如,在合理性审查中,政府基本上并不需要证明其追求的目的的真实性,但是在严格审查和中等程度审查中,政府则需要证明其目的是真实存在的,需要证明它采取的措施与该目的之间具有关联性。

在美国法院的三类审查标准的适用中,每一类审查标准的宽松程度也出于权力区分的考虑而有所变化。例如,法院审查各州的选区划分与审查联邦的选区划分适用的是同一标准,但由于法院更为尊重各州的权力,法院对审查标准的适用因适用对象的不同而有所区别。对于各州的选区划分问题,法院的审查更为宽松,"州关于选区划分的成文法并不与国会席位的重新划分适用同样严格的标准"[①]。在州的选区划分问题上,法院只要求州内不同地区的人口实质上相等、州内公民的选票具有相近的影响力。只要人口偏差没有超过10%,并且此种偏差得到合理的证据的支持(例如,此种划分是为了保持各选区的紧凑和毗邻、尊重各市的边界、避免现任官员之间的竞争),法院就不会认为州的选区划分违反了平等原则。与此不同,对于联邦层面的选区划分,法院的审查总是更为严格。"无论某个州可能已经达到了一个多么小的人口偏差,通过证明更小的人口偏差之可能性,挑战这一做法的人都可提起一个表面违法的案件。一旦表面证据案件成立,该州就必须证明为达到正当的目标,其计划中的人口偏差是必要的。"[②] 涉及

---

① [美]阿兰·艾德斯、克里斯托弗·梅:《美国宪法:个人权利案例与解析》,项焱译,商务印书馆2014年版,第325页。
② [美]阿兰·艾德斯、克里斯托弗·梅:《美国宪法:个人权利案例与解析》,项焱译,商务印书馆2014年版,第326页。

"平权措施"的案件都适用严格审查,法院的审查强度会受到政府的种族分类理由的影响。如果政府的种族分类理由是"教育多元化",法院对政府的判断一般更为尊重。在"格鲁特诉博林杰"(Grutter v. Bollinger)案中①,法院认为,教育多元化是实现教育目标的必要手段,大学教育目标及其实现方法具有复杂性,出于尊重大学学术传统的考虑,只要没有证据表明大学的种族分类措施是为了实现某种非法目的,法院便认为此种分类是以"教育多元化"为目标。但相比之下,中小学校则不具有此种特殊性,如果它们进行基于种族的分类,则不应该降低审查强度。在种族歧视案件中,法院一般只要求原告证明,种族歧视是政府的相关决策的动机因素,但对于那些涉及种族问题的选区划分案件,法院则要求原告证明,种族歧视是政府行为的决定性因素。② 这是因为,在美国的政治制度中,选区划分问题原则上处于议会的权力范围之内。并且在选区划分案件中,其中的原告一般都是某个政党,而法院不愿意卷入政治问题,成为党派斗争的工具。

二、我国的平衡模式的构建方向

基本权利的这两种平衡模式有其共性,它们都是基本权利保障的方法,都涉及实质性的利益、价值的考量和权衡,但在相关基本权利保障实践中发挥着不同的功能,占据着不同的地位。理解二者的差异不能仅仅着眼于基本权利裁判的技术层面,它们各

---

① *Grutter v. Bollinger*, 539 U. S. 306 (2003).
② 参见[美]阿兰·艾德斯、克里斯托弗·梅:《美国宪法:个人权利案例与解析》,项焱译,商务印书馆2014年版,第234页。

有其宪法文化渊源，各自关联着一套法律观、权利观和国家观。相关宪法文化渊源解释了这两种平衡模式的成因，也在实践中赋予了这两种平衡模式以生命力。这对我国完善和推进合宪性审查的意义在于，合宪性审查方法的选择不完全是技术问题，无法仅仅通过宪法教义学理论或法哲学层面的辨析来解决，它更多地是一个制度适配和制度建构问题。

（一）平衡：定义性与适用性

"平衡"在德美宪法审查中的运用都得到了相应"法律观"的支持，总体来看德国和美国的平衡背后的法律观都代表了对近代以来的机械的、形式主义的、概念化的法律观的反动。德国转向利益法学、价值法学，美国则转向现实主义、实用主义法学。德国和美国的法律观的共性在于，都否认法律的封闭性和自足性，承认法律有着开放性的、有待填补的面向，"平衡"则是用来具体贯彻此种法律观的方法。从我国的法学理论的现状来看，机械化的、概念化的、形式主义的倾向并不是主流，目前我国流行的法律观同时受到了德国和美国的影响，并不倾向于将法律视为固定不变的、自成一体的存在。这就意味着对于我国来讲，是否在宪法审查中采用平衡方法并不是一个问题，问题仅在于采用何种平衡模式。

法律观上的变化只是解释了德国和美国的平衡方法出现的原因，并不足以解释两国的平衡在运用模式上的差异，"宪法文本"与"政治体制"上的不同才是两国平衡模式的差异的决定性因素。

严格来讲，美国式平衡中的"定义性"特征意味着，在美国的宪法审查中，被平衡的并不是基本权利，而是基本权利的构成要素。"平衡"是用来确定基本权利的内容的方法，而基本权利的内容一经确定便为政府行为划定了不可逾越的界限，它自身是不可平衡的。我们之前在第一章中已经用较大篇幅讨论了此种基本权利观念的缺陷，它的主要缺陷在于将基本权利的内涵视为一个已经确定的、有待发现的对象，此种权利观并不符合事实，也无法与我们的价值信念体系相契合。甚至可以说，美国的"定义性平衡"从逻辑上看是自相矛盾的，"定义"意味着相关问题的答案已经存在，等待人们通过某种方式来发现它；而"平衡"意味着相关问题的答案并不预先存在，有待人们将其论证出来。也就是说，严格来讲，"平衡"不可能是"定义"性的。尽管"定义性平衡"在理论上说不通，但它确实在美国的合宪性审查实践中被使用。此种理论与实践之间的落差在相当程度上是由美国的宪法文本和政治制度所导致的。一方面，美国宪法文本使用刚性的、绝对的语言来规定基本权利，这就使得法官在适用相关条款时，只能以这样一种姿态来适用，即宪法中的基本权利条款有着确定的内容。美国的"三权分立"之政治制度设计使得法院不愿意旗帜鲜明地表明其"创造"基本权利的企图，而只能将其职能说成是"揭示"制宪者的意图。另一方面，基本权利在宪法中的表述是抽象的，如此抽象的宪法表述无法直接被用来应对具体的案件，法官们又"不得不"通过平衡不同的利益来发展基本权利的内涵。只不过囿于美国宪法文本的表述方式，法官们只能将他们进行的平衡说成是在"揭示"基本权利本来就有的内容。

我国的宪法文本形成于20世纪50年代，其内容吸收了"二战"以来世界范围的立宪运动的最新发展成果，宪法中关于基本权利的规定并不像美国那样刚性和绝对，而是存在着从一般到具体的各类限制条款。我国的宪法文本更接近于德国的宪法文本，宪法适用者不必受到必须仅仅以"揭示制宪者意图"之姿态来适用基本权利条款之拘束，宪法文本给适用者留下了"创制"之空间。就此而论，我国的平衡模式构建应该效法德国，采用"适用性平衡"之模式。从政治制度上看，我国实行的是人民代表大会制度，司法机关受人大监督、对人大负责。在这种政治制度下，普通的司法机关不具有"立法"职能，其职能只能是"实施"法律。① 这就意味着，合宪性审查中的适用性平衡在我国的运用需要通过设立特别的适用机构来进行，而不能通过现有的普通法院系统来完成，不论是地方的低级法院还是中央一级的最高法院，都不适合作为此种平衡模式的操作者。2015年公布的我国《宪法解释程序法》的专家建议稿将宪法适用机构确定为全国人民代表大会常务委员会（新设宪法委员会），此种制度设计明显体现了对已有的政治制度的尊重。

（二）平衡：个案式与类型化

美国的宪法文本与政治制度促成了美国的平衡模式的另一个特征，即"类型化"。总体来讲，以类型化的方式来运用平衡，反

---

① 这里并不是在主张，在人民代表大会制度下，普通司法机关只能"机械地"解释立法者的意图。实际上作为一个明显的事实，在疑难案件中，并没有明确的立法可供使用，即便是普通的法院，依据的也不是（不可能是）立法者事先已经规定的东西。但只要法院的此种创造性的法律解释活动是立法者所允许的，那么法院的创造活动仍然是在"依法裁判"。用英国学者拉兹的话来讲，此时法院获得了一种"受指导的权力"。（Joseph Raz, *Ethics in the Public Domain: Essays in the Morality of Law and Politics*, Oxford University Press, 1995, p. 241.）这种体制所不允许的是，法院的行为超出立法者的许可范围，而这恰恰是宪法层面的适用性平衡所要做的事情。

映了法院对"确定性"和"可预见性"的追求，以及对民主和法治的尊重。美国宪法文本的刚性、明确、不含糊的风格促使法院为宪法条款提供具有一般性的解释，而不是仅仅适用于当下个案的解释。司法权力与其他政府权力的较为严格的划分也促使法院在适用宪法时有意识地将特定类型的事项预先排除在司法权力之外。如若不然，如果"哪些事务属于立法和行政权力的事务"这个问题的答案在个案中才能被确定的话，那将意味着司法权凌驾于立法权和行政权之上，或者说，意味着关于"三权分立"这件事，法院享有最终的决定权，这本身就是对"三权分立"的否定。美国式平衡的类型化特点尽管受到美国特有的宪法文本和政治制度的强化，但这不意味着类型化的平衡仅仅适用于美国，或者仅仅适用于与美国在宪法文本和政治制度设计上类似的国家。将平衡类型化的最为重要的旨趣在于，在一定程度上保证法律的确定性和可预见性、尊重民主和法治，此种追求不是美国特有的，在所有存在法律的地方，都会产生此种需求。确保宪法条款的含义在一定程度上的"刚性"，以及在一定程度上区分司法权与其他政府权力，这是所有国家的宪法实践都具有的特征。相应地，在通过平衡来适用基本权利条款的时候，进行某种程度的类型化也是一个普遍现象。例如，欧洲人权法院在"德米尔"案（*Demir v. Turkey*）的判决中指出，基本权利之间存在着重要性之差别，对于那些重要的基本权利，限制措施必须基于"极为有力的"或"令人信服的和压倒性的"理由，而对于那些重要性相对较低的基本权利，应该放松对成员国采取的限制措施的理由强度上的要求。[1]

---

[1] *Demir v. Turkey*（App no. 34503/97）(2009) 48 EHRR 54，[119].

德国式平衡尽管以"个案式平衡"为主流模式,但它也不完全排斥将平衡类型化。德国宪法法院在其相关判决中都曾经将"职业自由""艺术自由""一般人格权"的重要性进行过类型化的区分,并指明了基本权利的限制措施的理由的强度随着这些基本权利各自的不同的重要性等级的不同而不同,甚至有些基本权利的某个重要性等级会达到使得任何限制措施都无法得到证立的程度。① 欧盟和德国法院的这些做法同样反映了对法律的确定性和可预见性的追求、对民主与法治的尊重。

法律的确定性和可预见性、民主与法治是普遍的价值,平衡的类型化也是普遍的,问题仅在于"在多大程度上"将平衡类型化。就已有的宪法审查实践来讲,美国与德国位于平衡的"类型化"光谱的两极。美国代表的是平衡的类型化的"强模式",美国法院将所有的基本权利划分为不同的类别,它只针对部分基本权利或某些基本权利的特定侵害情形进行平衡,另一部分基本权利的平衡问题则托付给其他权力部门来判断。德国代表的是平衡的类型化的"弱模式",它并没有预先将某些类型的基本权利排除在法院的平衡范围之外,它对平衡的类型化主要存在于各个基本权

---

① 参见林来梵主编:《宪法审查的原理与技术》,法律出版社2009年版,第262—268页。德国1958年的"药房"案是德国宪法法院将平衡类型化的较早的典型案例,法院区分了职业自由的三种规制情形,分别与三种不同程度的审查标准相对应:(1)对人们"从事"某种职业的自由进行的限制。此种情况下,职业自由的分量是较低的,政府只要是基于对公共利益的"合理"考虑,就可以对职业自由进行限制。(2)为人们"选择"某种职业的自由设定主观条件。此种情况下,职业自由的分量是中等的,需要基于"重要的公共利益"才可以进行限制。(3)为人们"选择"某种职业的自由设定客观条件。此种情况下,职业自由的重要性是相对最高的,政府必须基于"极重要的公共利益"才能够进行限制。参见张翔主编:《德国宪法案例选释》(第1辑),法律出版社2012年版,第48—59页。

利受到的限制类型的区分上。在这个光谱中,平衡的类型化程度越高,意味着对民主的尊重程度越高,法律的可预见性、确定性程度越高,随之而来的则是对基本权利的宪法保护的周密性的降低。我国的基本政治制度是人民代表大会制度,其背后反映了我国对"人民主权"的高度重视,目前以及可以预见的未来我国都会采取"强政府"模式,与此种政治法律文化相适应,我国的平衡应该采取相对较高程度的类型化模式。例如,生命、健康、身体完整、人身自由等较为重要的基本权利应适用较为严格的审查标准,由审查机构来平衡个案中权利与公共利益的相对重要性,对于这些权利受到的不同限制进行类型化区分,区分它们各自包含的重要性等级。而对于那些涉及财产的转让收益、公司企业的营业自由、公民个人的社会保障事务的权利则适用较为宽松的审查标准,将权利与公共利益的相对重要性的平衡交由立法机关和行政机关来判断。当然,需要特别强调的是,宪法审查中的平衡模式的形成,在一定程度上是一个"集体无意识"的制度文化的适应、调整之结果,理论构想的作用是有限的,甚至是苍白的。我国的宪法审查制度尚未成熟,存有较大的发展空间和变化余地,以上关于我国宪法审查中的平衡模式的讨论只具有方向意义,其具体的内容是无法预先确定的,只有在"试一试、看一看"的过程中才能知晓。

结　论

"基本权利与公共利益的平衡"命题牵涉到三个重要的问题，分别是概念-价值问题、方法问题以及制度模式问题。

第一章和第二章讨论了"基本权利与公共利益的平衡"的概念-价值问题，对平衡语境中的"基本权利"和"公共利益"的概念进行了界定，并解释了如此界定的理由。平衡语境中的"基本权利"是"实践推理过程"意义上的，而不是"实践推理结论"意义上的。在"实践推理结论"意义上理解基本权利是一种较为传统的观点，持有该观点的论者反对平衡基本权利。但此种权利观既不符合权利在法律实践中的真实表现，其背后的"价值一元论"也无法妥当匹配我们的基本价值信念。基于"实践推理过程"来理解基本权利才能够与权利的现实表现以及我们的价值信念相融洽，这就构成了支持基本权利的可平衡性的基本理由。平衡语境中的"公共利益"是"共享价值"意义上的（共享公益观），它不是"不特定多数人的个人利益的加总"（加总公益观），也不是"终极正确的'真正'的利益"（统合公益观）。只有在"共享公益观"的意义上，公共利益才可能与基本权利进行有意义的平衡。如果在另外两种公益观念的意义上理解公共利益，公共利益则不可能与基本权利进行有意义的平衡，而是会导致"公共利益'吸收'基本权利"。

第三章和第四章讨论了"基本权利与公共利益的平衡"的方法问题,对平衡的内涵进行了解释,论证了平衡的理性基础。"基本权利与公共利益的平衡"中的"平衡"是价值意义上的平衡,它以证立行动选择为目标。价值意义上的平衡的基本法则是,"侵害(不满足)一个价值的程度越高,不侵害(满足)另一个价值的程度便需要越高"。相关行为意图实现的价值与被其侵害的价值在分量上相当,便属于"平衡",这构成了相关行为得到证立的"基准线"。在判断冲突中的价值的相对重要性时,需要分别考虑双方的"抽象重要性""干涉强度"以及"认知可靠性"。平衡自身只是一种形式性的证立框架,欲想从中导出具体的证立结论,离不开相关的实质性因素的填充,在本书中得到重点关注的是其中的"原则的重要性判准"这个实质性因素。"基本权利与公共利益的平衡"预设了"价值多元"以及"异质价值的不可通约性",由此而来的方法论质疑是,不同价值之间如何可以被理性地比较。异质价值的比较的理性基础在于"道德/法律的视角",本书借鉴了麦考密克提出的"斯密式绝对律令"来解释"道德/法律的视角"。这是一种"无偏颇的观察者"视角,即在满足"无偏颇"以及"资讯充足"的前提下,同情地或移情地回应价值冲突情境中所涉及的人的感受,以此来实现对异质价值的理性比较。

第五章讨论了"基本权利与公共利益的平衡"的制度模式问题,总结了目前代表性的平衡模式,探讨了我国平衡模式的构建方向。宪法裁判中平衡方法的全球化,并不意味着各国法院在同一种意义上"平衡"基本权利。总体而论,各国宪法裁判中的平衡方法之运用呈现为两种模式,分别是以德国为代表的"适用性-个案式平衡"与美国的"定义性-类型化平衡"。这两种平衡模式与不同的宪法文化传统相关联，各有其"配套设施"，与不同的法律观、宪法文本以及政治制度相呼应。这意味着，平衡的宪法制度化模式的构建不完全是一个理论构想的事务，还在相当程度上受到特定国家当下以及未来的制度状况的影响。考虑到我国的制度特点，未来我国宪法审查的平衡模式的构建方向是：一方面，平衡应该作为"适用"基本权利的方法，而不是"定义"基本权利的方法；另一方面，应该在区分不同类型的基本权利的重要性的基础上，将平衡的运用适当地类型化，为立法机关和行政机关的权力运用留下更多的裁量空间。

参考文献

一、中文文献

（一）著作

［阿根廷］方迪启：《价值是什么？——价值学导论》，黄藿译，联经出版公司1984年版。

［德］格奥格·耶利内克：《主观公法权利体系》，曾韬、赵天书译，中国政法大学出版社2012年版。

［德］哈贝马斯：《在事实与规范之间：关于法律和民主法治国的商谈理论》，童世骏译，生活·读书·新知三联书店2003年版。

［德］黑格尔：《法哲学原理》，范扬、张企泰译，商务印书馆1961年版。

［德］卡尔·拉伦茨：《法学方法论》，黄家镇译，商务印书馆2020年版。

［德］卡尔·施米特：《宪法学说》，刘锋译，上海人民出版社2016年版。

［德］康德：《道德形而上学原理》，苗力田译，上海人民出版社2005年版。

［德］鲁道夫·斯门德：《宪法与实在宪法》，曾韬译，商务印书馆2020年版。

［德］罗伯特·阿列克西：《法：作为理性的制度化》，雷磊编译，中国法制出版社2012年版。

［德］罗伯特·阿列克西：《法·理性·商谈：法哲学研究》，朱光、雷磊译，中国法制出版社2011年版。

［德］米歇尔·施托莱斯：《德国公法史：国家法学说和行政法学》，雷勇译，法律出版社2007年版。

［德］萨维尼：《当代罗马法体系》，朱虎译，中国法制出版社2010年版。

[德] 耶林：《为权利而斗争》，郑永流译，法律出版社 2007 年版。
[法] 卢梭：《社会契约论》，何兆武译，商务印书馆 1980 年版。
[古希腊] 柏拉图：《理想国》，郭斌和、张竹明译，商务印书馆 1986 年版。
[古希腊] 亚里士多德：《政治学》，吴寿彭译，商务印书馆 1965 年版。
[美] 阿兰·艾德斯、克里斯托弗·梅：《美国宪法：个人权利案例与解析》，项焱译，商务印书馆 2014 年版。
[美] 本杰明·卡多佐：《司法过程的性质》，苏力译，商务印书馆 1998 年版。
[美] 卡尔·罗文斯坦：《现代宪法论》，王锴、姚凤梅译，清华大学出版社 2017 年版。
[美] 克里斯蒂娜·科尔斯戈德：《规范性的来源》，杨顺利译，上海译文出版社 2010 年版。
[美] 朗·富勒：《法律的道德性》，郑戈译，商务印书馆 2005 年版。
[美] 罗伯特·诺奇克：《无政府、国家和乌托邦》，姚大志译，中国社会科学出版社 2008 年版。
[美] 罗伯特·萨默斯：《美国实用工具主义法学》，柯华庆译，中国法制出版社 2010 年版。
[美] 罗斯科·庞德：《法理学》（第 3 卷），廖德宇译，法律出版社 2007 年版。
[美] 罗斯科·庞德：《法哲学导论》，于柏华译，商务印书馆 2020 年版。
[美] 迈克尔·佩里：《慎言违宪》，郑磊、石肖雪等译，清华大学出版社 2017 年版。
[美] 史蒂文·卢克斯：《权力：一种激进的观点》，彭斌译，江苏人民出版社 2008 年版。
[美] 约翰·哈特·伊利：《民主与不信任：司法审查的一个理论》，张卓明译，法律出版社 2018 年版。
[日] 芦部信喜：《宪法》，林来梵、凌维慈、龙绚丽译，清华大学出版社 2018 年版。
[英] 边沁：《论道德与立法的原则》，程立显、宇文利译，陕西人民出版社 2009 年版。

［英］边沁：《论一般法律》，毛国权译，上海三联书店 2008 年版。

［英］霍布斯：《利维坦》，黎思复、黎廷弼译，商务印书馆 1985 年版。

［英］洛克：《政府论》（下篇），叶启芳、瞿菊农译，商务印书馆 1964 年版。

［英］摩尔：《伦理学原理》，陈德中译，商务印书馆 2018 年版。

［英］休谟：《人性论》（下），关文运译，商务印书馆 1980 年版。

［英］亚当·斯密：《道德情操论》，谢宗林译，中央编译出版社 2008 年版。

［英］以赛亚·伯林：《自由论》，胡传胜译，译林出版社 2011 年版。

［英］约翰·密尔：《功利主义》，徐大建译，上海人民出版社 2008 年版。

［英］约翰·穆勒：《论自由》，孟凡礼译，广西师范大学出版社 2011 年版。

陈戈、柳建龙等：《德国联邦宪法法院典型判例研究：基本权利篇》，法律出版社 2015 年版。

陈新民：《德国公法学基础理论》，法律出版社 2010 年版。

韩大元、王建学：《基本权利与宪法判例》，中国人民大学出版社 2021 年版。

姜昕：《比例原则研究：一个宪政的视角》，法律出版社 2008 年版。

蒋红珍：《论比例原则》，法律出版社 2010 年版。

梁上上：《利益衡量论》，法律出版社 2013 年版。

廖福特主编：《宪法解释之理论与实务》（六），台北"中央研究院"法律学研究所筹备处 2009 年版。

林来梵主编：《宪法审查的原理与技术》，法律出版社 2009 年版。

林来梵：《从宪法规范到规范宪法》，商务印书馆 2017 年版。

林来梵：《宪法学讲义》，清华大学出版社 2018 年版。

刘权：《比例原则》，清华大学出版社 2022 年版。

刘志刚：《立法缺位状态下的基本权利》，复旦大学出版社 2012 年版。

倪斐：《公共利益法律化研究》，人民出版社 2018 年版。

王涌：《私权的分析与建构：民法的分析法学基础》，北京大学出版社 2020 年版。

吴从周：《概念法学、利益法学与价值法学：探索一部民法方法论的演变史》,中国法制出版社 2011 年版。
夏正林:《从基本权利到宪法权利》,法律出版社 2018 年版。
徐向东编:《实践理性》,浙江大学出版社 2011 年版。
张红:《基本权利与私法》,法律出版社 2020 年版。
张千帆、朱应平、魏晓阳:《比较宪法——案例与评析》,中国人民大学出版社 2011 年版。
张翔主编:《德国宪法案例选释》(第 1 辑),法律出版社 2012 年版。
张翔主编:《德国宪法案例选释》(第 2 辑),法律出版社 2016 年版。
张翔:《基本权利的规范建构》,法律出版社 2017 年版。
郑永流、朱庆育:《中国法律中的公共利益》,北京大学出版社 2014 年版。
朱庆育:《民法总论》,北京大学出版社 2016 年版。

(二) 论文

[英] 约瑟夫·拉兹:《人权无需根基》,岳林译,《中外法学》2014 年第 3 期。
陈景辉:《比例原则的普遍化与基本权利的性质》,《中国法学》2017 年第 5 期。
陈林林:《方法论上的盲目飞行——利益法学方法之评析》,《浙江社会科学》2004 年第 9 期。
戴昕、张永健:《比例原则还是成本收益分析》,《中外法学》2018 年第 6 期。
方新军:《权利概念的历史》,《法学研究》2007 年第 4 期。
胡锦光、王锴:《论我国宪法中"公共利益"的界定》,《中国法学》2005 年第 1 期。
蒋红珍、王茜:《比例原则审查强度的类型化操作》,《政法论坛》2009 年第 1 期。
蒋红珍:《比例原则的全球化与本土化》,《交大法学》2017 年第 4 期。
蒋红珍:《比例原则位阶秩序的司法适用》,《法学研究》2020 年第 4 期。
蒋红珍:《比例原则适用的范式转型》,《中国社会科学》2021 年第 4 期。

雷磊：《为权衡理论辩护》，《政法论丛》2018 年第 2 期。

梁上上：《异质利益衡量的公度性难题及其求解》，《政法论坛》2014 年第 4 期。

刘权：《均衡性原则的具体化》，《法学家》2017 年第 2 期。

刘权、应亮亮：《比例原则适用的跨学科审视与反思》，《财经法学》2017 年第 5 期。

马岭：《基本权利冲突与法律权利冲突之别——兼与张翔博士商榷》，《法商研究》2006 年第 6 期。

王蕾：《比例原则在美国合宪性审查中的类型化运用及其成因》，《比较法研究》2020 年第 1 期。

王蕾：《征收的财产权理论基础》，《浙江社会科学》2020 年第 8 期。

徐振东：《基本权利冲突认识的几个误区——兼与张翔博士、马岭教授商榷》，《法商研究》2007 年第 6 期。

杨登杰：《执中行权的宪法比例原则：兼与美国多元审查基准比较》，《中外法学》2015 年第 2 期。

于柏华：《权利认定的利益判准》，《法学家》2017 年第 6 期。

于柏华：《比例原则的权利内置论》，《法商研究》2020 年第 4 期。

于柏华：《处理个人信息行为的合法性判准》，《华东政法大学学报》2020 年第 3 期。

于柏华：《权利的证立论：超越意志论与利益论》，《法制与社会发展》2021 年第 5 期。

于柏华：《比例原则的法理属性及其私法适用》，《中国法学》2022 年第 6 期。

张翔：《基本权利的双重性质》，《法学研究》2005 年第 3 期。

张翔：《基本权利冲突的规范结构与解决模式》，《法商研究》2006 年第 4 期。

张翔：《基本权利限制问题的思考框架》，《法学家》2008 年第 1 期。

张翔：《财产权的社会义务》，《中国社会科学》2012 年第 9 期。

郑永流：《中国公法中公共利益条款的文本描述和解释》，《浙江社会科学》2013 年第 10 期。

二、外文文献

(一) 著作

Agustín José Menéndez and Erik Oddvar Eriksen (eds.), *Arguing Fundamental Rights*, Springer, 2006.

Aharon Barak, *Proportionality: Constitutional Rights and Their Limitations*, translated by Doron Kalir, Cambridge University Press, 2012.

Alan Gewrith, *Human Rights: Essays on Justifications and Applications*, Chicago University Press, 1982.

Alec Stone Sweet, *The Judicial Construction of Europe*, Oxford University Press, 2004.

Andrei Marmor, *Law in the Age of Pluralism*, Oxford University Press, 2007.

Andrew Halpin, *Rights and Law: Analysis and Theory*, Hart Publishing, 1997.

Anthony E. Boardman, David H. Greenberg, Aidan R. Vining, and David L. Weimer, *Cost-Benefit Analysis: Concepts and Practice*, Prentice Hall, 2011.

Aristotle, *Nicomachean Ethics*, translated and edited by Roger Crisp, Cambridge University Press, 2004.

Bernard Williams, *Moral Luck: Philosophical Papers 1973 – 1980*, Cambridge University Press, 1981.

Brian Barry, *Political Argument*, Harvester Wheatsheaf, 1990.

David Beatty, *The Ultimate Rule of Law*, Oxford University Press, 2004.

David Duarte and Jorge Silva Sampaio (eds.), *Proportionality in Law: An Analytical Perspective*, Springer, 2018.

Donald P. Kommers and Russell A. Miller, *The Constitutional Jurisprudence of the Federal Republic of Germany*, Duke University Press, 2012.

Georg Henrik von Wright, *The Varieties of Goodness*, The Humanities Press, 1963.

Georg Henrik von Wright, *Norm and Action*, Routledge & Kegan Paul, 1977.

George Pavlakos (ed.), *Law, Rights and Discourse*, Hart Publishing, 2007.

Giorgio Bongiovanni, Giovanni Sartor, and Chiara Valentini (eds.), *Reasona-

bleness and Law, Springer, 2009.

Grant Huscroft, Bradley W. Miller, and Grégoire Webber (eds.), *Proportionality and the Rule of Law: Rights, Justification, Reasoning*, Cambridge University Press, 2014.

H. L. A. Hart, *Essays on Bentham: Studies in Jurisprudence and Political Theory*, Oxford University Press, 1982.

H. L. A. Hart, *Essays in Jurisprudence and Philosophy*, Oxford University Press, 1983.

Henk Botha, Andre Van Der Walt & Jahan Der Walt (eds.), *Rights and Democracy in a Transformative Constitution*, Sun Press, 2003.

Jacco Bomhoff, *Balancing Constitutional Rights: The Origins and Meanings of Postwar Legal Discourse*, Cambridge University Press, 2013.

James Griffin, *Well-Being: Its Meaning, Measurement and Moral Importance*, Oxford University Press, 1986.

Jan Sieckmann, *The Logic of Autonomy: Law, Morality and Autonomous Reasoning*, Hart Publishing, 2012.

Jeremy Waldron, *The Right to Private Property*, Oxford University Press, 1988.

Jeremy Waldron, *Liberal Rights: Collected Papers (1981 – 1991)*, Cambridge University Press, 1993.

Joel Feinberg, *Harm to Others*, Oxford University Press, 1984.

John Finnis, *Fundamentals of Ethics*, Oxford University Press, 1983.

John Finnis, *Natural Law and Natural Rights*, Oxford University Press, 1986.

John Gardner, *Torts and Other Wrongs*, Oxford University Press, 2019.

John Keown and Robert P. George (eds.), *Reason, Morality, and Law: The Philosophy of John Finnis*, Oxford University Press, 2013.

John Rawls, *Political Liberalism*, Columbia University Press, 1993.

John Rawls, *A Theory of Justice*, Harvard University Press, 1999.

Joseph Raz, *The Concept of a Legal System*, Oxford University Press, 1980.

Joseph Raz, *The Morality of Freedom*, Oxford University Press, 1986.

Joseph Raz, *Ethics in the Public Domain: Essays in the Morality of Law and Politics*, Oxford University Press, 1995.

Joseph Raz, *Engaging Reason: On the Theory of Value and Action*, Oxford University Press, 1999.

Joseph Raz, *The Practice of Value*, Oxford University Press, 2003.

Joseph Raz, *Between Authority and Interpretation*, Oxford University Press, 2009.

Jules Coleman and Scott Shapiro (eds.), *The Oxford Handbook of Jurisprudence and Philosophy of Law*, Oxford University Press, 2002.

Kai Möller, *The Global Model of Constitutional Rights*, Oxford University Press, 2012.

Kenneth J. Arrow, *Social Choice and Individual Values*, Yale University Press, 1963.

Klaus Mathis, *Efficiency Instead of Justice: Searching for the Philosophical Foundations of the Economic Analysis of Law*, Springer, 2009.

L. W. Sumner, *The Moral Foundation of Rights*, Oxford University Press, 1987.

Matthew H. Kramer, N. Simmonds, and H. Steiner, *A Debate over Rights*, Oxford University Press, 1998.

Michael J. Perry, *The Idea of Human Rights: Four Inquiries*, Oxford University Press, 1998.

Moshe Cohen-Eliya Iddo Porat, *Proportionality and Constitutional Culture*, Cambridge University Press, 2013.

Neil MacCormick, *Rhetoric and the Rule of Law*, Oxford University Press, 2005.

Neil MacCormick, *Practical Reason in Law and Morality*, Oxford University Press, 2009.

P. M. S. Hacker and Raz (eds.), *Law, Morality and Society: Essays in Honour of H. L. A. Hart*, Oxford University Press, 1977.

Richard Tuck, *Natural Rights Theories: Their Origin and Development*, Cambridge University Press, 1979.

Robert Alexy, *A Theory of Legal Argumentation*, Oxford University Press, 1976.

Robert Alexy, *A Theory of Constitutional Rights*, translated by Julian Rivers, Oxford University Press, 2002.

Ronald Dworkin, *Taking Rights Seriously*, Harvard University Press, 1977.

Ronald Dworkin, *Sovereign Virtue: The Theory and Practice of Equality*, Harvard

University Press, 2000.
Ronald Dworkin, *Is Democracy Possible Here?: Principles for a New Political Debate*, Princeton University Press, 2006.
Ronald Dworkin, *Justice for Hedgehogs*, Harvard University Press, 2011.
Ruth Chang (ed.), *Incommensurability, Incomparability, and Practical Reason*, Harvard University Press, 1997.
Ruth Chang, *Making Comparisons Count*, Routledge, 2002.
Sujit Choudhry (ed.), *The Migration of Constitutional Ideas*, Cambridge University Press, 2006.
Stephen Breyer, *Active Liberty: Interpreting Our Democratic Constitution*, Alfred A. Knopf, 2005.
Vicki C. Jackson and Mark Tushnet (eds.), *Proportionality: New Frontiers, New Challenges*, Cambridge University Press, 2017.
Virginia Held, *The Public Interest and Individual Interests*, Basic Books, 1970.
Virginia Held, *Rights and Goods: Justifying Social Action*, The Free Press, 1984.
Wesley Newcomb Hohfeld, *Fundamental Legal Conceptions as Applied in Judicial Reasoning*, Ashgate, 2001.
William K. Frankena, *Ethics*, Prentice-Hall, 1973.

(二) 论文

Aileen McHarg, "Reconciling Human Rights and the Public Interest: Conceptual Problems and Doctrinal Uncertainty in the Jurisprudence of the European Court of Human Rights", *The Modern Law Review*, Vol. 62 (1999).
Alec Stone Sweet and Jud Mathews, "Proportionality Balancing and Global Constitutionalism", *Columbia Journal of Transnational Law*, Vol. 47 (2008).
Alexander Aleinikoff, "Constitutional Law in the Age of Balancing", *The Yale Law Journal*, Vol. 96 (1987).
Bruce Douglass, "The Common Good and the Public Interest", *Political*

Theory, Vol. 8, No. 1 (1980).

C. B. Macpherson, "Human Rights as Property Rights", *Dissent*, Vol. 24 (1977).

Calvin Massey, "The New Formalism: Requiem for Tiered Scrutiny?", *University of Pennsylvania Journal of Constitutional Law*, Vol. 6 (2004).

Daniel J. Solove, "Conceptualizing Privacy", *California Law Review*, Vol. 90 (2002).

David Wolitz, "Indeterminacy, Value Pluralism, and Tragic Cases", *Buffalo Law Review*, Vol. 62, No. 3 (2014).

Dieter Grimm, "Proportionality in Canada and German Constitutional Jurisprudence", *University of Toronto Law Journal*, Vol. 57 (2007).

Duncan Kennedy, "Two Globalization of Law & Legal Thought", *Suffolk University Law Review*, Vol. 36 (2003).

Frederick Schauer, "Commensurability and Its Constitutional Consequences", *Hastings Law Journal*, Vol. 45 (1994).

G. L. Pettinga, "Rational Basis with Bite: Intermediate Scrutiny by Any Other Name", *Indiana Law Journal*, Vol. 62 (1986).

Gopal Sreenivasan, "A Hybrid Theory of Claim-Rights", *Oxford Journal of Legal Studies*, Vol. 25, No. 2 (2005).

Gregory S. Alexander, "Property as a Fundamental Constitutional Right? The German Example", *Cornell Law Review*, Vol. 88 (2003).

J. A. W. Gunn, "The Bentham and the Public Interest", *Canadian Journal of Political Science*, No. 4 (1968).

J. W. Roxbee Cox, "The Appeal to the Public Interest", *British Journal of Political Science*, Vol. 3, No. 2 (1973).

Jacco Bomhoff, "Balancing, the Global and the Local: Judicial Balancing as a Problematic Topic in Comparative (Constitutional) Law", *Hastings International and Comparative Law Review*, Vol. 31, No. 2 (2008).

James E. Harget and Steohen Wallace, "The German Free Law Movement as the Source for American Legal Realism", *Virginia Law Review*, Vol. 73 (1987).

James Lenman, "Reasons for Action: Justification vs. Explanation", http://plato.stanford.edu/entries/reasons-just-vs-expl/.

Jed Rubenfeld, "Commentary, Unilateralism and Constitutionalism", *New York University Law Review*, Vol. 79, No. 6 (2004).

Jeremy Waldron, "Fake Incommensurability: A Response to Professor Schauer", *Hastings Law Journal*, Vol. 45 (1994).

José Juan Moreso, "Ways of Solving Conflicts of Constitutional Rights: Proportionalism and Specificationism", *Ratio Juris*, Vol. 25, No. 1 (2012).

Kenneth Culp Davis, "Judicial, Legislative, and Administrative Lawmaking: A Proposed Research Service for the Supreme Court", *Minnesota Law Review*, Vol. 71 (1986).

Laurent B. Frantz, "The First Amendment in the Balance", *The Yale Law Journal*, Vol. 71 (1962).

Leif Wenar, "The Nature of Rights", *Philosophy and Public Affairs*, Vol. 33, No. 3 (2005).

Lon Fuller, "American Legal Philosophy at Mid-Century", *Journal of Legal Education*, Vol. 6 (1954).

Louis Dupre, "The Common Good and the Open Society", *The Review of Politics*, Vol. 55, No. 4 (1993).

Margaret Jane Radin, "Property and Personhood", *Stanford Law Review*, Vol. 34 (1982).

Mattias Kumm, "The Idea of Socratic Contestation and the Right to Justification: The Point of Rights-Based Proportionality Review", *Law & Ethics of Human Rights*, Vol. 4 (2010).

Mattias Reimann, "Nineteenth Century German Legal Science", *Boston College Law Review*, Vol. 31 (1990).

Morris R. Cohen, "Property and Sovereignty", *The Cornell Law Quarterly*, Vol. 13 (1927).

Moshe Cohen-Eliya & Iddo Porat, "The Hidden Foreign Law Debate in Heller: The Proportionality Approach in American Constitutional Law", *San Diego Law Review*, Vol. 46 (2009).

Moshe Cohen-Eliya and Iddo Porat, "American Balancing and German Proportionality: The Historial Origins", *International Journal of Constitutional*

Law, Vol. 8 (2010).
Oliver W. Holmes, "The Path of the Law", *Harvard Law Review*, Vol. 10 (1897).
Peter Jones, "Human Rights", http: /www. rep. routledge. com/article/S105.
R. Kelso, "United States Standards of Review Versus the International Standard of Proportionality: Congruence and Symmetry", *Ohio Northern University Law Review*, Vol. 39 (2013).
Robert Alexy, "On Balancing and Subsumption. A Structural Comparison", *Ratio Juris*, Vol. 16, No. 4 (2003).
Roger Crisp, "Well-Being", *Stanford Encyclopedia of Philosophy*, http: // plato. stanford. edu/entries/well-being/.
Ronald Dworkin, "The Goodness of Justice", *Revue Hellenique de Droit International*, Vol. 48 (1995).
Roscoe Pound, "A Survey of Social Interests", *Harvard Law Review*, Vol. 57, No. 1 (1943).
Stavros Tsakyrakis, "Proportionality: An Assault on Human Rights?", *International Journal of Constitutional Law*, Vol. 7, No. 3 (2009).
Steven J. Burton, "Normative Legal Theories: The Case for Pluralism and Balancing", *Iowa Law Review*, Vol. 98 (2013).
Thomas C. Grey, "Langdell's Orthodoxy", *University of Pittsburgh Law Review*, Vol. 45 (1983).
Vicki C. Jackson, "Constitutional Law in an Age of Proportionality", *The Yale Law Journal*, Vol. 124 (2015).
Virgílio Afonso Da Silva, "Comparing the Incommensurable: Constitutional Principles, Balancing and Rational Decision", *Oxford Journal of Legal Studies*, Vol. 31, No. 31 (2011).
Virginia Held, "Property Rights and Interests", *Social Research*, Vol. 46, No. 3 (1979).
Virglio Afonso Da Silva, "Comparing the Incommensurable: Constitutional Principles, Balancing and Rational Decision", *Oxford Journal of Legal Studies*, Vol. 31, No. 2 (2011).

图书在版编目（CIP）数据

基本权利与公共利益的平衡 / 于柏华，王蕾著. —
北京：商务印书馆，2023
ISBN 978-7-100-22073-6

Ⅰ. ①基⋯　Ⅱ. ①于⋯ ②王⋯　Ⅲ. ①权利—研究—
中国 ②利益关系—研究—中国　Ⅳ. ① D921 ② D66

中国国家版本馆 CIP 数据核字（2023）第 038604 号

权利保留，侵权必究。

基本权利与公共利益的平衡
于柏华　王蕾　著

商　务　印　书　馆　出　版
（北京王府井大街36号　邮政编码100710）
商　务　印　书　馆　发　行
南 京 新 洲 印 刷 有 限 公 司 印 刷
ISBN 978-7-100-22073-6

2023年6月第1版　　　开本 880×1240　1/32
2023年6月第1次印刷　印张 8¾

定价：45.00 元